叢書・ウニベルシタス　1089

資本の亡霊

ヨーゼフ・フォーグル
羽田 功 訳

法政大学出版局

Joseph Vogl
DAS GESPENST DES KAPITALS

Japanese edition published by arrangement through The Sakai Agency.

資本の亡霊　目次

資本の亡霊

凡例

一、本書は、Joseph Vogl, *Das Gespenst des Kapitals*, diaphanes, 2010 の全訳である。翻訳に際しては、5. Auflage, 2016 を使用した。

二、日本語版へのあとがきは、本翻訳書のために原著者が特に書き下ろしたものである。

三、原文のイタリックは傍点で強調する。ただし、ギリシャ語やラテン語のイタリックだけである場合は《》とし、強調のないドイツ語に（ ）でギリシャ語やラテン語がイタリックが補われている場合は「」とする。また、英語の金融用語などの場合は適宜「 」やルビを付け、通貨単位など日本語訳としては強調しない場合もある。書名や作品名の場合は『 』、スモールキャピタルはゴシック体とする。

四、原文の» «は「 」、› ‹は〈 〉とする。原文の［ ］は本訳書でも［ ］とする。

五、〔 〕は訳者が読者の便宜を考慮して新たに挿入したものである。原語を補う際は（ ）にする。

六、原註は番号を（ ）で囲み、訳註は番号に＊を付ける。

七、日本語の既訳があるものはそれを参考にしつつも、原著者の引用による文脈などを優先して、訳者があらためて訳し直した場合もある。また、原著者が引用頁を本文中に（ ）で記しているものはそのまま記し、邦訳書の頁数を／の後に漢数字で示す。邦訳書は該当する原註に付記する。

序文

政治経済学は以前から幽霊学（Geisterkunde）と密接な関係を持っており、見えない手などといった怪奇現象によって経済の出来事を説明してきた。おそらく、これはさまざまな経済のプロセスに見られるある種の不気味さに起因している。このプロセスのなかに現われる政治経済学の対象や徴候はたしかに亡霊のようなわがままぶりを発揮している。一八世紀以降、市場メカニズムと資本の動きは謎めいた現象として受けとめられてきたが、近代社会が自分を説明しようとするときに手がかりとするのがこの謎であった。とりわけこれが当てはまるのが現代金融経済の動きと構造である。人間の幸福の多くが金融市場で決定されることはたしかであるが、しかし、そこで実際になにが起こっているのかは不透明なままである。これは、金融市場に見られる効果的なふるまい方やメンタリティ、実践と理論に当てはまるだけではない。崇高ともいえるほどの、すなわち、想像を絶するほどの莫大な金額によって現在の社会情勢や世界情勢を動かす誘因にまでなった金融市場の持つ一般的なダイナミクスにも当てはまるのである。ものごとが進んでいく軌道は金融市場の出来事によって規定される。その出来事が他の出来事と結びつく際に働いているのはどのような法則なのか、あるいは、どのような論理によっているのかという問題にはきわめて大きな議論の余地がある。それだけに、このことが持っている重みはひじょうに大きなものとなる。というのも、過去数十年のあいだに起こった危機と呼ばれた事態から生まれたのは次のような疑問だったからである。つまり、国際金融経済という舞台で展開されたのは理性的なプレイヤーたちによる効率的な共演であったのか、それとも、たんなる無分別によるばか騒ぎでしかなかったのかという疑問である。いずれにせよ、この舞台へと呼びだされた資本主義の〈亡霊〉が見せた行動が信頼に足るものであり合理的なものであったのか、あるいは、ただの突飛な行動でしかなかったのかについてはまだ答えがでていない。

ここからはいくつもの解釈の問題が登場してきた。もちろん、これまでにも、ある経済的な世界観が人間と事物の関係を独自の方法を使って的確に説明してきたということは考えられる。あるいは、自分の手で引き起こした混乱をすっきりさせるために、経済学はふたたび自分の出番がまわってきたと思い込んでいるのかもしれない。だが、そのとき、わたしたちは——解釈の面でも——やっかいな事態に突き当たることになる。つまり、いま経済学が解明すべき課題として直面している経済的事実は、過去三〇〇年に渡って培われてきた経済学的な知によって生みだされたものなのである。本書の目的は、こうした状況を解き明かすことにある。本書の論考は、一八世紀から現在にまでいたる経済学的な知のあり方のいくつかの局面をカバーしながら、一見すると前代未聞としか思えない出来事をめぐって展開されるが、これらの出来事こそが――経済危機や「クラッシュ」といった――金融経済のプロセスの経緯を謎めいたものとしている。とはいえ、現代経済システムの改造に求められる処方箋を描きだすことが本書のテーマではない。重要なのは、もともとは世界自体によって生みだされた現代の金融経済が、その世界をどのように理解しようとしているのかを把握する試みである。わたしたちの生きる現在はこれを規制する法則をさまざまな権力体から受け取っているが、そこでは〈資本の亡霊〉はこの権力体の符牒として現われてくるのだ。

第1章　ブラック・スワン

コズモポリス

二〇〇〇年四月、ニューヨーク。世界貿易センターのツインタワーはまだ健在だった。アメリカ経済は一〇〇カ月以上にわたってとどまることのない成長を続けていた。ジョーンズ・ダウ工業株三〇種平均は史上最高値を記録し、その数値は一一〇〇〇ポイントを超えていた。ナスダックにおける電子取引は本格的なラリーに駆りたてられていた。国連本部にほど近いトランプ・ワールド・タワーズの最上階からは、イーストリバーを越え、クィーンズの橋や煙突を越え、はるか郊外にまでおよぶ、一日のはじまりを告げる景色が一望できた。眼下にはスモッグとカモメの群れが見えた。眠れない一夜が明け、二八歳で証券会社を経営する大富豪の青年は、マンハッタンの薄汚れたウエストサイドにある床屋を訪ねるために、イーストサイドに屹立するアパートの自室をでようとしていた。ウエストサイドは青年が子供時代を過ごした場所だった。青年は専用エレベーターのひとつで降下した。地上に降り立つと、いささか縦に長すぎる白いリムジンに乗り込んだ。このリムジンには、騒音対策用のコルクが張られ、監視カメラ、海外ニュースと相場付けのための無数のモニターが装備されていた。運転手、セキュリティ主任、テクノロジー主任がすでに待機していた。リムジンは四七丁目へと曲がり、進路を西にとった。車は建物が密集したいくつものブロックを通り過ぎて、そのまま深夜まで続くいくつもの冒険と混乱のなかへと迷い込んでいった。それはまさに迷走と呼ぶにふさわしかった。青年社長は妻や何人かの愛人に会った。国際通貨基金（ＩＭＦ）専務理事の殺害が報じられた。また、独裁的な政治家で、メディア企業の経営者でもあるロシア人も殺されていた。このロシア人は青年のかつての友人だった。渋滞のなかを、リムジンはパークアヴェニューとマディソンアヴェニューを横切り、旧ユダヤ人地区を通り過ぎてブロードウェイ近くの劇場街に到着したが、そこで反グローバリゼーションを叫ぶデモ隊による暴動に行く手を阻まれた。ある投資銀行の入り口で爆弾が炸裂した。若い男が自爆したのだ。ほどなくして、今度は青年投機家自身がパイ投げの犠牲となった。とつぜん、そして特別の理由もなくかれは自分のセキュリティ主任を殺した。それから、子供時代に通っていたドック近くの床屋にたどり着いた。だが、またもや理由もなく大慌てで床屋を立ち去ると、三〇〇人の裸のエキストラを使った深夜の映画撮影の現場に巻き込まれてしまう。かれはそこでたまたま妻に出会うが、これが妻の見納めとなった。廃墟となったビルでは、かつての同僚がかれを待っていた。

そして、この同僚が自分を殺そうとしていることに青年はようやく気づくのである。

この奇妙な物語は、二〇〇三年に出版されたドン・デリーロの小説『コズモポリス』のあらすじである。この小説は現代金融市場を舞台にしており、そこでは現代金融市場が物語るに値するかどうかが問われている。この小説の登場人物たちは、金融経済やその関係者あるいは金融経済の動きにまつわる謎をめぐって語り合い、論争をかわす。すでに『プレイヤーズ』（一九七七年）のなかで、デリーロは物語を通して金融業界と株式投機を理解しようと試みていた。リムジンで床屋へと向かうニューヨークの投機家の一日を描く『コズモポリス』においてデリーロが選んだのは、いまなお資本主義としか名づけようのないものをどのようにしたら知覚できるのか、また、それがどのような問題を提示しているのかを明らかにするための表現方法である。このことは主人公のプロフィールを見ればあきらかである。すなわち、主人公は現代金融資本のアレゴリーとして描かれており、そこからは歴史的背景ばかりでなく、アクチュアルな経済理論のアイデアが浮かび上がってくる。さらに、デリーロの小説の語り口は次の点でも特徴的である。つまり、出来事をいささか多すぎるほどかき集めることで、今日の世界経済において、ある出来事が他の出来事とどのようにして結びついていくのかという根本的な問いかけを行なっている。さらにこの小説では、資本主義経済そのものを体現しているあの青年の運命の働きを問いなおす機会も提供されているのだ。

資本主義の精神

したがって、デリーロの生みだした投資マネージャーであり投機家でもある青年はなによりも規範的で伝統的な特徴を身につけている。それは、少なくとも二〇〇年前から金融・株式投機家のキャリアにつきまとい、目印となった特徴である。徹底的な効率主義の伝説につつまれ、猛獣の本能を備え、「若く、賢く、オオカミに育てられた」、金融資本主義の危険を示すお手本としての名声を身にまとって、主人公は、バルザックの作品に登場する金貸しの「コンドッティエーレ」、「海賊」、「人狼」にはじまり、マルクスが指摘する迷走する信用取引の騎士たちをへて、現代の外国為替市場に巣食う「マッド・ドッグ」、「悪漢トレーダー」、「オオカミの群れ」にいたる一連の人物像のリストに加わるのである[(1)*1]。エリック・パッカーというエネルギッシュな名前を持つデリーロの主人公は、金融資本の特徴をもっともアクチュアルに示す仮面――より的確には金融資本の夢もしくはヴィジョン――として描かれている。かれは不眠に悩まされ、極度な緊張を強いられて、極端で病的ともいえるふるまいを見せるだけではない。また、好きな場所に自宅を設けながら、じつはかれにはどこにもわが家と呼べる場所がない。エリック・パッカーはグローバリゼーション時代のオデュッセウス、金《かね》というコズモポリスに住む世界市民である。かれが自分を前面に押し出すことはない。むしろ、パッカーが体現しているのは、際限のない欲望、物資的世界の鈍重さ、健康状態と資産額が幅をきかせる世界である。

かれが夢見ているのは、使用価値が消滅し、レファレンスが不要となる世界なのだ。かれは、世界がデータの嵐の中で解体し、二進法コードだけが世界を支配する日を夢想している。そして、永遠の光につつまれて、スクリーンに映しだされるチャートの灯りと煌めきのなかに写し取られたサイバー・キャピタルの霊性に賭けていた。それはラディカルで究極的な全質変化の夢である。投機を扱ったエミール・ゾラの小説『金《かね》』では、すでに莫大な金額を手にする詩人が語られていた。とすれば、ここでは最近の詩人たちの変容ぶり、つまり、象徴主義の流れをくむ現代の呪われた詩人たち[*2]を取り上げなければならないだろう。オフィス代わりに使われるコルク張りのリムジン、マルセル・プルーストの孤絶した書斎を思わせるリムジンのように、自分たち以外の世界に対してすきまなく防壁を築いて、これらの詩人たちはみずからの狂気を奇行によって表現し、金の「モノローグ」(87／一一八)、すなわち徴候と情報が織りなす、自由で、人工的で、自己中心的なゲームに没頭している。結局のところ、ここでは現在と過去に対する未来からの攻撃が行なわれているのだ。現代語の語彙と概念にはいまだに歴史的な意味の残り滓がこびりついており、その語彙と概念は「ぎこちなく」、「反未来的」であるといわれている。これに対して、歴史の痕跡は未来と未来から生まれでるものに引き寄せられながら、株式市場と外国為替市場に設置された発振機が刻むナノセカンドのペースで消えさり、無効宣告を受けていく——現在は「コントロール不能な市場と巨大な潜在的投資力の未来に道を明け渡すために世界から吸い取られてしまった。未来はさし迫っている」(90／一二二)。市場が現在でも過去でもなく、ただ未来の利益見通しにしか関心を持っていないように、資本の夢もまた、ただ忘却を意味するだけである。というのも、この夢が扱うのは未来の権力であり、この夢が実現するのは歴史の終わりにおいてだからである。

現代金融資本の神秘をまえにして、デリーロの小説は明らかに古い資本主義精神の要素を新しい資本主義精神の要素と結びつけている。というのも、そこではあの創造的破壊のプロセスが語られているからである。それは、かつてヨーゼフ・シュンペーターが資本主義的な企業家精神に求められる変革の欲求、世界と経済構造の持続的な革命と呼んだのと同じものである。すなわち、「過去を破壊せよ、未来を作りだせ」（103／一四〇）。資本の力は、これまで一度たりとも、守備的であったことも、〈保守的〉であったこともない。だが、他方では、この資本の力は自分自身を生産活動から切り離してもいる。「テクノロジーと資本」（31／三八）が手を結ぶことで、市場文化は総合的なものとなると同時に重さのないものともなった。資本の動きは自ら境界を取り払い、具体的な物の形をした富からみずからを解放し、「地理を超え、手で触れられる金を超えた対岸の時間」（45／五八）のなかに居場所を定めたのである。市場文化はみずからを動かす独自のダイナミクスを生みだし、社会的変動性に関する独自の基準を定め、地域や社会あるいは政治に深く埋め込まれているものをことごとく捨てさってしまう。しかも、そのとき、市場文化独自のシステムが内部に抱える活気の表現だとして、市場文化は暴動を、いやそれどころか、アナーキズムを吸収することさえできる。また、市場文化は、みずからに向けられる抗議を自由市場の生みだすファンタジーと見なし、資本主義批判を市場にとって必然的な自己最適化の表現と見なすのである。「抗議行動はシステムの衛生を保つためのひとつの方式なのだ［…］。それは、あらためて、ということは一万回目になるわけだが、市場文化に対してふたつのことを、つまり、自身のフレキシブルな目的のために自己を変革し、その過程で周囲にあるあらゆるものを取り込んでしまうという革新的な冴えと能力を保証しているのである」（110／一五〇）。テーゼを思わせるデリーロの小説を読めば納得できることであるが、このシステムは反抗を受けることで自己を改革し、対立を内に含み、自然発生的な行動を統合し――まさにひとつの「ニュー・マネージメント」という意味で――未来の創造力の特別保護区として自己完結するのである。小説に登場するどのような抗議行動も――デモ隊によってディスプレイに、つまり、ある投資銀行のファサードに据えつけられた市場チッカーに書き込まれた――スローガンのまえでは色あせて見えるのもけっして偶然ではない。それは『共産党宣言』のよく知られた冒頭部分のもじり、書き換えである。そこでは資本主義精神がかつての〈亡霊のような〉ライバルに取って代わっているのだ。「**亡霊が世界を徘徊している、資本主義の亡霊が**」（107／一四五）。

銃の安全装置をはずす

このスローガンは、かつて行なわれた資本主義分析や新たな資本主義分析――それはおそらくマルクスとエンゲルスにはじまり、シュンペーターをへて、ボードリヤール、ボルタンスキー、キャペロあるいはリフキンにまでおよぶだろう[2]――を文学的に編集しなおした、ありきたりの呪文といえるものである。それは、現代版産業革命の舞台背景のなかに溶け込んでいるが、蒸気機関が支配した時代とオートメーション化が席巻した時代をへて、今回の産業革命はデジタルの規範に従い、それによって「地球上に生存する数十億の生命ひとつひとつの呼吸」(33／四〇)を規定しようとしている。その背後にあるのはたしかに技術的かつ経済的な大変革であった。それは、電子証券取引所の設立、一九八〇年代以降に普及したコンピュータ取引、ネットワークの拡大、ISDNの導入、周波スペクトルの三〇〇メガヘルツへの切り替えとともに起こり、累乗的に増加していく資本流通の流動化を導いたのである[3]。デリーロの小説が語る出来事はこのような情報技術と金融資本の多幸症的な結合の中心部で展開されていく。それは読み手を当惑させる方向へと向かい、非現実的で非合理的な経過を見せながら、現代という金融経済の時代における世界の意味について解釈を提示して見せるのだ。なによりも語られる出来事の展開を追うことでそれがわかる。というのも、デリーロの資本の寓話は、ぜいたくなアパートの八九階から薄汚い中庭の地面へとつながる道筋を描きだしているだけではない。また、その道は東から西へと走っているだけでもない。東から西への移動はアメリカン・ドリームの方位にも従っているのである。さらに、この道は生から死へ、交換不能なものへとつながるラインを引き、また、通常のどのような枠にも収まらない取引へと通じるラインをも描きだしていく。デリーロの主人公と同じように首都ダブリンを一日中迷い歩いたのは、ジョイスの筆が生みだしたもうひとりの現代のユリシーズ〔オデュッセウス〕であったが、デリーロの主人公が残していく軌跡から見えてくるのはむしろ叙事的な展開であり、古代の迷走の姿である。それはホメーロスの模倣であり、そこからは、異文も含めて、オデュッセウスがたどった境遇の記憶を読み取ることができる。デリーロの小説では、オデュッセウスの帰郷の道、故郷にたどり着くまでの長期に渡るまわり道は主人公が幼年時代を過ごした地区への命がけのドライブとして描かれ、南海から帰る英雄の乗物は物騒な大都市の道路を走る装甲した自動車に代わっている。また、デリーロの作品では、織物をするオデュッセウスの妻ペーネロペーは詩作する億万長者のセルビア人女性となって登場し、夫が妻の腕に抱かれるのも結末の場面ではない。夫は話の途中でとつぜん現われ、一度ならず、それもなんの必然性もなく妻の腕に抱かれるのだ。ナウシカアー、キルケー、カリュプソーやセイレーンたち[3]、託宣者や怪物は女性ボディガード、古くからの恋人、雄弁な精神科学者あるいはアクション芸人、仮装したデモ隊、失業中の情報科学者となって登場する。そして、ダンテがその作品のなかでオデュッセウスのために用意した地獄[4]はデリーロの小説の結末部分で顔をだす。その陰鬱な場面では、主人公の死の瞬間が無限に引き延ばされている。

　叙事的なものへと向かうデリーロの傾向が、近代小説に特徴的だとヘーゲルのいう「散文へとまとめあげられた現実」を前提としていないことはいうまでもない。むしろ、この傾向のさきにあるのは数多くの出来事で構成される世界である。この世界の出来事は緩やかにエピソード風に結びついているだけである。出来事は外的な力や辛苦として現われ、致命的なものとなり、それらが網目状に結合することで宿命的なものへとエスカレートしていく。つまり、そもそもヘーゲル以降の叙事的な出来事には、組織化された社会や制度化された共同体あるいは法的秩序と符合する点などほとんどないのだ。[4]むしろ、デリーロにきわだっているのは、主人公がむきだしの危険地帯へと入り込むことである。それは次のことを見れば明らかだろう。というのも、この小説の冒頭部分では、システムの安全や犯罪の予防、リスク評価、見張り、危機回避といった問題がいささか大げさと思えるほどに集中的に取り上げられている——「わたしたちのシステムは安全です」（20／二二）——が、他方、出来事の進展の仕方は、少しずつ銃の安全装置をはずしていくプロセスに似ているからである。たとえば、この小説に登場するアメリカ大統領である。この絶対的な国家権力の頂点に立つ人物は、だが「死に損ない」（87／一一七）としてかろうじて生きているにすぎない。しかし、それ以上に象徴的なのは、主人公が自分のセキュリティ主任を銃で撃ち殺す場面である。すなわち、決められた暗号を使ってセキュリティ主任の自動拳銃の安全装置を解除して主任を射殺し、続いて身の安全を守るためのその拳銃を自らに向ける瞬間である。この瞬間、デリーロの手になる資本の寓話の道筋は一、線、を、超えて、文明内部の野蛮地帯へと入り込んでいく。そこには不意に起こるテロと襲撃の刻むリズムがあるが、このリズムによって野蛮地帯はテロに対する自制心を失わせるという特徴を帯びるだけでなく、残忍さの体裁をも整えるのである。それは《ファビョン（*hwa-byung*）》、《恐怖病（*susto*）》あるいは《アモク（*amok*）》の世界である。それは韓国、カリブ諸島あるいはマレーシアの現地文化と結びついた症候群の世界であり、現地人の抑圧された怒りやむきだしの恐怖、パニックの発作がどのようにして解き放たれ、暴力行為となってぶちまけられるかを示す記号となっている。[5] そして、そこから生まれてくるのが情動的な原風景のカリカチュアである。このカリカチュアでは、「狂信的な熱帯の国」（37／四六）から来た放縦さが、自分の肉体の一部を切断したり、大量虐殺を行なったりするといった、あるいは「赤身の肉」（23／二五）といったホラーと混じり合っている。デリーロの主人公は、最後には「あらかじめ決められたことの力」（158／二二一）に従って、「運命の原理」（118／一六二）のように迫りくる死に屈してしまう。投機家（Spekulant）という名詞は危険と災難の到来を見張るあのローマの「監視人《スペクラーリー》（*speculari*）」に由来しているが、この投機家という監視人、「見る者」（55／七四）からは「危険な人間」（27／三二）のタイプが生まれてきたのだといえるだろう。この男はついに——そして、物語の流れなかで——あらゆる危険な状況を招き寄せる存在となる。すなわち、奪われ、さらしものになり、丸裸にされるのである。

描写の不可能性

だが、他方では、このような古風な脅迫、過剰な暴力、死の連鎖がグローバルな資本流通に支配される出来事の積み重ねでしかないことも明らかである。迷走はことごとくマンハッタンの道路でくり広げられていく。その途中で、この若いファンド・マネージャーは日本円の下落を当てこみ、もっとも攻撃的な金融行為のひとつ、いわゆる「キャリー・トレード」に手を染めるのだ。デリーロの小説に登場する「パッカー・キャピタル社」を例に取れば、このことが意味しているのは、円相場の下落を期待して低金利の円を借り入れ、潜在的に高い利回りの株を買うことで運用益を最大化しようとする取引にほかならない。[*5] そのとき、とんでもないこと、予期せぬことが起こる。これこそが、この小説が奥底に隠し持っている本来の筋立てである。デリーロの主人公を出来事から出来事へと死にいたるまで引きまわす迷走の軌道は、迷走する相場の推移と重なって二重の迷走となる。この相場では、日本円の価値が「期待に反して」(16／一五)やむことなく上昇し、ついにはパッカー・キャピタル社の資本を食いつくし、CEOを破滅させてしまう――ここに描かれているのも、致命的な結末にいたる迷走である。とすれば、デリーロの小説では、円キャリー・トレードの進展につれて、まったく考えられないこと、理性ではまったく把握できないことが起こっている。それは、「コントロール不能」(96／一二一)に陥り、想定されるシナリオを踏みはずし、だれの目にも納得のいく現実からかけ離れ、転移を続けるカオスのようなものである。世界情勢は不透明なものとなった。近代や現代の小説において よく知られた世界像は、さまざまな出来事が、どのようにして、どんな規則に従って配列されているのかという問いと結びついている。これに対して、デリーロの小説が描きだしているのは、現代的な衣装をまとって蘇った古典世界であり、また、嵐のように吹き荒れる出来事が金融経済システムの世界を特徴づけているのではないかという疑いの気持ちである。というもの、この出来事の嵐こそが、世界がさらされている最大の危機を暗示しているからである。株取引とむきだしの暴力がもたらす災難——ここには十年以上前に出版された『アメリカン・サイコ』と題された小説のバリエーションがはっきりと現われている。いずれにせよ、金融市場の混乱と主人公が現実に出会う荒々しい危険は互いに相手の姿を映しだしながら、外国為替相場のダイナミクスを叙事詩のような宿命的な展開へと置き換え、想像を絶した事態が起こるのはどちらなのかを競い合うという物語の論理に即したプログラムを作りだしていく。

相場の推移を描写することはできない。そうした描写の不可能性——「ここで起こっていることは表現できない」(29/三五)——が物語るのは、「知覚の限界への挑戦」(30/三六)だけでないことはいうまでもない。それとともに、想像を絶するような金額がまとっている崇高な偉大さも語られている。それは、経済の壮大さとでも呼ぶべきものであるが、感性ではこの壮大さを理解することはできない。それは、次のような事実をまえにして呼び覚まされるものである。たとえば、二〇〇〇年のニューヨークでは、毎日一・九兆ドルの金が電子ネットワーク上で取引されたという事実、あるいは、すでに一九九〇年代には、二週間ごとに世界の総生産額に相当する金の移動が起こっていたという事実である。(6) もちろん、株式仲買人の表現を借りれば、それは「特殊な状況」(49/五六)であり、めったに起こらない珍事のひとつである。これは次のようにいえるだろう。つまり、長いあいだそうとは知らぬままに、「親切なひと」、気のいい「古くからの隣人」だと思い込んでいた人間が、じつは「精神障害のあるアモク患者」であり、ある日とつぜん思いもよらぬ行動を起こした。そうしたアモク患者の行動のように予測がつかず、気まぐれで、なんの前触れもなく、不意にはじまる出来事なのである。(7) また、それは「ブラック・スワン」というイメージで表現することもできる。このイメージが意味しているのは、めったに起きない出来事ということであるが、なによりも、それはあらゆる期待や予測の可能性を超えている。第二に、この出来事は高度かつ致命的な作用をおよぼす。第三に、それは、はっきりとした説明を求められると回答に窮するような出来事なのだ。すなわち、出来事の首尾一貫性や関係性、あるいはそれが納得できるかどうかといったことをあとから問われたとき、答えるのがむずかしい。近代自然史の領域において、ブラック・スワンはほとんどありえない事象の表象として登場し、疑わしい推論を象徴するものとなったが、この小説ではとつぜんの変化をもたらすものとして描かれている。それは出来事の直線的なつながりを遮断し、まるで脳の島皮質*6で起こるような、信じがたい、騒然とした出来事をあとに残す。それは放縦さのなかで起こる偶然の出来事なのである。(8) いずれにせよ、エピソード風に綴られる物語の最後ではふたつのことが起こる。ひとつは、投機の失敗によってシステム自体が不安定化し、突発的にグローバルな危機的状況が生まれたことである。「かれは、日本円が問題であることを知っていた。日本円への投機が混乱の嵐を巻き起こしていた。

かれが外部借入《レバレッジド》をした資金はあまりに多かった。会社が保有する有価証券のストックもあまりに大きく、また、多方面に渡りすぎている。それは多くの主要機関のビジネスと決定的に結びついており、なにかが起これぱすぐに互いに損害を与え合う状態にあった。そのため、システム全体が危機に瀕しているのだった」(126–127/一七二―一七三)。二〇〇〇年の春には、同様の理由でニュー・エコノミー市場が実際に崩壊している。電子株式市場であるナスダックは、この年四月前半の二週間で二七%の株価下落を経験し、原因を分析しかねていた。(9) 他方、この事態によってはっきりしたのは、いわゆる市場の予想家や投機家たちがいかに無知であるかということだった。「自分には日本円を見抜くことができなかった」(201/二八二)。世界は理解しがたく、世界の関係は不明瞭となり、物事がどこへ向かっていくのかもわからなくなった。また、一連の価格付けや支払い結果はどのような形のモデルとも合致しなくなり、一定の動機に導かれて進むはずの展開とはかけ離れたものとなった。二〇〇〇年四月に経済危機がクライマックスを迎えたとき、そこにはいろいろと厄介な状況が広がっていた。デリーロの主人公が陥ったのはそうした状況のひとつである。この状況については、長年に渡ってアメリカ連邦準備制度理事会の議長を務め、金融市場に対する規制に断固反対していたアラン・グリーンスパンも八年後になってこう語っている。自己弁護のための苦言である。グリーンスパンによれば、自分の「世界の見方」や自分の「イデオロギー」、そのときまで長年に渡って有効であった証拠や解釈が、あの時にはもはや役に立たなかった。「知的な建造物の全体」が重力崩壊を起こしたというのである。[10]

迷走を思わせる一見非合理的な動きを通してデリーロの『コズポリス』が描きだしているのは、二〇世紀から二一世紀にまたがる金融危機のテンポの速さである。このテンポは、一九八七年の株価大暴落にはじまり、一九九〇年の日本経済危機、一九九四年の年金市場の崩壊、一九九八年のロシア経済危機をへて、二〇〇〇年のテクノロジー・バブルとも呼ばれるドットコム・バブルまで、あるいは二〇〇七年と二〇〇八年以降の経済破綻までをカバーしている——どのような経済的確率から考えても、こうしたことはそもそもまったく起こりえないことであり、たとえ起こるとしても、数十億年に一度の割合で起こるとしか考えられない出来事ばかりであった。あるいは、これを描くことでデリーロは一九九〇年代に対ドル相場において日本円が示した驚くべき投機的トレンドをも暗示しているのかもしれない。このときの円高は当時の日本経済に重大かつ持続的な損失をもたらした。しかも、一九九八年から二〇〇〇年にかけてふたたび日本を襲った円高は日本経済に壊滅的な打撃を与えたのである。[11]だが、なによりも重要なのは、この小説があるひとつの出来事をめぐって展開していることにある。その出来事を描くことで、小説のなかに現われる世界の統一性と経済システムの合理性が危険にさらされることになる。ここで問題となっているのは、「出発点まで遡り、分析できるような」、「納得のいく現実」(95/一二九)の存在であり、金融市場の動きを把握し、これを「予測することのできる」、「チャート化のテクニック」(86/一一五—一一六)である。また、ここには日本円の謎めいた為替レートとそれがもたらす壊滅的な影響とともに、前代未聞の出来事が存在しているのだ。そのとき、これを解釈してみようという気持ちが誘発される。というのも、それは、この出来事の納得のいく理由を問いかけてくるからである。それは、この出来事の動機はなんであるのか、それに期待をかけることができるのか、今後予想される、あるいは可能性のある展開とはどのようなものか、といった問いにほかならない。「日本円がわれわれになにかを語りかけている。それを読み取ることだ」(29／三五)。いま現在、どの出来事が大きな市場価値を持っているのか、その出来事のなかにはなにが表現されているのか、それはどのように変化し、将来どのような道をたどるのか、出来事が他の出来事と結びつくのは必要不可欠なことなのか、それともたんなる偶然にすぎないのか、それは突発的に起こるのか、あるいは連続的に起こるものなのか——これらはすべて、巧みに仕組まれたデリーロの物語の中心におかれた問いであり、また、知りたいという金融経済学的な意志がフォーカスしている問いでもある。ここで重要なのは、ある予期せぬものが侵入してきていることであり——ふたたびグリーンスパンの言葉を借りるならば——それは不合理な豊穣さのダイナミクス、つまり、理性に反するほどに過剰なものである。そして、この過剰なものが、経済学が持っている理性的なシステムを、もしくはこのシステムが持っている理性を試すのである。

当惑

　このことは、必然的に経済学のなかにある一種の当惑を指し示すことになる。その当惑とは、経済学はなお経済の世界が統一的なものだという理念を表明しているのか、そうだとすればその理念はどのように表明されているのかという問いにほかならないが、これはいまだに解決されていない。というのも、現代金融ビジネスの世界で起こる事件や出来事の嵐を説明するために、現代の教理神学ともいうべき経済学の根本のところでは、さまざまな学派が互いにまったく異なる矛盾した解釈を用意しているのだ。そのひとつがオーソドックスな解釈である。これはシカゴ学派の市場ファンダメンタリズムに由来しており、「効率的市場仮説（*Efficient Market Hypothesis*）」と呼ばれている。つまり、市場の効率に関する仮説であるが、この仮説によれば、市場の出来事をまるごと、またいっさいの不純物を取り除いたうえで反映しているのが金融市場にほかならない。それは、取引費用に煩わされることも商品輸送や生産の労苦に悩まされることもなく価格形成メカニズムが働き、完璧な競争が行なわれる軋轢のない理想的な舞台であり、しかも、合理的で、利益追求を最優先し、だからこそ信頼のおける経済世界の役者たちが配置された舞台である。その結果として、金融市場における価格と価格変動も、直接入手できるすべての情報をそのたびごとに余すところなく反映していることになる。つまり、市場と競争にとって最適な条件のもとで――情報取得のスピードと情報量という点で――相場にとって重要なあらゆる情報にアクセスするための通路がひとつしか用意されていないとすれば、そのときどきの相場は経済状況の真の姿を正確に表現することになる。また、相場に見合った財産価値はけっして過小評価されることも過大評価されることもない。偶発的な錯覚や効率の悪さ、すなわち実際の収益と収益の期待値のあいだに横たわる大きな落差にしても、自由な市場活動を阻害する雑多で腹立たしい障害が生みだしたものにすぎず、状況が好転すればすぐに修正される。二〇〇七年の時点でなお、この学派の創始者のひとりであるユージン・ファーマは、金融市場における「バブル」の概念と実態には根拠がないばかりでなく、ばかげたことだとさえ考えていた。(12) この学派の考えによれば、経済危機にせよ、不景気にせよ、それらはただの適応要因でしかなく、経済的理性の冷厳な働きを証言しているにすぎない。市場自体は現実的なものであり、つまりは文字通り理性的なものなのである。

もうひとつの解釈は少しばかり保守的であるが、しかし、オーソドックスという点では変わらない。この解釈では——それぞれに大きなちがいを持ついくつかの経済危機を例に取りながら——具体的には「バブル（*bubbles*）」、「取りつけ（*runs*）」、「破産（*busts*）」、「価格の急騰（*booms*）」、あるいは金融恐慌や多幸症的な経済の段階的拡大が扱われる。こうした意味では、一七世紀以来、だが、とりわけ一九世紀以来、商品市場を支配するあらゆる法則性や経済的合理性の諸原則について、また、いわゆる実体経済の基盤から切り離された投機ビジネスに見られるむきだしの非合理性については語られてきている。すでにダニエル・デフォーが、どんな種類の目くらましであれ、インチキであれ、「株式仲買人」にはこれに対する抵抗力がないことを請け合い、また、株式取引に見られる非理性的な行動は全体として完全に底なし状態に陥っていると断言していた。そのあとも――オランダのチューリップ・バブルにはじまり、イギリスの「南海泡沫事件」やフランスのミシシッピ事件にいたる――株式取引や投機取引では、大衆の思い込みがおよぼす影響力の大きさや英雄的なふるまい、盲目的な模倣本能を示す典型的な光景がくり広げられた。そして、相場の大変動は合理的な予想に従って起こるものではないこと、したがって市場自体がまちがった行動、非効率的で不規則なふるまいを見せることについて、ついにはその理由を金融市場における価格変動率《ボラティリティ》の高さに求めるようにさえなった。(13) 金融市場では過小評価や過大評価が起こるのは避けがたいことであり、それはまったく当然のことといえるが、これらの評価の根拠をさぐれば、最後には市場にとって異質で、外在的な、経済とかけ離れた要因にまで遡ることができる。その要因とは情動や素人じみた行為であったり、賭博好きな人間のふるまいや貪欲さであったり、単純に理性の欠如であったりする。そのために、ごく最近起こった経済崩壊にいたるまで、金融市場と証券取引所はまさに包括的な問題に取り組んできている――それは、市場にはあまりに多くの共演者がおり、かれらが専門の知識もないままに勝手な行動をとり、不吉な傾向を育んでいるという問題である。その結果、この行動や傾向が不合理な動きを引き起こし、ときとしてまさに経済の例外的状況を生みだすことになる。そのとき市場は効率的でもなければ合理的でもなく、ただ無自覚なだけなのである。

金融市場における価格の変動はしばしば流れの乱れや舞いあがる分子として記述されてきたが、[14] そこにはさまざまな学派の見解の相違ばかりでなく、はなはだしい意見の不一致が示されている。それは、ある支払いの出来事を他の支払いの出来事と結びつけているのはなんであるのか、金融経済の動きやそのダイナミクスあるいは異常の動機、原因となっているのはどのような力、どのような理性もしくは無分別なのかについての相違や不一致である。さらに、こうした状況を複雑なものとしているのは以下のような問いである。それは、経済の記号ゲームがなにを示しており、相場の動向と価格付けが連動していることがなにを意味しているのか——つまり、株式市場と金融市場における一連の価格や価格変動をどのように読み取り、解釈すべきなのか、また、これらの市場のなかにひそんでいるのはなにを代表する力なのかという問いである。こうした記号論的な問いからは、あらためて金融経済学がかかえている特有の矛盾を確認することができる。というのも、いわゆるファンダメンタルズ分析は、金融市場における価格変動を経済的な基礎データにもとづいて調整することにフォーカスする。その基礎データとは、生産性、収益状況、費用構造、予想配当、割引率、経常収支あるいは購買力など——つまり、市場で起こる記号論的な出来事を理解するうえで納得のいく情報であり、現実的もしくは客観的な判断基準となるようなデータにほかならない。こうした古典的ともいえる観点からすると、金融価格と株式相場は長期間に渡り、企業や国民経済全体の内在的価値をめぐって上下運動をくり返すことになる。市場の景気動向やトレンドにしても、結局のところ、経済の現実を多少ともダイレクトに反映したものでしかないが、この経済の現実は、そこにひそむ真の価値を手だてとして、無言のままにみずからの意志を押し通そうとするのである。[15] 外国為替市場と株式市場の動向、つまり、市場に見られる徴候や相場の動きは体系化された実質的な基礎データを参照すれば一目瞭然であり、経済の基礎データのなかに十分な根拠を持っているのである。

これに相対するのがテクニカル分析であるが、テクニカル分析を行なう場合、情報を参照しないという方法が取られることはよく知られている。これは銀行や証券取引所の事情通たちだけに通じる神秘学とでもいうべきものである。かれらは——もともとはオペレーションズ・リサーチ[*7]や金融工学の出身であるが——チャートだけを手がかりにして、ということはグラフ上に現われる相場の動きだけを見て、短期の投資決定を行なうためのヒントとなる前兆を読み取っていく。重要なのはチャートの表面に現われている動きを正確に写し取り、そこからチャート上に形となってにじみでてくる希望や期待を読み解くことである。すでに一八八四年には、チャールズ・ダウがウォール街の主要な株式相場のうち一二の銘柄を選んで、日ごとの平均を計算していた。株価動向の特色をはっきりさせ、そこからさまざまな——日ごと、月ごと、さらには数年間にわたる——変動モデルを見きわめることがダウの目的であった。それは、一般的なビジネス環境を知るための数値を示してくれる一種の気圧計だということもできる。そして、おそくとも一九五〇年代以降は、これによって成功した実際の取引事例が現われてきた。そこで行なわれたのは、くり返される「パターン」とグラフ化されたモデルを解読し、過去の相場から考えて可能だと思われる未来を推察することであった。こうしたデータからは、他のどのようなデータ――たとえば、株式の内在価値や帳簿価格――よりも正しく、市場の状況をはっきりと伝えてくれる証言が読み取れるはずなのだ。その証言を与えてくれるのは、株式相場や為替相場の変動の背後で相場を形成しようとひそかなリズムを刻んでいる意志とでもいったもの、そして、グラフが見る者に対して訴えかけてくる力である。テクニカル分析では、チャーティストやアナリストはたとえば〈トレンド・ライン〉や〈トレンド・チャンネル〉について、あるいは〈下降トレンド・ライン〉や〈上昇トレンド・ライン〉について、〈ソーサー・トップ〉、〈ヘッド・アンド・ショルダー〉、〈スカラップ〉もしくは〈フラッグ・アンド・ペナント〉などのパターンについて語っている――これらはすべて、トレンドの動向とその転換点を指し示す特徴的なフォーメーションを表わしている。これらのグラフは、価格の基礎にあるはずの価値のレファレンスとはほとんど関係を持っていない。むしろ、売り買いを決定するのは、それぞれの価格の発するシグナルがどのようにして、どのフォーメーションにおいて、どのシンタグマを使って他の価格のシグナルとつながっているのかという要素だけである。こうして、経済世界はいわば清書あるいは浄書されて表現されることになる。つまり、トレーディング・ルームのなかでは外界で発せられるシグナルが無音のタブローを形作っていく。だが、他方、この部屋ではさまざまな形態の金融経済の多様性を見て取ることもできる。自然のサイクルと同様に、市場は昔から変わることのない動きを手順通りに変わることなくくり返し

ており、歴史はくり返しの可能な形式を整えていくのである。(16)

オイコディツェー

二〇世紀後半以降、現在通用しているこれらのモデルや考え方、方法を使って、金融経済学は為替市場と株式市場における価格形成の経緯とその時間的なダイナミクスの諸相を説明し、表現しようと試みてきた。だが、これらのモデルや考え方、方法は相場の動向や価格の変動という謎、また、この謎に含まれるもうひとつの謎、つまり、売買のタイミングとそれを予測する方法をめぐる謎のまわりを堂々めぐりしており、これらの謎が奏でる響きに巻き込まれて、ある種の困惑状態に陥っている。他方、金融の世界の出来事については強く説明が求められており、経済に関する包括的な学問的解釈の登場が待たれていることも事実である。この要望に応えるために、すでに現実と理論を取り結ぶための方程式やさまざまな処方箋が提示されており、あるいは説明しようという意思表示もなされているが、その結果、そこには軋轢が生じることになる。つまり、これらの解釈や考え方は、それぞれが対象とする記号論的な出来事を説明しようとして、結局は相容れることがないままになっている。だが、説明すべき出来事とは現代金融経済の中心的課題にほかならない。これらの出来事に関してはさまざまな考え方が表明されており、また、同じ出来事に対しても、それぞれ異なった階層やアスペクトからのアプローチが行なわれている。さらには、経済世界のつながりに関する多様な考え方、それも部分的には互いに矛盾し、部分的には重なり合う考え方も主張されている。ここで問題となるのは安定性の危機、すなわち、金融経済システムが構造的な危機にさらされていることである。ところで、金融市場の出来事を考える場合、なにがその出来事に当たるのか、それはどのようにして出現するのか、それはどんな理由で起こるのか、それは時間軸のうえでどのようにして他の出来事とうまくつながっているのかといった疑問が生じてくる。あるいは、価格のシグナルがくり広げる芝居のなかにはどのような現実が表現されているのか、どのような力が現代金融市場にトレンドや景気動向をもたらし、例外的な出来事や危機を引き起こしているのかという問いもある。これらの問いに関していえば、それぞれの考え方のあいだで、芝居がかった激しい論争が展開されることになり、最終的には解決不能という結論に達することは目に見えている。また、経済学内部における争点も問題である。そこで争われているのは、株式取引の歴史から未来の価格変動と投資に関する学説を引きだすことができるとする立場を取るのか、そのようなことは全く不可能だとする立場を取るのかである。あるいは、価格変動は経済的な基礎データや外部世界の状況と関連しているのかどうか、関連しているとしたら、それはどのような関連なのかということも争いの的となっている。さらには、架空の記号ゲームはいわゆる実体経済から切り離されているのかどうか、もし、そうだとしたら、どのような方法で切り離されたのかという争点もある。金融市場に見られる動きには規則性があるのか、たんなる偶然の産物にすぎないのかも争われている。支払い順序には理由があるのか、それとも理由などはないのかも論争の種である。金融システムは効率的に機能しているのか、あるいは無秩序に――それとも効率的であると同時に無秩序に――機能しているのかも論点となっている。さらには、市場のダイナミクスが示しているのは合理的なチームワークなのか、それともまったくの無分別でしかないのかも議論の的である――これらの問いから生まれてくるのは、金融経済のモデルと推論に基づいた行動プログラムである。この行動プログラムは、経済世界を展望するという点では歴史的なものとも予測的なものとも見なすことができる。しかし、だからといって、このプログラムが、経済世界は内部的なまとまりを持っているという点で意見が一致していることを物語っているわけではない。これらの問いが全体として持ちだしてくるのは、曖昧でもつれ合った経験的知識である。そもそも経済的現実とはなんであるのかについて、これらの問いからは不確かなことしかわからず、最後に残るのは失望だけである。「実証研究を行なう経済学以外のどの分野においても」と経済学者のワシリー・レオンチェフは記している。「これほどまでに精巧な統計装置を用いながら、これほどまでに異なった結論を導きだした学問分野はない」[17]。しかも、特殊状況、めったに起こらない出来事、ブラック・スワンという謎は残されたままなのだ。

いずれにせよ金融経済学のいき着くさきにはひとつの問題が隠されている。それは、ひとかたまりとなった危機的な出来事のなかに隠された判じ絵のようなものである。そこでは、理性と無分別、混沌と秩序、予測可能な世界の動きとむきだしの偶然性を見分けることはできないということを納得しなければならないのだ。もちろん、このような種類の問いかけや解釈の努力、論争には大きな意味がある。とりわけ、そこで自由経済という古い信念、不屈の信念の有効性が問題となるときには、それだけ大きな重要性を持つことになる。それは、市場における出来事は、秩序、統合メカニズム、調整、有効な配分の手本を示しており、その意味で市場とは模範的な舞台であり、それゆえに社会的理性の展示場でもあるという確信である。また、全体としてみれば、市場の出来事は首尾一貫したシステマチックな表現形式によってアピールするものだという確信である。だからこそ、この論争の核心部分に目を向けるならば、また、金融経済の危機を物語る場面をはめ込んだフォトスタンドを眺めてみれば、そこにはある種の問題状況が回帰していることがわかる。それはかつて神義論《テオディツェー》*8が対峙した問題であり、神義論は問題解決に向けてシステマチックな努力を行なった。それと同様のシステマチックな態度がここでも求められたのである。資本主義経済は神意となった。そして、利益への期待や経済の成長がこの世における神の摂理の一部である以上、現代の金融理論にしてもこの不可解な謎を避けて通ることはできない。その不可解な謎のひとつは、市場における表向きの不規則性や異常は市場のシステムの持っている理性的な調整機能に対応しているのかどうか、対応関係にあるとすれば、それはどのような関係なのかということである。ふたつめは、どの出来事が他のどの出来事と並び立ち、共存可能なものとして現われるのかである。三番目は、市場に規則性が出現することがあるのか、あるとすればどのようにして、また、どのような規則性が出現するのかという問題である。さらには、どうすれば現在の経済世界を考えうる最高の世界にすることができるのかという問題でもある。

かつてカントは、こうした問いかけを通して神義論の試みにどれほど確固とした根拠があるのかをチェックしようとした。カントに倣うならば、金融経済システムの正当化に対しても、これらの問いが投げかけられねばならないだろう。そのとき必要となるのは、以下の諸点について証明することである。すなわち、金融経済システムが持つ明らかな「反目的性」や機能不全が、実際にはそうではないことを証明する必要がある。あるいは、それらが、所与の状態ではなく、「事物の本性からして避けようのない結果」であることを立証しなければならない。つまり、世界秩序は全体として見れば好ましい状態にあり、その世界秩序がもたらす効果はよりよい方向に向かいつつあるのだと評価できなければならないのだ。さらには、この反目的性や機能不全の責任は、あくまでも虚弱な「世界存在《ヴェルトヴェーゼン》*9」である人間とその限られた思慮だけに帰せられるのだということも証明されなければならない[18]。とすれば、これに見合った問いは以下のようになる。現在の理解を超えた豊かさは本当に例外的なケースなのか、それとも資本主義をギアとする経済体制においては、むしろ既定のプロセスを示すものではないのか。このシステムがもたらす効果を理解するためには、合理的・非合理的という区分はそもそも十分なものなのか。当てにならない金融関係者やかれらの限られた認識力だけに関わっていて本当によいのか。このシステムのなかで経済合理性がみずからの無分別に直面するようなことは起こらないのか。このシステムに秩序はあるのか、それとも、このシステムは分散した個別行為を無計画に寄せ集めたものでしかないのか。このシステムは本当に合理的かつ効率的に機能しているのか。そもそも、だれもが納得できるような金融経済の物語などが存在するのか。

一七五五年のリスボン地震[*10]が近代神義論の土台を揺り動かしたように、過去二〇年間に起こった金融地震をまえにして、いま経済学の学問としての価値が問われている。問題となっているのは、まさに自由な、あるいは資本主義的な《オイコディツェー（*Oikodizee*）》[*11]の有効性、可能性、持続可能性である。つまり、あの経済学の教義がどれだけ堅固なものであるのかを検証する問いかけが重要なのだ。その教義からすれば、システムにおける反目的性や障害、不備はシステムの持つすぐれた装置と両立しうると思われるが、もちろん、それが本当かどうかも問われなければならないだろう。

第2章　市場の牧歌Ⅰ

社会物理学

このオイコディツェーと関連して問題となるのは、政治経済学が誕生したときの原初の姿である。政治経済学は次のような仮定と結びついていた。すなわち、自然発生的な秩序を保証し、世界の内部に働いている神の摂理と体系性を保証する役割は市場とその舞台に登場するプレイヤーたちだけが担うのだという仮定である。政治経済学の歴史はこの仮定に託された希望がたどった歴史にほかならない。というのも、一七世紀以降、経済学はたしかに自然法理論、政治的指南書、道徳哲学から生まれ育ってきたものであった。だが、当時は、星の運行や自然界の運動と同じように、数学や天文学、物理学あるいは医学の進歩を手本として、人間の行動からも運動法則を導きだすことができると期待されていた。経済学が体系的思考を獲得したのも、そうした期待のなかでのことであった。自然界の運動に見られる一般法則を定式化することは――コペルニクスの天文学からガリレオやニュートンの物理学にいたるまで――合理性という政治制度や社会制度に特有のイメージに見合っているが、これらの制度は、神の世界支配というモデルから離れて、制度に関わる諸原理を自分自身の内部から探しだしてくるのである。おそくとも一八世紀、すなわち、政治や社会におけるライプニッツ、デカルトあるいはニュートンに相当する人物の必要性がいよいよ高まった時代に、社会的な力や政治的な力のダイナミクスを、自然の実証研究に支えられた認識モデルに基づいて体系化しようとする要求が登場してきた。そこでは、たとえば、自然地理学と社会地理学の法則あるいは物理学の唱える重力の法則と道徳世界における重力の法則は同じように働いているのだと主張された。これはたんなるアナロジーではなかった。むしろ、それは、社会秩序の構築はそのメカニズム、つまり、そこに働いているさまざまな力や要素を経験的に解明することを通してしか正当化されないのだという主張にひとしかった。すでにこれ以前から、近代的理性や自然法をめぐる議論はある政治的な認識論の土台に立って展開されていた。この認識論によれば、あちこちに散在する個別現象の背後には首尾一貫した不動の秩序が存在し、また、一見すると無秩序な運動や事物、生物のあいだには規則的な関係があった。こうして、さまざまな事柄が天文学体系の持つ考え方と関連づけられることとなった。というもの、天文学は法則性や変化のモデル、運動や力の関係性のモデルを提供してくれるからである。また、ここから物理学や工学をベースとする政治学が開発されていったが、その目的は、社会的相互関係の背後に隠れている諸力の相互作用を解明することにあった。そして、最後には、人間の〈本性〉そのものが問われることになったが、それはこうしたダイナミクスにおける動因であるとともに問題要因でもあると考えられていた。たとえば、ホッブズはこう記している。「自動で動く時計や少し複雑な機械をまえにしてさえ、それを分解し、それぞれの部品や歯車の素材、形、動きを個別的に観察しない限りは、わたしたちは個々の部品や歯車の作用を理解することができない。同じように、国家の法律や市民の義務について確定しようとするならば、国家を実際に分解する必要こそないが、しかし、少なくとも分解された国家を想定しなければならない。すなわち、人間性とはどのような性質を持つものなのか、それが国家形成のためにどの程度役に立つのか、そして、統一を実現するためには人間にどのような連携が求められるのかといったことは正しく認識されなければならないのである[1]」。

こうして、近代になって、地球が太陽の周囲をまわりはじめただけでなく、貨幣が地球をまわりはじめたとき[2]、これらの革命は明らかに人間学的な革命と同時並行的に起こった。しかし、この人間学的革命のなかに姿を現わしたのは、もはや人間像などといったものではなく、〈現実の〉人間そのものであった。そして、人間に関するこの考え方が新しい秩序理念の出発点となったのである。いずれにせよ、バロック時代以降、おおかたの自然法学者や道徳哲学者たちは次の点で見解が一致している。それは、もはや人間をたんなる《ポリス的動物《ゾーン・ポリーティコン》（*zôon politikón*）》として、つまり、直接的かつなにに も妨げられることなく社会生活に組み込まれている社会的な生き物として理解することはできないという見解である。そこで明らかとなったのは、他の大部分の生物とちがって、このポリス的動物がむしろ機能不全を起こしていること、さらに、それがコミューン的な在り方には適していないことであった。こうして、ポリス的動物は、同じポリス的動物にとって、どうにも歓迎しかねる同時代人となったのである——そして、「自己愛」や「自己保存」などのコンセプトに関する包括的な文献が登場したが、カントが記しているように、人間についてはせいぜい「交際ぎらいの社交好き」とか「悪魔の民」といった言葉でしか語ることができないのだ。すなわち、現実的な人間は救いがたく「堕落した状態」にあり、「いろいろな悪い欲望に満たされた被造物」(3)なのである。こうして、政治的経験はひとつの類概念の周囲をめぐりはじめることになる。この類概念を考えるにあたっては、概念のなかに含まれている当てにならない感覚や思い込み、悪質な情熱や欲望をも相手にしなければならないが、いずれにせよ、この時点で政治的人間学が成立したと理解してもよいだろう。あるいは、このとき、はじめて人間学的な問いが誕生したのだといったほうがよいのかもしれない。だが、なによりも、このとき社会的相互作用のなかに働くメカニズムの新たなコンセプトを把握し、これを実現するための重要な一歩が踏みだされたのである。その結果、これまでにはなかった人間のタイプが生まれてきた。この新しい人間のタイプは、新しく生まれた秩序概念に見合っているが、そこでは市場の出来事と政治経済学が特権的な役割を引き受けることになる。それにしても、このことはどう理解したらよいのだろうか。現実的であると同時に堕落してもいるこの人間は、それまでのキリスト教神学における罪深い人間とどのように区別されるのだろうか。また、現代のオイコディッツェーが土台としているのはなんなのであろうか。

個人の悪徳……

はじめにしっかりと確認しておく必要があるのは、ここで話題となっている人間が次のような特徴から成り立っていることである。すでに一七世紀あたりから語られていた第一の特徴は、この人間がみずからの欲望に従って行動することである。第二の特徴は、この人間が欲求と嫌悪、誘惑と反感によって突き動かされる点にある。その結果、構造的な観点からいえば、この人間には社会性が不足しており、機能不全を起こしているのだが、それで話がおわるわけではない。というのも、逆から見れば、まさにこれらの特徴によって、ひとつの社会秩序が誕生したともいえるからである。それは、ひょっとしたら他のどのような秩序よりもうまく機能する秩序である。それが意味しているのは、*privat vices – publick benefits,* つまり、個人の悪徳 – 公共の利益というよく知られた定理にほかならない。この定理は、一八世紀初頭に出版されたバーナード・マンデヴィルの道徳哲学書『蜂の寓話』に由来している。この書物は若干の評価の浮き沈みはあったものの、大きな影響力を持つ社会定理の発信源となった。いうまでもないことだが——マンデヴィルも記しているように——人間は感情、欲望、情熱に支配されている。それどころか、かつては神に見離されるほどの大罪とされていた《スペルウィア（*supervia*）》、《アウァーリティア（*avaritia*）》、《インウィディア（*invidia*）》、《ルクスリア（*luxuria*）》、すなわち、人間の心を燃えあがらせる高慢、吝嗇、嫉妬、放埒にも支配されている。マンデヴィルの論証によれば、ほんとうに創意にあふれ、抜け目がなく、生産的な傾向を持つのは、穏やかな素質の人間ではなく、むしろ、極端な素質の人間なのだ。しかも、これらの激情のすべては、互いに相手をそそのかし、心をかき乱すものであるが、それでも、これらの激情は最後には互いにバランスを取り合い、それぞれが相手の欠点を埋め合わせることになる。たとえば、けちな人間は浪費癖のある人間の行動を食いとめるが、結果的に、このふたりは自分たちの小細工や悪知恵を通して公益に寄与することになる。ここにマンデヴィルの論証のクライマックスがある。つまり、個人として見れば、罪深く、変則的で、不埒と思われるものが、全体から見ると、ダイナミックで調和の取れた秩序をもたらすというのである。さらにマンデヴィルは、政治家が判断をくだす場合は、人間のなかにある最悪のものを基準にすればよいのだと記している。それこそがすぐれた政治家なのであり、すぐれた政治家が美徳や中庸などを思い煩う必要はない。必要なのは、並みはずれて放逸な情熱である。そして、このような政治家にとって、これらの放逸な情熱は――それが「うまく混じり合って、相殺し合い、これらの情熱の出所である全体にとってプラスとなることを証明する」[4]ように――人びとを結びつけ、相互に反応を引き起こす試薬にひとしい。近代的人間は合理的主体としてばかりでなく、特別に情熱的な主体としてもこの世界に登場してくるが、この人間は、キリスト教の古い大罪の数々を新たな社会的財産へと変えることもできるのだ。

まさに反社会的であるがゆえに――と、この驚くべき論証は語っている――この近代的人間は社会秩序の構成要素と見なされ、まさに信頼できないがゆえに信頼し、当てにすることのできる重要人物として秩序のなかへと組み込まれることになる。それにしても、どうすればそのようなことが可能となるのだろうか。どのようなメカニズムを通せば、こうした無秩序な人間のあり方から法則性を生みだすことができるのだろうか。また、そこで考えられているのはどのようなダイナミクス、どのようなシステム機能なのだろうか。ここでも、イギリスの経験主義者やフランスのモラリスト、ドイツの社会工学研究者の答えはある重要な点で一致している。それによれば、このような情熱的なダイナミクスに共通しているのは、それが利益のメカニズムのなかで頂点を迎えるということである。突き詰めていけば、どのような行動や情熱の核にも、どのような欲望や嗜好の核にも、これ以上細分化できない要素が隠されているが、一七世紀以降、この要素は「利益」とか「私益」と呼ばれてきた。おそらく、利益の概念は、国家理性《レゾン・デタ》あるいは国益という考え方から出発して、やがて社会理論へと移行していったのであろう。また、一般的には、こののち利益は近代的な取引関係の秩序を支える理論的かつ実質的な中心点となったと語られ続けてきたのである(5)。

利益

さしあたり利益はこれ以上分解できない社会関係の最小単位だとしておこう。人間がなにを意図し、なにを熱望しようと、また、嗜好や情熱が人間をどこに向かって駆り立てようと――多少とも意識的な決定を行なうとき、そのプロセスにおいては、つねに自分贔屓の論理が働いている。それは、ここでくだす決定は最終的には自分自身にとってよりよい結果をもたらすのだと考える論理である。最悪の欲望や強烈な情熱でさえ、そこに私益という微量元素が加わることで落ち着きを見せるようになる。決定にあたって、より快適なものや苦痛をあまり感じなくてすむものが選ばれるのは、この私益という微量元素のおかげである。この微量元素を通して利益が語りかけてくるのは、利益とはひとつの意志が具現化されたものだということである。それは、禁欲や自制心、抑制を求める意志ではなく、逆に積極的に自己を主張することで機能する意志である。利益が自己を放棄することは断じてない。利益は原理なき原理として機能する。利益が本領を発揮するのは、具体的な状況において、つまり具体的な選択肢をまえにしたときである。利益にとって一般的な（道徳的）法則などというものは存在しない。利益が反応を示すのは、たまたま世界で起こった出来事に対してだけである。その意味では、利益の主体は、道徳的主体でもなければ法的主体でもない。この主体はいかなる否定も受けつけようとしない。さらに、利益に駆られて行動する人間は、否応なく他者との取引や交換を行なわざるをえなくなる。また、自分たちの性向に耳を傾けながら、かれらは社会参加のために必要な基本法則さえ生みだしてしまう。こうして、すべての登場人物の人間的な性向や情熱が利益のなかで出会い、登場人物たちがそれぞれの利益を追求する場所において、最後には社会的・政治的な自然法則が姿を現わすのだ。自然が重力の法則の支配下にあるように、社会もまた利益の運動法則によって規定されている。この点で物理学と人間交際の類似性は明らかである。また、宇宙論の法則が社会を支配する法則の土台となっていることも、ここからはっきりと知ることができる。フランスの道徳哲学者エルヴェシウスはこれを次のように定式化している。「物理的な宇宙が運動の法則に従っているというのならば、道徳的宇宙もまた利益の法則に従っているのである[6]」。

以上のことを総括すれば、人間学的であると同時に道徳的でもあるような革命の姿をここに確認することができるだろう。一七世紀および一八世紀に生みだされた人間像は堕罪ということを知らない。この人間は善良でもなければ悪質でもない。悪魔でもなければ天使でもない。この人間は機能的であるが、同時に機能不全にも陥っている。機能不全だというのは、この人間が不本意ながら、しかも、思いがけなく社会に参加しているにすぎないからである。機能的だというのは、結果的に見れば、まさにこの不本意だという気持ちから、人間同士が結びついていこうとする規則的で予測可能な関係が生まれてくるからである。これこそが社会の**法則**にほかならない。そして、他のどのような道徳的あるいは法律的な法則よりも巧みに、社会はこの法則を操ってみせるのだ。かつては、私益が公的な損失をもたらすことを前提として、「隣人も生きていくことができる」[7]ために私益に上限を設けることが求められた。それが古いスローガンであった。それが、いまや逆転し、実り豊かな有害さとでも呼ぶべきシステムへと転換されるのである。

こうして一七世紀以降、人間の内部では欲望に燃えたぎる心臓が脈打つこととなった。だが、どのような欲望や情熱にせよ、それは純然たる私益のむきだしの要素、すなわちこれ以上は単純化できない要素を隠すことにしか役に立たない。それは、無規則から規則を、無法から合法を生みだすことで社会的相互作用を動かしているのだ。ここには、ばらばらに孤立した行動を予測可能で整然としたシークエンスへと並べかえるメカニズム、今日もなお機能し続けているメカニズムを認めることができる。「たしかに」と、アマルティア・センは経済行動に関する一般的な考え方を批判して断言している。「個人の利益については、次のように定義づけることができるだろう。すなわち、たとえどのような行動を取るにしても、個人がそこでなにかを決断しようとするとき、その人間は自分自身の利益に基づいて決断をくだしているのだと見なさざるをえないのである」[8]。利益は新しい〈現実の〉人間を行動へと駆り立てる動機づけの役割をはたすことになった。この新しい人間こそが、いまや経済的人間と名づけられるべき存在である。つまり、この人間が持つさまざまな情熱や利益のメカニズムを通して、はじめて社会的なものが生産される。また、このメカニズムを通して、組織的かつ体系的な関係が生みだされ、社会における自然法則が定められることになった。だが、なによりもこのメカニズムによって、ようやく市場と経済システムのなかで実体化される流通システムに特権的なポジションが与えられることになったのである。一七世紀以降、市場や経済システムに関する考察が対象としたのは、価格、商品、支払いだけではない。利益の法則によって支配される領域も対象となり、結果として、経済的人間の基質もそこに含まれることになった。ところで、この基質とはまさに社会的なものの基盤を形作る媒体にほかならない。それは、感情の動きを行動に、行動をコミュニケーションにつなげる媒体である。ここからは、こうした関係における次のような問いが生まれてくる。すなわち、経済的人間の効率性を形成しているのはなんであるのか、このシステムのなかで経済的人間はどれほど正確に行動しているのか、この人間を動かしている法則性は具体的にはどのような形を取っているのか、また、新たなオイコディツェーのなかでこの人間はどのような役割を引き受けているのか、という問いである。

見通しのつかない世界にあって、利益に導かれながら、この新しい人間はさしあたり不安を覚えることなく行動することができる。それは、この人間が見通しのきかない状態、制約を受けた状態にあり、「利己心というばかげたモグラの目」(9)を使ってすべてを眺めているからにほかならない。この人間の行動から連想されるのは、偶然的なだけでなく、もともと非理性的でもある世界に浮かぶ合理性という名の小さな孤島である。こうした人間のもっとも輝かしい典型といえるのが、たったひとりで島に取り残されたロビンソン・クルーソーだろう。だが、クルーソーと同じく、経済的人間もまた、世界の秩序は所与のものでも不可能なものでもないこと、したがって強引にもぎ取らねばならないことを知っている。しかし、経済的人間はなにかを開始することにかけてのスペシャリストであるだけではない。この人間は情勢判断にかけても達人である。それは、経済的人間が世界の状況を、本当か嘘か、善か悪か、正しいか正しくないかによってではなく、損をするか得をするかという基準に従って分類するからである。今日にいたるまで、経済理論はこの事実を証明し続けてきた。これを現実が経済的人間に提供するチャンスといってもよい。それは、現実に起こるさまざまな現象や現実が発するさまざまなシグナルを実質的かつ利益・不利益という基準に従って体系づけるためのチャンスであり、これがなければそもそも経済的人間は存在しないだろう。自分の好みに頼り、自分の利益だけを求める人間は自分の好みと利益だけにしがみつこうとする。当然のことながら、このような人間はそのさきにある世界に目を向けようとせず、よくて、他人もまた自分と同じ世界しか見ておらず、そのなかでだれもが情熱を関心に、関心を利益に転換しようとしているのだと思い込んでいるにすぎない。経済的人間が合理的だとすれば、それは経済的人間が慎ましく局所的な存在だからである。とすれば、経済的人間とは限られた知の主体でしかないだろう。しかし、原因と結果の連鎖を見通すことができないままに、経済的人間は自分でも経験したことも考えたこともない結果を、それも自分の視野の狭い見通しからは思いもよらぬ結果を生みだすことになるのだ。

見えざる手

この予期せぬ結果も、もとをただせば利益と利己的な性向に由来するものであったが、それがまさに意図せずして全体の幸福へと転じることになった。一八世紀になると、この転換は「利益調和」という市民的道徳哲学の決まり文句となったが、この言葉が表現しているのは、現世において顕現する神の摂理への期待である。(10) ここからは、少なくともアダム・スミス以来、周知のものとなった表象をのぞき見ることができる。それは、今日にいたるまで、「見えざる手」という言葉で政治経済学がその体系的構造を図説してきたあのイメージである。一七七六年に出版された『国富論』は、道徳哲学に関する一連の講義から生まれた、スミスにとって二冊目の著作であるが、この著作のなかから頻繁に引用される箇所で、スミスは次のように記している。「実際のところ、かれ［経済主体］は、普通、意識的に公共の利益を促進しようとはしないし、自分がそれをどれほど促進しているかもわかっていない。外国経済ではなく、国民経済を支えようとするとき、かれが考えるのは、そもそも自分の安全のことだけである。また、収益が最大の価値を持つようにと、かれは仕事におおいに励むことになるが、それも、ただ自分の利益を求めてのことでしかない。その結果、他の多くの場合と同じく、この場合でも、かれは見えざる手に導かれてある目標の達成を促すことになるが、それはけっして自分で意図していたことではないのである。しかし、なんであれ、個々人が意図せずにこうした目標を追求するのは国家にとっても最悪のことだ、などということは断じてできない。実際に社会の利益を増やそうと意識して行動するよりも、むしろ、まさに自分自身の利益だけを追い求めることの方がはるかに効果的な場合がしばしばである。わたしの知る限り、自分の商売は公共の幸福に役立っていると主張する連中で、それを証明して見せた者などひとりもいないのだ」。ここに引用した箇所を支配しているのは透明な不透明さとでも呼ぶべきものである。というのも、一方では、ここには全体のメカニズムを完全に見通すことのできる場所、いわば神の場所が存在している。しかし、他方、全体のメカニズムが機能するのは、この場所を占有する共演者がひとりもいない場合だけなのである。たとえば、肉屋やビール醸造業者あるいはパン屋といった個人の善意のおかげで人間の欲望が充足させられ、また、その結果として社会的相互作用が生まれてくるのではない。こうしたことが実現するのは、だれもが乱闘状態にあり、自分の優位と「自分自身の利益だけを守ろうとしている」からにすぎない。社会秩序はなんらかの展望や慈善行為、協調性をめぐって築かれるものではない。利益の分かち合いで問題となるのはむしろ「交渉、交換、売買」であり、つまり、究極的には、交換関係のなかに利益は社会的理性の原理を発見するのである。(11)

ここに新たな社会法則が、すなわち、経済的人間とそれを取り巻く環境から作られる、市場のもっとも重要な構成要素のひとつであるオイコディツェーが登場してくる。経済的人間が信頼できるのは、この人間が自分にしか関心を持っていないからであり、経済的人間が社会的であるのは、まさしくこの人間に社会性が不足しているからにほかならない。また、経済的人間が自分にとってあまり関係のない目的に役立つことができるのは、私益と交換を通した場合だけである。だが、なによりも、他人に支配されることさえなければ、経済的人間はもっとも巧みに、自分のみならず他人をも支配することができる。というのも——これはいずれ自由主義のライトモチーフとなるのだが——善を行なおうとする支配ほど有害なものはない。むしろ、ここでものをいうのは、メフィストテレス的なプログラム、すなわち、たえず悪を望みながら思いがけず善を行なってしまう、それも、あらゆる人間にとって最善のことを行なってしまう権力を指し示すプログラムである。市民社会は経済的人間を取り巻く環境として形成されるが、この社会を統治するのは不透明性の原理、見通しがたさという原理である。そこには展望と洞察によって公共の善を行なおうとする意志や能力のある善良な政治家などは存在しない。公共の目的を追求することを保証してくれるのは明晰な頭脳でもなければすぐれた展望でもない。それを保証するのは、がむしゃらに私益を追求する盲目性なのだ。とすれば、経済的人間とは私益を求めるだけの主体でしかない。しかし、その経済的人間が、市民社会においては、媒体としての役割を果たしているのだということもできるだろう。

この言葉によって、アダム・スミスは、市場経済の機能方法に関するおそらくもっともポピュラーなスローガンを打ち立てたが、この言葉は意味論的にはさらにふたつの観点から規定されることになる。まず、この言葉は、メタファーとしてさまざまに枝分かれしていった歴史を持っているが、この歴史からわかるのは、この言葉をめぐる神学的で宇宙論的な問いが社会的存在論の領域へと引きずりおろされたことである。アダム・スミスが登場する一〇〇年前にこの言葉が表現していたのは、自然の事物の関連のなかに隠されている働きのことであった。たとえば、時計は外から見れば針と文字盤しか目に入らないが、その裏側には時計を動かすメカニズムが隠れている。ここでいう働きとは、このメカニズムに相当するような宇宙論的な出来事のことである。「つまり、自然は、あらゆる事物のなかに存在する見えざる手によって動かされている」[12]。スコラ哲学でいう《指揮者の手《マヌス・グベルナートーリス》 (*manus gubernatoris*)》とは、すべての被造物を導いていく神の手を意味しているが、これが《自然のオエコノミア《オエコノミア・ナトゥラエ》 (*oeconomia naturae*)》すなわち自然秩序においては神の摂理を表わす効果的な神学的メタファーとして再登場している。たしかに『国富論』においては、「見えざる手」は、私益と利益への欲求を公益へと転換させる規則的な運動のための場《トポス》として登場するが、それ以前には、スミス自身がこの表現をまったくちがった、しかし、同じように重要なコンテクストのなかで使っていた。おそらく一七五八年頃に執筆されたと思われる『天文学の歴史』のなかで、スミスは、重力と慣性の法則も含めたニュートン的世界システムの弁護を試みている。だが、これに加えてスミスは、多神教の考え方を取り上げて、次のように書き記している。すなわち、多神教では、自然界のイレギュラーな出来事のなかに古代の神々の奇蹟を起こす能力が顕現していると考えられている。だが、まさにそれゆえに、多神教の考え方では、こうした出来事の背後に規則性が存在することを明らかにできないというのである。「火は燃えさかり、水は潤いをもたらす」のはごく自然なことであり、「重い物体は落下し、軽い物質は上昇する」ことも不自然ではないが、稲妻、雷鳴、嵐といった尋常でない現象には説明が必要であった。そして、古代人の場合、これらを説明するにあたって、最後にはジュピターの「見えざる手」が引き合いにだされたのである。[13] つまり、見えざる手は、ここでもまた宇宙論の一要素であった。利己的な人間の持つイレギュラーな性向が、見えざる手によって秩序へと組み込まれていくのと同様に、時代がくだると、見えざる手はイレギュラーな自然界の出来事のなかにひそむ規則的な神の支配を明らかにするものとなった。ひそかな介入によって、この世の出来事が神の摂理に組み入れられること、不規則性が秩序へと移し替えられること、拡散した力と運動の背後にはそれらを関連づけている見えざる手が存在していること、それは、さながら見えざる手によって奏でられるコンサートである。このコンサートが思い起こさせるのは、ひそかに練られた——言葉の本来の意味での——操作が、自然界の事物の運行のなかにも、社会的相互作用のダイナミクスのなかにも、同じように介入してくるのだということである。

ただし、ここで忘れてはならないのが、アダム・スミスの場合、「見えざる手」という概念が別の場所で、すなわち一七五九年に出版された道徳哲学に関する著作『道徳感情論』第一巻においても登場していることである。ここで扱われている経済的人間には、全体を見渡す力、つまり包括的な洞察力が欠けている。この人間が機能するとしたら、それは、この人間にはなにか根本的なものが欠けているからにほかならない。こうした人間の例として、スミスは「誇り高く、冷酷な地主」を挙げている。みずからの所有する広大な畑に視線を走らせながら、「自分の兄弟たちにも必要なものなのだということ」など気にもかけずに、この地主は収穫物を貪り食べる光景を空想しているのかもしれない、とスミスは記している。しかし、「かれの胃袋の大きさ」は「かれのとどまるところを知らない巨大な欲求とは無関係であり」、その大きさには肉体的もしくは生理的な限界がある。その結果、この人間は収穫の余剰分を分配せざるをえなくなる。つまり、この人間が「贅沢品」、「必要を越えたもの」を求めることで、結果的には他の者たちの必要を満たすことになるのだ。「生来の身勝手と貪欲さ」にもかかわらず、あるいは、まさにだからこそ、金持ちはみずからの富を貧しい者たちに分かち与えることになる。このことをスミスは次のように表現している。「もし、大地がそこに住むすべての人びとに等しく分け与えられたならば、生活必需品の平等な分配が成就したことだろう。ところが、見えざる手に導かれて、金持ちはそれとほぼ同じだけの分配を実現するのである。こうして意図せずに、いや、それどころか、それと知らないうちに、金持ちは社会の利益を促進し、種の繁殖のための手段を提供しているのである(14)」。

ここでもまた、盲目的で利己的な欲求が公共の利益を増進させる原動力となっているが、そればかりでなく、ここには、けっして満たされることのない欲望が持ち込まれることになる。この欲望は、あらゆる欲求や満足を超えて、つまり肉体の受容能力を超えて、際限のない広がりを見せる。これは、のちにマルクスによって資本家の「抽象的な享受欲求」と名づけられたものであるが、この言葉が意味するところは、資本家による金と資本の蓄積が現実の欲求とは少しも合致していないということである。この享受欲求は、経済的人間を構成する新たな要素のひとつであるとともに、この人間によって支えられた経済システムの構成要素でもある。この経済システムが対象としているのは、また、このシステムを構成しているのは商品や必需品だけでなく、心理傾倒や選好、願望や欲求であるが、これらはまさにその節度のなさによって均衡の節度を保証するのである。少なくとも一八世紀末以降になると、この欠乏を自家薬籠中のものとすることを通して、経済的主体が生みだされてくる。この経済的主体とはいわば欲求の自動機械であり、当然のことながら、これらの主体が望むのは自分の手に入れることのできないものである（もしくは、そうしたものを望まざるをえなくなるのだ）。こうした経済的人間は、満たされた状態のなかでなにが欠乏かを感じとり、欠乏状態のなかで自分がどのような望みを抱いているのかを知る。そして、限りない欲望に駆り立てられながら、限られたわずかばかりの商品を手にしようとして、ついには欠乏のテクニックをマスターするのだ。経済的人間はそのようなタイプの人間、つまりはゲーテのファウストのような人間なのである。そして、利己的な性向、意図せぬ影響力、限られた知識、際限のない欲望を持った経済的人間が自分にできないことを望み、自分の望まないことを行なうのだとすれば、これを欲望機械と呼ぶこともできるだろう。

経済的人間

一七世紀以来――手短にいえば――自然法と道徳哲学のディスクールのなかにいくつかの新しい構成要素が登場してきたが、これらの要素は経済的人間という新たなフレームにはめ込まれた。これらの要素のなかで、世界情勢に関するさまざまな推定が人間学的な前提条件と結びつき、さらには、人間的交流としての経済や家庭道徳のなかに長期におよぶ大変革をもたらした。これは次のことを意味していた。第一に、近代的な経済的人間は合理的主体としてだけでなく、情熱的な主体としても舞台に登場してきたが、この人間は、利益のメカニズムを通じて、かろうじてその情熱をコントロールすることができる。第二に、経済的人間は限られた知識だけにつき従う盲目的な主体として行動する。そして、まさにその盲目状態のなかで――思いがけず、また、無意識のうちに――調和の取れた社会的交流を生みだすのである。その結果、経済的人間はこの世界における特別な履歴を持つことになる。この人間は無知のなかで賢くなり、限られた意識を頼りに自分のおかれた狭い世界を通り抜けてさきへと運ばれていくが、これと同じことはドイツ教養小説のスキームにも認めることができる。あのヴィルヘルム・マイスターは、まさに限られた知識と思いがけない手段、すなわち、目に見えない「より高次の手」によってあるべき場所へと導かれていったのである。(15) 第三に、経済的人間は特別な意味で国家の敵である。というのも、この人間にとって、(法律、制度、行政などの)すぐれたシステムを構築することは、システムをうまく構築することと相容れないからである。こうして一八世紀以降、経済的人間の登場とともに、自由主義経済の影響圏のなかにひとつの障害もしくは「過剰な統治という災い」が明らかとなり、市場メカニズムが「市民社会」の生活を規定しているあらゆる「人工的な装置」の効率性を測るための試金石となった[16]。第四に、敵対関係にあるからといって、経済的人間からとりわけ統治のしやすい人間のサンプルを作りだすことが妨げられるわけではない。つまり、交換と市場という経済のプライオリティから生まれる環境のもとでは、経済的人間の欲望と利益はみずからを支配、コントロールし、バランスをとり、補い合うのである。この環境に秩序をもたらす法則は、個々の経済的主体にとって他人事ではすまされない。この法則はかれらの利己的な心の産物であり、どのような君主よりも巧妙かつ効果的に、まさしく見えざる手として支配を行なうのだ。経済的人間は——それは、こののちかれらがくり返し持ちだす要求となるのだが——もはや賢明な立法者も思慮深い政治家も必要とはしない。経済的人間を通して登場した市民社会はひとつのダイナミクスに身を任せることになる。そこでは、個人として見れば、プレイヤーたちは気まぐれで不安定であるが、全体として見れば、意外性に欠け、それだけ信頼に値し、だからこそ、法令や道徳律に従ってふるまうことが期待できるのである。こうして、市場はたんなる舞台ではなく、社会秩序の場そのものとなる。それは、情熱を利益へと、エゴイスティックな利害関係を幸福な人間関係へと変化させ、そのなかで自然法に従って働く触媒にほかならない。さまざまな害悪——そして、ここに古い神義論の残響を耳にすることができるのだが――は、必然的にこのシステムを構成する要素となる。というよりも、むしろ、これらの害悪はこのシステムを円滑に機能させる方法の基礎となっているのである。

これらの要素のすべてが、経済的人間を取り巻く囲いをかざる調度となっており、また、自由で牧歌的な市場の特徴ともなっている。この牧歌は、「甘く」かつ「穏やかな」商売の精神[17]に向けられた啓蒙主義の賞讃を巻き起こしたばかりでなく、最近の代表的な経済学者を有頂天にさせるものであった。たとえば、あのミルトン・フリードマンでさえもが、売り手と買い手のあいだの自由な売買から生まれた価格のおかげで、何百万人という市場の参加者たちの行動が調整されたのは自由市場という奇蹟の賜物だと語っている。意図せずに、また、意識することもないままに、価格システムは不在の中心の肩がわりとなり、個々人の拡散していく力のなかから社会秩序が創発するのを保証するという課題を引き受けた。互いに愛し合う必要もなければ、実際に意識して理解し合うこともないままに、自分の利益を追求しさえすれば、それが人びとの状況を改善することになる。つまり、不吉な見えざる手が必然的にもたらすものは以下のことである。すなわち、経済的人間が負っているただひとつの責任とは、自分以外のなにに対しても、また、だれに対しても責任を負わないということなのだ。[18]

自然主義

いささか荒削りの概念を使ってでも、ここで自由主義的独裁の成立について語っておく必要があるだろう。というのも、この市場が求めるものは、みずからの欲望と利益の力に身を委ねている市場の主体を抑圧から解放するために一定の努力を払うことだけではないからである。地域市場を市場社会へと成長させるには、むしろ、経済、政治、社会の関係を新たに調整しなおすことが必要となる。いわば市場が自然法を執行するのである。そして、その他のよい法律やすぐれた制度は、自分たちがこの自然法則に対する、ということは自然発生的な経済メカニズムに対する服従をどのように保証することが可能なのかをみずからチェックしなければならない。この観点からすれば、市場は実践理性を実現するための舞台になったといえるだろう。この重大な道徳哲学的転換を最初にはっきりとした形で要求したのは、おそらく重農主義者たちであったと考えられる。すなわち、はじめて経済生活を体系的に理解しようと試みたといわれている、あの政治経済学の理論家たちである。というのも、それは、重農主義の唱える合法的な独裁制（*despotisme légal*）を意味していたからであった。経済の交換過程に関わる規則を決めるのは自然の秩序（*ordre de la nature*）であり、決定にあたって、この秩序が、不変の自然法則がくだす絶対命令に従うのだとすれば、道徳的秩序（*ordre naturel*）の役割は、その自然法則の原理に基づいてすべての市場参加者の行動基準を確定することにあった。ここに、「人類の法学」あるいは《一般公法学（*Jus publicum universale*）》が誕生することとなったが、この一般的公法は、自然の経緯に従って、諸制度、法律の条文、行動規範を同質化するとともに、市場メカニズムのどこでこの同質化が起こるのかを突きとめるのである。いまや、自然法則が道徳生活にも適用できることを市場が保証することとなった。また、特殊な経済法則が一般的な自然法則の代理をつとめることを可能としたのは、市場に働くさまざまな力の働きであった[19]。こうした市場を形成するための同質化から必然的に導かれる結論は、市民社会と自然状態との——近代国家理論に由来する——区分がここではもはや意味をなさなくなったということである。それどころか、市場はこのような境界設定を消し去るか、あるいは、それを飛び越えてしまい、さらにはこの境界設定と結びついた自然法則のアポリアをも取り払ってしまう。市場は社会契約の裏をかき、一種の市民的自然状態（*état de nature*）として姿を現わすのである。

つまり、のちに〈自由主義〉と呼ばれることになるものは、はじめは自然主義として形作られたのだ。いわゆる市場の自由は、なによりも経済主体の解放という義務が政府と市場参加者を自然発生的な市場法則に従わせるという義務と組み合わされることで成り立っている。統治に見られるこのような自然主義[20]は、自然法則の進行をつかさどる原理を諸制度に適用し、自由主義経済の道徳哲学的正当性を主張する。だが、たしかにこの自然主義はある理論を中核として構築されており、この理論的中核があってようやく経済生活の法的効力が確保されるのである。というのも、市場が経済的および社会的な合法性の尺度となるのは、市場が調整と均衡の模範的な場として成立している場合だけだからである。すなわち、穀物と食料品の分配をめぐる詳細きわまる議論を背景として、一八世紀中葉以降、市場について考察する際に問題となったのは、需要システムとこれに対応した供給状況の関係であった。市場の動きは価格のダイナミクスによって決定されるということである。この需要と供給の関係のなかに、あの神秘的な「全体の均衡」を見出すことができる。そして、この自由市場における価格形成のなかに、あの「神の摂理」の手が働いている。この手は、その「無限の愛」によって、循環する欲望とともに人間の交流を万人の幸福へと方向づけた。取引における調整と均衡のなかで、慈悲深い自然の働きはくり返されていくのである。(21)

価格システム

こうして交換は、より正確にいえば、売り手と買い手の関係は社会的関係の本質的な要素となり、ここからディスクールの変化が起こりはじめたが、その過程で政治経済学は自分たちがロビンソン・クルーソー風の物語をとりわけ好んでいることに気づいた。それは三つの島をめぐる物語である。第一の島では穀物、第二の島では羊毛、第三の島ではワインしか生産されない……。ある島の余剰がほかの島の需要に対応している。そして、この生産余剰品が需要品と交換されるとき、これらの島々の孤立状態が解消されるだけではない。そこではふたつの意志のあいだに均衡が生じるが、その調整と均衡は正当な、つまり、〈適正な〉あるいは〈自然な〉価格のなかに表現されているのである。とすれば、根本的には、商品と貨幣の循環は意志の疎通が行なわれる脈管のシステムとしてイメージするのがよいだろう。この脈管のなかでは、持続的な交換行為を通じて有用性と必要性を維持しながら、余剰物は交換のたびにつねに全体のバランスが保証される場所へ向かって流れ込んでいく。[22] この点に関しても、ひとつの価格理論を定式化することでアダム・スミスはシステマチックな考え方を提示しているが、その「すばらしさ」は、今日なお「自由な経済秩序」のためのインスピレーションの源泉として、また、その最初の偉業として生き続けている。[23] スミスによるこの均衡理論を決定づけているのは、相互に作用するふたつの価格タイプの幸福な相関関係である――ひとつは、変動する需要と供給の比率に従って決定される実質的な市場価格である。もうひとつは、本来的で中心的な価格あるいは「自然価格」であり、その額は借地料、賃金、利潤に関わる経費から算出される。そして、ここにこのシステムの利点が現われている。というのも、すべての労働者、商人、地主の「私益」は、この「自然価格」がいわば重力の中心点なのだということを後ろ盾にしたいと思っているからである。「この中心点へと向かって、あらゆる商品の価格がたえず引き寄せられていく [*are continually gravitating*]。さまざまな偶然のおかげで、商品価格が自然価格よりもかなり高くなることもある。また、ときとして商品価格が自然価格より低くなることもある。だが、価格が安定化へと向かい、中心点で落ち着くのを妨げるどのような障害があるとしても、それでも、価格はたえずこの中心点に向かって突き進んでいくのだ」[24]。たとえ一見しただけでは説明のつかない価格変動が不意に起こって不安が走ったとしても、たとえ独占、国家の介入あるいは特権が市場の動きを邪魔したり、悪化させたりしたとしても、経済学はつねに鎮静剤を用意してスタンバイしている。ラグランジュやラプラスの分析方法からすれば、天体が固定軌道の周囲で揺れ動いているように、多少とも偶然に支配される市場価格もまた長期的には自然価格の周囲で変動をくり返している。そして市場価格は、自然価格のなかにこの変動を合理的に説明する理由を見つけだし、その理由に基づいてすべてのリソースを最善な形で分配する。だが、そればかりでなく、市場価格は国民経済が全体として均衡状態へ向かうように仕向けるのである。市場は公正の問題を解決し、富を適切な割合で分配する。とはいえ、実際のところ、初期の政治経済学において、均衡にどのようなステータスが与えられていたのか、つまり、最適条件、原理あるいは事実として理解されるべきだと考えられていたのかどうかという問題はほとんど決着がついていない。また、スミス自身も均衡に関する正確な概念的理解を提示しているわけではない。だが、均衡理論は経済学の決定的な要素となり、リカード、ワルラス、ジェヴォンズ、パレートによって二〇世紀の学説のなかへと取り込まれた[25]。経済理論は均衡理論として誕生したのである。

こうして、市場のさまざまなメカニズムに目を向けることで、理論が抱いていた一種の願望が言語化された。社会的交流に見られる法則性についての問いは、がむしゃらな情熱とエゴイスティックな利益によって調整と均衡についての問いへとたどり着いた。だが、この均衡を保証するのは、異質な欲求や力、利益が価格システムを通じて調整され、結びつけられ、一致させられる市場だけである。こうして、価格形成のダイナミクスは、宇宙ではあらゆる不規則現象が起こるが、それにもかかわらず重力のおかげで天体は永遠に均一な軌道を描いているのだという宇宙秩序のアナロジーとなる。だが、このダイナミクスは、そもそも社会秩序というものの成立が可能なのだということの十分な根拠も与えてくれる。市場は社会的交流を組織化するための手段であるとともに、その目的でもある。これによって輝かしい未来を持ったひとつのモデルが生まれたが、このモデルのなかでは、人間交流のメカニズムは経済生活のプロセスに即して機能し、経済生活のプロセスは市場の力と価格の動きに応じて機能している。だとすれば、市場とは、自然発生的でばらばらに展開される行為が規則的な配列へと移しかえられる場だといえるだろう。また、市場とは、需要と生産コストの適正な関係を生みだし、適切な方法で価格を生産物の自然な価値もしくはその本来の価値の周囲へと引き寄せていく場だともいえよう。さらには、市場に働くさまざまな力とは、資源、商品、富の最適な配分を保証するものだともいえるだろう。結局のところ、少なくともアダム・スミス以降、市場メカニズムとは、市場参加者たちの勝手な動きや関心、わがままなふるまいを理性的な関係、すなわち法則に則った関係へと移し替え、それによって、いわば神の摂理の軌道に乗せるものとなったのだといえるだろう。世界の情勢が見通しがたく、世界存在者《ヴェルトヴェーゼン》が不完全であり、その運命が不可解なものとなったところで、市場は、限定的ではあるが、堅固な市民的秩序の保護区を作りだしたように思われる。一八世紀以降——今日にいたるまで——自由市場理論が取り組んできたのは、次の二点である。ひとつは、市場の出来事が持っている模範的な秩序機能を証明することであり、もうひとつは、それとともに、調和の取れた社会秩序のために、他のどのようなモデルよりも優れた物差しを用意することのできる標準規格を作りだすことであった。

人間同士の関係は取引と商品交換のなかで合理化される。だが、まさにだからこそ、市場と価格システムは経済の実態を超えたものでもあるのだ。抬頭期の資本主義を手放しで弁護したのはアダム・スミスだったと主張することはできないだろう。また、スミスが社会生活を純粋に経済的な活動だけに限定したわけでもない。だが、経済のふるまい方こそが社会の基礎であり、また、市場こそが自然発生的な社会秩序のオペレータであるとスミスが考えていたことはまちがいない。〈経済イデオロギー〉は近代社会思想の周縁ではなく、その中心において形成された。市場というコンセプトは道徳哲学に由来しており、政治学、経済学、歴史学のなかで実際的な真理としてポジションを占めている。[26]このポジションのなかで、社会的交流の法則は自然発生的なものとなったのだ。一八世紀以来〈市民社会〉と呼ばれてきたものは、この市場の牧歌のなかに基礎づけられた。市民社会は、このオイコディツェーとともに存続し、それとともに没落していくのである。

第3章　資本の時代

均衡

今日でも、調整と均衡という考え方は、社会のプロセスを一般的な形で理解するために経済学が行なったもっとも重要な貢献であると見なされている。また、この考え方は、オイコディツェー、つまり自由な市場の牧歌とともに、市場社会という一種の進化論的な寓話を生みだした。ここに登場するのは、あちこちに点在しながら、取引の準備を整え、利益の匂いに引き寄せられる人間たちである。ここで問題となるのは、こうした市場のプレイヤーたちが、価格の発するシグナルにどのように反応するかということである。だが、市場で起こる出来事のなかで、かれらがどのようにして互いを見つけ合うのかも問題となる。また、市場の出来事のメカニズムと法則性のなかにあって、かれらが適正な分配のモデル、社会秩序のための基準、実践理性を効率的に働かせるための器官をどのように認識したいと望んでいるのかも同じように問題である。しかし、政治経済学のディスクール形式にとっては、むしろ次の点が注目に値する。すなわち、それが経済的人間の人間学的な基質であろうが、機能に関する宇宙論的な理念であろうが、あるいは物理神学の痕跡でしかなかろうが、そうした一定の系譜や想定がどのような方法で社会的なものの存在論の新たなパースペクティヴを切り開くのかという点である。少なくとも、アダム・スミス以来——ばらばらの利害、買い手と売り手、供給と需要、商品量と貨幣量、自然価格と市場価格のあいだに——調整が行なわれるという推論は、社会を市場社会として形作るための前提となっている。この均衡のコンセプトは、古典派経済学から出発し、一九世紀の限界効用学派をへて、二〇世紀の新自由主義学派にいたるまで、さまざまな理論的かつ認識論的な形態を取ってきたが、しかし、特徴的なのは、そこに共通の前提が存在していることである。この前提とは、市場のプレイヤーはすべて利益あるいは効用の最大化に関心があるということ、異なる量や力あるいはその他の要素のあいだには自動調整的な関係が働いているということ、恣意的な介入や干渉が減るにつれて交換メカニズムが最適な状態になるということ、したがって、市場が他の場所では見通しがたい、不透明な社会的相互作用を解明するための格好の舞台として登場してくることである(1)。市場の均衡がどこにでもある機械的な決定論として想定されていようと、あるいは、さまざまな力のダイナミックな複合システムとして考えられていようと——均衡によって市場は社会制度の基盤を創設する、もしくは社会の自己‐創設を行なうのである。

また、これを通して、政治経済学の特別な性格、そのディスクールとしての、また理論の実践としてのステータスが明確なものとなる。これは、一方では次のことを意味している。すなわち、経済理論自体が、ある経済原理に従い、オッカムの剃刀[*1]をふるって複雑さを削ぎおとし、控えめなモデル、適切な単純化をめざして、全体として考えられる以上に単純な世界を仮定しているのだ。一貫性のある経済システムに対して一貫性のある介入をしようとするには、理想化された分権的市場の状況を仮定すること、そして、見通すのがむずかしい取引関係を合理的な経済主体と競争というリアクションの仕方に限定することが不可欠である。政治経済学が提供するのは、いつでも一連の強靭な理論なのだ。他方、市場参加者たちのふるまいは、ナイーブと呼ぶにはほど遠いものである。それは、完全に分権化された市場が存在する、つまり、私益によって動機づけられ、価格のシグナルに導かれ、それゆえに経済資源の完璧な分配が保証された市場が現実に存在すると、だれにも断言することができないからである。とすれば、そのような抽象的概念が混乱した現実世界に当てはまるということもあまり期待はできないだろう。だが、政治経済学の知的な要求が次のことを証明することにあるのはまちがいない。すなわち、理想的な市場という政治経済学の主張が無条件で真実だとはいえないが、真実である可能性はあること、この仮定はおよそ〈現実的〉ではないかもしれないが、少なくとも実現の見込みはあるだろうということである。[(2)] あるいは、ここに社会的な想像力の影響を認めることができるかもしれない。それは、社会の自己理解を導き、社会的実践と象徴的実践の調整を行ない、機能概念と行動オプションのための直観的に正当化されたイメージもしくはエビデンスを準備するフィクションの影響である。この想像力によって、市場の調整能力は、現代社会がそこから自己表象のためのイメージを引きだすことのできる特権的なイメージのストックを提供するのである。[3] しかし、なによりも、ここには自由主義的なオイコディツェーが内包する持続的な核が存在している。このオイコディツェーは、想定される世界の安定性について検討を行ない、いまあるものだけでなく、実際に存在しうるものを通して自己を正当化する。一八世紀に誕生して以降、政治経済学は実質的に、あるいは空想的にふるまってきたが、政治経済学が現実経済の出来事を再現したことや記録したことは一度もなかった。つまり、現実の市場が機能しはじめるまえに、市場のコンセプトの輪郭は定まっていたのである。たとえ政治経済学が、政治経済学とは現実の書き換えにほかならないとどれほど自己主張しようとも、この現実はいまだに未完成のもの、なおあまりにも一貫性を欠いたもの、不完全なプロセスとして表象されるのだ。この現実のリアリズムは未来志向的であり、そこでつねに問題となるのは、物事や状況のなかにある潜在的可能性を実現させることである。これが現代経済学の二重構造を特徴づけている。あるいは、必要ならばこれを現代経済学のパフォーマティブな力と呼んでもよいだろう。そこでは、市場のコンセプトはモデルであると同時に現実のプログラムでもあるので、市場の法則を実行に移すという要請と結びついている。プログラム化の可能性がちらつくなかで、さまざまな現実の状態が浮かび上がり、プログラムの実体化の見通しのなかで、リアリティが生まれてくる。

したがって、現代の政治経済学は、どうすれば市場という実現可能な世界が、ということは歴史自体がアプリオリに実現可能なものとなるのかという問いの周囲をめぐっているのである。そして、カントの歴史哲学的アイロニーを用いるならば、この要請はこう表現しなおすことができる。すなわち、政治経済学のプログラムにおいては、「予言者は自分が予言した事柄を自分自身の手で作りだし、これを実行する[4]」のである。

競争

ここからはふたつの結論が導きだされる。それは、現代政治経済学のテーマを規定し、かつそのディスクールをも規定している。第一に、これによってある論理的かつ戦略的な場が明確となった。それは、少なくとも一九世紀以来、市場の出来事を取り上げるときに競争という考え方が占めてきた場所である。というのも、競争理論の方法論的特徴は——一九六八年に発表されたフリードリヒ・フォン・ハイエクの綱領宣言を思わせる論文に従えば——経験主義的な立証をことごとく拒否することでしか理論の有効性を証明することができない点にある。競争や対抗が、不透明な状況のなかで市場参加者が予期せぬ行動を起こし、その結果、思いもかけぬ事態を招くことを意味するのだとすれば、個々の経験的な事例ごとに検証を行なっていたのでは競争という概念が有効性を発揮することはできない。つまり、この概念は競争方法については問わないのである。だれが、どのようにして、どこで、どんな手段を使って競争に勝つのか、あるいは敗れるのかはだれにもわからない。確認できるのは、競争社会の方が他の社会よりも競争のチャンスをよりよい形で、より効率的に提供するということくらいである。同時に、これには次のような意味もある。つまり、たしかに競争という経済理論は特別な出来事や分配の未来に関する具体的な証言を適切に表現することはできないが、しかし、競争のなかに生じる構造と秩序のモデルがどのような姿を示すのか、その様態を的確に表現することはできる。競争は「パターン予測」が可能なのである。それは、なによりも価格システムのなかでうまく接合が起こるからである。というのも、このシステムから刺激を受けることで、ある行為は次の行為や行為のオプションへと展開していくが、それらはふたたび価格システムへと立ち戻っていく。価格システムではそれが特権的に許されているのだ。したがって、そこに現われるパターンから生まれでるのは、目標に向けて進路を取り、意図によって、また、目標のヒエラルキーによって導かれる組織ではない。むしろ、このパターンの性格にふさわしいのは、ある種の自発的秩序あるいは「カタラクシー」である。というのも、カタラクシーは、ある特定の目標を追い求めることはしないが、しかし、全体的に見れば合目的的であるという特徴を持っているからである。(5)*2 市場もしくは競争とは、ひとつの――本来は不可能な――見通しなのだと考えるのが妥当だろう。そして、ここでもふたたび、そして、相変わらずアダム・スミスの見えざる手がすべてを統治している。つまり、予測可能な期待を生みだし、各人が抱いている計画の相互調整を行なうのが支払いと価格のシステムである。また、価格システムは、需要と供給の調和をはかり、ネガティブ・フィードバックを通じて「自己組織化を行なうシステム」を作りだす。結局のところ、価格システムとは、競争という即物的で規制を免れた圧力をコントロールし、安定的な均衡といわないまでも、ふらつきながらもこれを理想的な均衡状態へと近づけていくものなのである。

　競争に関するこうしたコンセプトには特徴的な点がふたつある。ひとつは、競争によって、経済的取引の合理性があらためてコード化され、交換のメカニズムから複雑に織りなされた競合関係へと位置をずらした点である。競争社会は——一八世紀当時と変わらぬ——相互交換性ではなく、競争の不平等性によって規定されることになる。かつて市場は利益という（自由主義的な）自然法則を実行する場であったが、いまやそれと同じ場所で市場は（新自由主義的な）競争の本性もしくは《形相《エイドス》(*eídos*)》[*3]に従っている。いくらかの程度の差こそあるだろうが、均衡をもたらす秩序は現実化し、変化の波に洗われながらも、それを乗り越えて維持されていくだろう。したがって、競争——それは経済の「魂」、生産が持っている「精気」であり、いわばすべてを規定する市場の「万有引力」の原理である[6]——がこの秩序と重なり合う限り、競争に与えられた儀礼的特権を通して競争はきわだって見える。つまり、競争とは市場で実際に起こる出来事のなかに垣間見える、あの理想的な抽象概念なのである。他方、これが意味しているのは、競争がけっして所与のものではないということである。競争は生みだされ、奨励され、押し広げられ、実現されなければならない[7]。競争はただそこにあるというものではなく、前向きで思いきった政策を要求する歴史的な目標である。競争が必要とするのは、むしろゲームの規則を定め、それが守られているかどうかを監視し、プレイヤーにゲームへの参加を働きかける統治機関である。競争が自由な活動の場を獲得するのは、国家が存在しないから、あるいは弱体だからではない。政治が投げかける警戒の目と国家による介入に頼ることで、競争は現実の歴史のなかに居場所を獲得するのだ。競争と対抗のための条件が新たに整えられるたびに、競争社会はつねにこれを実現しなければならない。これまで規制緩和と呼ばれてきたものにしても、実際のところはつねに強力な介入のアンサンブルに端を発しているのである。

物理学主義

二点目は、自由主義的なオイコディッツェーが――見えざる手や均衡化をもたらす力の実効性とともに――物理学主義としか呼びようのないディスクールを持ちだしたことと結びついていることにである。この言葉が表現しているのは、政治経済学は物理学をモデルとした実証科学、物理学を応用することで特定の価値観にしばられることのない学問となりうるのだという希望である。(8) だが、この言葉が示唆しているのは、むしろ、政治経済学の歴史が特異な交差ポイントを手がかりに叙述されることであり、そこでは経済機能という考え方が自然の法則性を模範としてモデル化されるのである。交差ポイントとしては、たとえばニュートン物理学の重力の法則に従って分散する利益を調整するギア装置といったものを想像してみればよい。あるいは、一八世紀から二〇世紀にいたるまで一般的であったが、商品と貨幣の循環を連結容器、すなわちパイプ・蛇口・タンクから構成される流れのシステムとして特徴づける流体力学であってもよい。また、エネルギー論《エネルゲーティク》[*4]と新古典派とのあいだに関連があることは明白であるし、限界効用学派によってリニューアルされた政治経済学の方向づけは自然科学における限界や変分問題の扱い方に倣ったものであった。さらには、統計技術と推計統計学[*5]をあげることができるが、これは、二〇世紀後半の金融市場におけるランダムな運動と確率に関する議論を通じて、あらためて政治経済学との関連性が再確認されたものであった[(9)]。ここにあげたすべての場合に共通の問題となるのは、アナロジー、隠喩への転換あるいは単純なイメージの借用だけではない。ここに示された物理学との対応関係が表現しているのは、なによりも、一九世紀以降、経済学が数学化の度合いを強めていくための決定的な動機である。政治経済学が数学的モデルへ接近しようとしたきっかけは自然科学とのあいだに見出せる共鳴関係にあったが、この共鳴関係を決定づけたのは均衡法則を定式化しようとする努力であった。それは、異なる量や質、また、その相互作用がそれぞれの依存関係のなかで、あるいはそのバランス関係のなかで、どのように描写できるのかという問題である。これを、複雑な経済的交換関係における調整と安定性はどうしたら計算可能なものとなるのか、と言い換えてもよい。こうした問題を解決するための指導原理にそって、政治経済学のディスクールは、その境界を乗り越えて数理物理学へと近づいていった。それは漸近線を思わせる接近であった。

したがって、一九世紀以降、経済学が学問化へと傾いていったばかりでなく、その公理化へと向かったとき、実際にこれを可能としたのは、市場の出来事は合理的な調整力を持っているのだという推論と市場の持つホメオスタシス能力[*6]への信頼であった。いまやこのシステムの〈美しさ〉が危険にさらされている。政治経済学は一般均衡理論にそって構成されており、市場が均衡に関係する問題を解決できることを証明し、また、その方法を示すことで、みずからがなにを真理の基準にしているかを伝えようとする。経済のダイナミクスに関する理論にとって、これが意味しているのは、その概念や基準がある時点におけるシステムの現状を十分に描写することができるということ、また、そこから未来のシステムの状態に関する信頼できる予言を導きだせるということである。経済理論にみられるニュートン由来の要素は意味論的に驚くべき不変性を持っているが、その理由は、おそらくこうした主張、こうした理論のプロフィールのなかにある。ニュートン力学は長期間に渡って模範でありえたのだ。というのも、ニュートン力学は、物体の現在の位置と運動量に関する知識によって、未来における位置関係、動力、システム状態のすべてを表現することができるからである。したがって、物理学自体が古典力学の諸原理からとっくに別れを告げてしまったあとになっても、すなわち、一九世紀末以降、統合可能と思われた物理学の諸システムの均質性を物理学が疑いはじめたときになっても、正統派経済学がなおも物理学の調整理論に固執しているのも驚くにはあたらない。[(10)]とすれば、市場にはこれを調整するさまざまな力が働くというイメージは話を単純化するうえでは有効であるし、ひょっとしたら正統派経済学をユートピア化する土台となっているのかもしれない。たとえ現実の経済がほんとうに調整へと向かう傾向を持っているのかどうかを知ることができないとしても、均衡という仮定は論理的もしくは理論的必然と見なされなければならない。体系としての経済学はこの仮定を通してしか保証されることはない。また、この仮定によって経済分析のための一貫性を持った対象領域の構成がはじめて可能となった。最後には、「完全な競争」は「理想化され、分権的経済」を支配することができることが証明され、また、経済主体がどうふるまうかは「合理性という公理」から導きだすことができる[11]ことの証明が行われたが、こうした証明は精巧に練りあげられた形式を持っており、近代政治経済学の認識論的な一貫性を基礎づけている。もし、純然たる不均衡という〈理論〉があるとすれば、それは、たとえば一貫性のないシステムという考え方や理性を欠いた人間の完璧な理解力といった表現と同様にナンセンスなものであろう。こうして、物理学主義が多様な形を取り、経済学がみずからに適用すべく選んだ数学の一分野へと変貌したことで、市場の均衡は広く認められることとなった。しかし、同時に、経済理論が理論として持続的に自己主張をくり返すことも是認されたのである。そこに投影されるのは、システムの本質には真理があるという主張である。したがって、ここでもまたオイコディツェー、つまり、経済世界もしくは資本主義世界を目的に適った装置と見るイメージは有効なのである。

信用経済

もちろん、効率的な市場社会のアイドルともいうべき均衡理論とそのバリエーションについては、これまでにいくどもその妥当性が問いなおされてきた。また、それらが「実り豊かな過ち」、純然たる「幻想」もしくは「学問的な謎」、「経済理論の歴史における大いなる過誤」、笑うべきもの、不適当なものとして、あるいはたんに「除脳された機械」と呼ばれたことも事実である。[12] たしかに、社会における経済と経済以外の現象を厳格に区別しようとするとき、特定の社会現象を量的に表現するといった、あるいはそれが測定可能かどうかといった偶然性の強い要素に頼ってよいのかどうかは問題である。また、政治経済学がみずから設定した仮定および集積したデータの選別条件を自分自身の手で十分にチェックすることができるのか、いや、ほんとうにチェックする気があるのかどうかも問題である。だが、こうした問題は別としても、かなり以前から、次の点について疑念が表明されてきている。すなわち、交換もしくは競争から均衡へと展開していく進化論的な市場の寓話にそもそも近現代の経済現象の本質的かつ内生的なプロセスを把握することができるのか、言い換えれば、古典派的あるいは新古典派的な概念のフレームワークのなかで経済的ダイナミクスに関する理論を扱う学問が成立可能なのかという疑念である。ここで表面化してくるのが、資本主義経済の本質的要素に関係し、資本・信用経済の論理に関連するディスクールにみられる混乱である。交易や商業活動の発展が信用経済の成立と、すなわち、約束手形や預託証券、債務証書の導入あるいは貨幣取引の実践や外貨による支払い約束の可能性と結びついていることは疑いない。こうした古い信用制度の痕跡が機能を続けたのは、中世以降、これらが商業資本主義的膨張に不可欠の条件だったからである。[13] それだけに、信用、資本、銀行券に関する十分に体系的といえるだけの議論がはじまったのがようやく一八世紀末近くになってからであったという事実には驚かされる。その理由としては、よく知られているように、経済システムに関する知識が現実の商業活動に追いついていなかったことが指摘できるかもしれない。しかし、ひょっとしたら、純然たる資本主義の構造、すなわち、信用、財産価値、利益見通しを伴った取引、つまり時間による取引はもはや直接的にこの構造の基礎をなす交換・調整関係のなかへ引き戻されることはないのだという事実に対する、それは一種の理論的抵抗でもあるのかもしれない。債務、信用そして資本の流通を観察すれば、その実態が市場の調整ダイナミクスという仮定とは食いちがっていることがわかる。そのとき、この仮定に基づいた経済的な決断と行動には不安の影がさしはじめるのだ。

一八世紀末の金融経済の世界にこの不安の原風景ともいうべき出来事が起こった。それは、もっとも重要な金融機関のひとつに関わるとともに、まさに前代未聞の金融的方策に関係する出来事であった。それは、典型的ともいうべき情勢に関わる問題であった。一八世紀末にかわされた議論のターゲットとなったのはイングランド銀行であったが、この議論から浮かび上がってきたいくつかの問題点は、調整と均衡というコンセプトが現代における資本流通のダイナミクスを理解するのに十分なものかどうかを問うものであった。

イングランド銀行

イングランド銀行は深刻な経済不安への答えとして一六九四年に設立された。それ以来、この銀行はたえずさまざまな苛立ちの原因となっていた。その一例が、一七一一年にジョゼフ・アディソンがみずから発刊するエッセイ新聞『スペクテーター』のなかで紹介した図像、この誕生したばかりの金融機関を描いた奇妙な図像である。それは黄金の玉座に座る乙女のアレゴリーである。当時の一般的な表現にたがわず、この乙女もまた心気症的《ヒポコンデリック》で不機嫌に苛まれる姿で登場する。この乙女の気質はひじょうにデリケートなので、目に入る事物や出来事が――硬化症から燃え立つような生命の躍動へ、失神状態から覚醒状態へ、赤みがかった顔色から顔面蒼白へといった――すばやい状態の変化を引き起こすことになる。乙女が最初に視線を向けるのは壁に金文字で書きつけられた文言である。それはマグナ・カルタ、礼拝統一法、信教自由令のテクスト――つまり、喜びが、あるいは心配や臆病さが模様として織りこまれた古文書や法典類である。この乙女の足元には何人かの秘書がいて、世界中から寄せられる報告を読み上げているが、それが乙女の胸のなかに特別な不安を駆り立てている。秘書たちの報告にペースに合わせながら、消耗と充溢、健康と病気の兆候が列をなして、この寓意的な乙女の傍らをとぎれることなく通過していく。そして、無秩序、暴虐、狂信あるいは無神論の薄暗い幻影とともに、特別な驚愕が登場してくる。この場面が最後にたどり着くのは不吉な陰鬱さである。玉座を取り巻く黄金のつまった袋はいつのまにか空っぽの革袋へと、また金貨はただの紙切れへと変化してしまうのだ。図像のなかで、アディソンは、この寓意的な乙女の身元について読者にいささかも疑いの余地を残していない。というのも、この図像には「国家信用」というタイトルがつけられている。また、乙女は広間に座っているが、この広間は明らかにロンドンにあるイングランド銀行のオフィスなのである。(14)

アディソンの比喩のなかで、たとえこの国家信用と名づけられた乙女がどのような苦難をも乗り越え、そのたびごとに立ちなおるとしても、彼女のおかれた立場と役割が困難なものであることに変わりはない。また、周囲であらゆる商取引と不運が渦巻いているさなかに、乙女がその美徳と純潔を守ることがいかにむずかしいかを物語ってもいる。長期的展望を欠いた場当たり的な政策論争や政党間の争いへの言及とともに、アディソンの文章は、イングランド銀行の――そして銀行制度自体の――機能方法にまで深く立ちいった問題や一七世紀末以降の政治経済学を扱った問題も取り上げている。それは、なによりも銀行の成立条件そのものに関係している。つまり、アムステルダム振替銀行を模範とし、新たなプロジェクトの創出をも意識しながら、イングランド銀行は数多くのビジネスモデルのなかから選びだされたものだった。それは、宝くじにはじまり、商事会社の設立や増税措置をへて、まさに銀行制度にいたる、七〇にもおよぶ多様な資金創出プロジェクトであった。つまり、イングランド銀行は、イギリス王家の負債を清算し、王家の資金需要に応えるために創設されたのである。一六九〇年代初めから、このプロジェクトの主導者のひとり、商人のウィリアム・パターソンはさまざまなプロジェクトに関する請願書を起草していた。そこには数多くの動機がひそんでいたが、同時にパターソンはある特別な目的を追い求めていた。その目的とは、なによりも強欲な王家による略奪行為を正当化することであった。すでに一六四〇年には、チャールズ一世がロンドンの商人たちからおよそ二〇万ポンドにのぼる硬貨と貴金属を調達していた。また、一六七二年には、チャールズ二世が国王の債務証書によって約束された返済を拒否したために、王国財政の信用が大きく揺らぐこととなった。イギリス王家はロンドン塔や宝物庫のなかに預けられていた市民や商人たちの貴重品をくり返し押収した。さらに、パターソンは躊躇することなく八パーセントの利率で一二〇万ポンドをイギリス王家に前貸しすることを求める提案を行なったが、その目的はこのような長年にわたる王家の窃盗行為を債務者と債権者のあいだの契約へと変えることにほかならなかった。イングランド銀行は資金創出のためのさまざまな実験から誕生した。しかし、国家破産の結果として、また自暴自棄となった国家財政が取った行動のなかで生まれたものでもあった。契約に基づいた信頼のできる国王との紐帯を生みだすこと――それこそがこの新しい銀行の設立許可書に謳われた目的のひとつであった(15)。同時に、この銀行には、成立過程にあった世界市場における金融に関わるマネージメントを円滑化し、海外交易と植民地経営に必要な資本を調達することが期待されていた。かつてのアムステルダム振替銀行がそうであったように、創立当初からイングランド銀行はグローバルな依存関係と情報が織りなす世界の切替えポイントとして構想されていた。一七世紀以降、グローバル化の最初の推進力となったのは経済であったが、その意味では、そこに登場するさまざまなリスクもまたグローバルなものであり、たとえば一七七六年発行の『エフェメリデン（*Ephemeriden der Menschheit*）』[*7]に書かれているように、ひとりの中国の大臣の過ちがヨーロッパ全土を混乱に陥れることになるのである。[(16)]しかし、こうしたネットワーク化の努力にもかかわらず、ある特別な危険が解消されることはなかった。それは、あの寓意的な乙女を震え上がらせた危険であり、アディソンの文章が引き起こした興奮を動機づける危険、つまり、貨幣がふいに霞となって消えうせ、黄金がまたたくまに紙切れへと変化してしまう危険である。アディソンがここで銀行業務、資本市場、商取引の亡霊と見なしているものは、啓蒙主義的な貨幣・記号政策の根本原理に由来している。それは、記号として流通している手形、銀行券、信用貸付、借用証書は貴金属や貴重品といった有価物との等価性が保証されなければならないという原理である。これらが記号として流通するのは、記号の指示対象となっている財貨がその記号に確固とした価値を与え、記号をコントロールしているからであり、その限りにおいて記号は価値の代替となり、均衡が保たれる。保証された実体的な価値との関係を通してのみ、すなわち銀と金との関係を通してのみ、流通する貨幣記号はそのバランスを維持するのである。

アディソンの簡潔かつ的確な比喩を通じて、啓蒙主義の政治経済学のプログラムに対する関心が喚起されたが、同時に、これによって信用制度の問題点とイングランド銀行の業務へ注意が向けられることにもなった。問題となったのは次の四つの機能もしくは原理であった。第一の機能は、契約によって保証された、国王自身をも含んだ相互関係であり、これは最初の社会契約とも呼べるものであった。第二は、見通しのきかないネットワークと未知の相互依存関係のなかで確実な舵取りのできる操縦機能である。第三は、記号化にあたって想定される最悪の事態、つまり、記号を空虚で信頼できないものとしないため、また、記号が指し示すものとの関係を失わないために必要な象徴の政治学である。最後は、確固たる価値の実体のなかに根をおろした貨幣記号、それによって交換において均衡と調整を保証することのできる貨幣記号を流通させることである――これら四つの機能もしくは原理によって、一七世紀末以来、イングランド銀行と国家信用はロンドンの中心部に戦略的かつ象徴的な場所を占め、政治的権力ならびに経済的権力存続のための保証を提供したのだった。こうして、イングランド銀行という私的な機関がまったく思いがけずにある政治的な役割を獲得することとなった。すなわち、イングランド銀行自体が王立機関へシフトしたのと並行して、イングランド銀行のなかに国家の繁栄という気性が誕生したのであった。たとえばダニエル・デフォーは一七一〇年にこう記している。国家信用とは、国家のあれこれの運動のなかから結果的に生まれたものではなく、政府の運動全体から生まれた真正なる業績である。それは王国と議会、的確な行政処理と良心的な商業活動のチームワークが生みだした結果なのだ。(17) したがって、それがなんであれ、あらゆる政治的および経済的関係はイングランド銀行と国家信用のなかに表現されており、その意味では、あの乙女の寓意的な身体とはあくまでも国王のもうひとつ身体にほかならないのである。

一七九七年

それはともかく、その一〇〇年後には、この体制と寓意的乙女の純潔は大きな危機に直面することになり、ついに両者は最終的な敗北を喫した。そして、この敗北によって、予想されていた政治経済学的な牧歌が事実上破棄されたことが宣言された。一七九七年に描かれたジェイムズ・ギルレイの二枚のエッチングがこのことを暗示している。一枚は、いつのまにか年老いてしまった国家信用を描いている。国家信用は宝石箱に腰かけているが、この制度の賛美者にまとわりつかれ、そのしつこさに悩まされ、憤慨している。三七歳になるこの讃美者は、一七八三年以来イギリス首相をつとめているウィリアム・ピットである（図1）。そして、ピットに迫られて助けを求める国家信用の叫び声――「人殺し！　人殺し！　強盗！　人殺し！　このならず者！　これまでのながい期間、わたしが自分の名誉をどうやって守ってきたと思っているの？　それをあなたが傷つけたのよ。ああ、人殺し！　強盗！　凌辱者！　破滅よ！　破滅！　破産だわ！」――は二枚目のカリカチュアのテーマに直接的に結びついている。二枚目の絵では、イングランド銀行の建物の丸屋根のうえに、ミダース*8の煮えた

図1：ジェイムズ・ギルレイ「政治的強姦あるいは危機に陥ったスレッドニードル街のレディ」1979年5月22日。

ぎる腹をした国家信用が腰かけている。かつてミダースの手が触れるものはことごとく黄金に変わったが、もはやそのようなことは起こらない。そのかわりに、役立たずの代用品を用いて、すべてを紙切れに変えてしまうのである（図2）。いずれにせよ、一七九七年には、イングランド銀行は美徳や純潔ばかりでなく、そもそもその政治経済学的な尊厳さえも失っていたように思われる。この災難の理由としては、政治経済学の機能が切れ目に陥っていた、つまり、経済学自体が《判断停止《エポケー》（*epochē*）》状態に陥っていたこと以外にはほとんど考えられない。それでは、ギルレイがカリカチュアのなかで描きだしたパニックの理由はなんなのだろうか。そこではどのような前代未聞の出来事が取り上げられているのだろうか。この政治経済的なディスクールのなかではどのような混乱や棄却が宣言されているのだろうか。そして、この金融経済学的な原風景はどのような観点から語られたのだろうか。

図2：ジェイムズ・ギルレイ『ミダース　すべてを~~金~~紙切れに変えてしまう』1797年。

これらの問いに対する根本的な答えは、記憶すべき出来事が起こった一七九七年二月の二日間にある。ひとつは一七九七年二月四日。それは、フランスの革命貨幣と国家の資金調達に関わるプロジェクト、すなわちアッシニアと呼ばれる土地債券プロジェクトが最終的に破綻を宣告された日である。一七八九年以降、この国家紙幣は短期間のうちに額面価値の〇・五％にまで価値を下落させていた。それでも、アッシニア紙幣は急激な価値の低下を耐え抜いていたが、結局は革命政府の支払い能力の欠如を示すだけに終わってしまった。それだけに、これとほぼ同じ時期に、この破綻とうりふたつの、だが、この破綻とみごとなまでに対照的な出来事が起こったのは驚嘆すべきことであったと思われる。この出来事を、同時代の人びとは、「信じがたく」、「気がかりで」、「きわめて危険な」もの、言葉では表現できないような驚きの出来事、「想像力がおよぶ限りもっとも恐ろしいこと」、と同時に、「この世紀にわたしたちが目撃した国民経済の分野におけるもっとも素晴らしい経験のひとつ」だと受けとめた――つまり、経済記号の使用という点で、この出来事は明らかに時代の転換点として受けとめられたのであった。[18] ここで、ふたたび一七九七年二月が問題となる。今度は一七九七年二月二六日。この日、議会の決議によって、イングランド銀行は、流通している紙幣の安定的な償還を保証するために紙幣を本位貨幣へと兌換する義務から解放されたのである。

これは、破綻という悲劇的な結末に終わったフランスのアッシニア紙幣とはまさに好対照の出来事であった。この経済的かつ法的な処理は前代未聞なものであった。というのも、これによって、本位貨幣による兌換を拒否することは、兌換そのものの拒否を意味することになったからである。こうして、貨幣が兌換不能になり、法定貨幣としての照会機能が奪われることで、新しいシステムが創出されることになった。これによって、経済分析に対する新たな挑戦が生まれてきただけでなく、ひょっとしたら経済学の土台そのもののなかに隠れていた断層が明らかになったのかもしれない。それは、たとえば馬に対する請求権に乗ることはできないが、貨幣に対する請求権で支払いを行なうことができるのだということのちがいを考えることである。[19]イングランド銀行の決定が持っている「偉大な」、そして、いまだ「十分に［…］正当な評価を受けて」いない「世界的な出来事」の意義を観察し、そこに国家財政の厳かさの具体像を見出そうとするならば、これ以外の決定が考えられなかったことがわかるだろう。[20]そして、これこそが注目すべき実態なのである。というのも、フランス革命政府が債務不履行に陥ったためにアッシニア紙幣プロジェクトが終焉を迎えたのに対して、これとは正反対に――同盟戦争における融資に起因する――イングランドの債務不履行こそがピットの推し進めた調停の前提であり、その端緒でもあった。その調停がもたらしたものは、為替レートの暴落ではなく、穏やかなレートの改善であった。この経緯を目にしたあるフランス人によれば、それは、「国家が銀行の株主、理事、債権者たちを相手にけりをつけなければならない最大の争点」であったが、それが「わずか二日後には、まるで家庭の問題であるかのように穏やかな解決にいたった」[21]ことに驚かされたのである。

アッシニア紙幣

ここでは、同じ日に、よく似た、また、比較可能な、しかし、実際には完全に異なったふたつの紙幣システムの交差が起こっていることがわかる。このふたつのシステムは、それぞれに異なる機能方法を持っており、これらの方法のなかには異なる経済的インフラストラクチャーがはっきりと現われている。だが、なによりも、そこには貨幣、支払い、経済記号の流通に関する、それぞれに異なる知識が結晶化しているのだ。たとえば、フランスの国家債務の解消方法であるが、ここで思いだされるのはあの紙幣プロジェクトである。すなわち、ルイ十四世の死後、悪名高いプロジェクトの創設者ジョン・ローは、不動産担保、株式会社、紙幣から構成される複雑なシステムを通して国家破産の危機を回避しようとした（そして、これによってローは『ファウスト　第二部』におけるメフィストテレスのモデルのひとりになったといわれている）。このフランス流システムが理論面あるいは実際面でどのように扱われたか、その様態と方法は一八世紀の貨幣および流通理論のいくつかの指導原理をそのままの形で再現していた。こうして、第一に、なによりも償還をどうするかが問題となったが、それは紙幣の質に関する考察に火をつけた。というのも、そもそもアッシニア紙幣は没収された教会財産を担保とした公債（*assignats*）として発行されたものであり――すでにジョン・ローが主張していたことだが――ふつうの貨幣と同じように、貴金属価格の変動に影響を受けないという強みを活かすだろうと考えられていた。本来の市場価値とは無関係に、この紙幣は追加的な取引手段および「引換券」として使用されたのだった。他方、この紙幣については、それがほんとうに土地と引き換えられるのか、実物資産へ償還されるのか、あるいは正貨に兌換されるのかという点が疑問視され、問われることになった。こうして、アッシニア紙幣は文字どおり「架空の貨幣」、「架空の記号」となったのである。アッシニア紙幣の表象力は不確かなものとなり、麻痺あるいは消滅してしまった。アッシニア紙幣は、参照すべき対象もなければ、価値もないことを証言するだけの「無意味な」代役だとされたのである。「どんな財産でも、その価値は紙幣によって表現することができる［…］だが、この紙幣で支払おうとしても、なにも手に入れることができないのならば、その発行者でさえ、この紙幣を見せられても自分の財産を差しだそうとは思わないだろう」(22)。つまり、アッシニア紙幣最大の問題のひとつは、この記号の持つ表象力にあったといえるだろう。それは、一八世紀における貨幣の流通全体に当てはまることでもあった。すなわち、貴金属や貴重品にせよ、あるいは――アッシニア紙幣の場合のように――没収された土地であるにせよ、貨幣とその価値を保証する財産との関係がどれほど希薄あるいは確実なものなのか、また、どれほど密接あるいは緩やかなものなのかという問題である。

第二に、この記号形式に不可欠なのは、発行されたアッシニア紙幣の総額がこれに対応した財産価値の総額と一致しなければならないということ、つまり、「人工的な」富が「自然の」富よりも多く生みだされることはないということ、したがって、このアッシニア紙幣という文字集合[*9]と価値の実体とのあいだに厳密な対応関係が保たれる場合に限って、安定的な流通が保証される、ということは象徴貨幣と商品ストックの均衡が保証されるということである。財産に対してバランスを失えば、この紙幣は流通能力を喪失する。それだけに、オーソドックスな貨幣数量説の観点からすれば、結局は実現しなかったものの、アッシニア紙幣経済の崩壊にいたるまで、人びとがふたつの希望を抱き続けていたことは注目に値する。ひとつは、アッシニア紙幣の発行量を減らせば流通する紙幣の価値が高まるだろうという希望である。ふたつめは、逆に紙幣の市場価格を値上げすればその分だけ収益が増えるだろうという希望であった。[23] したがって、アッシニア紙幣の流通における最大のポイントは、それがどのようにすれば実体的な価値へと変化しうるのかということにあるだけでなく、架空の記号と現実の富のあいだの均衡のなかにも認めることができる――ちなみに、これは啓蒙主義の貨幣数量説の本質をなす観点である。というのも、表象する記号と表象される富はたがいに釣り合いの取れた、まるで綱渡りのようなプロポーションのなかになければならないからである。

第三に、アッシニア紙幣に与えられた特別な法的形式は、その担保としての性格に関係しているが、この性格は啓蒙主義の貨幣理論に一致している。一八世紀において、貨幣はあらかじめ決められた量の商品や資産との交換が担保された記号以外のなにものでもなかったが、同様に、貨幣に刻印された価値と同等のものを所有者の手に戻すという約束を通して、貨幣の価値も規定されたのであった。つまり、内在的な価値、支払いの約束、そして――アッシニア紙幣の場合のように――法令がひとしく人びとに対して紙幣の価値を保証したのである。

　アッシニア紙幣を例にとれば、いまやこの約束が問題の焦点となった。それも、経済的および政治的観点から問題とされたのであった。たとえば、コンドルセは、アッシニア紙幣の持つ経済的な担保としての性格のなかに重大な二重性を認めていた。というのも、アッシニア紙幣を有効期限の限られた利子付きの貸付債券だと理解すれば、それは期限を限った償還と結びついている。しかし、アッシニア紙幣が紙幣以外のなにものでもなく、たんなる法定通貨にすぎないとすれば、この約束の履行もしくは償還の要求に対しては、これに即座に応じなければならない。その結果、現在において約束される未来の取引の形式やタイミングに混乱が生じることになる。したがって、コンドルセ（やその他の論者たち）によれば、アッシニア紙幣の致命的な欠陥は、この紙幣が両立不可能な、矛盾したふたつの約束を抱えていることに起因している。だからこそ、革命政府がその約束をきちんと履行するかどうか、信用できないのである。だが、他方では、ここに契約理論が成立した当初の姿を認めることができる。それは、相互利益に立脚した法的義務であり、これを通してこの新しい紙幣は新しい憲法による秩序の「強固な接合剤」として登場することが可能となった。つまり、うまくいけば、アッシニア紙幣によって法秩序と憲法自体の契約的性格が社会に広まり、国民全体にあまねくいき渡り、「すべての市民のあいだに、これを維持し、守ることに対するひとしい関心を呼び覚ますことになる」(24)のである。しかし、最悪の場合――それは、まさにそのままいま述べたことへの反論となるのだが

——暴落を起こせば、アッシニア紙幣はみずからが「作り物の接合剤」でしかなかったことを暴露し、市民（*citoyens*）の国家を「投機家」と「相場師」からなる国家へと変貌させてしまうことになる。結果的には、この紙幣は没落の過程で憲法と憲法を土台とした法秩序を引き裂き、革命がもたらした諸々の成果を雲散霧消させてしまうのである。[25]

これを要約すれば、紙幣の表象力、記号と現実の富のあいだの均衡、担保に対する法的な保証からは、アッシニア紙幣に関する議論と反論の書き込まれた座標軸が明らかとなる。一七九七年の時点では、これらはまだ啓蒙主義的な貨幣理論の地平で、すなわち、自然法的で合理主義的な枠組みのなかで議論されていた。そのため、アッシニア紙幣の没落とは、この紙幣を保証する革命政府の約束が価値を失ったことだと理解されただけであった。言い換えれば、まさに一般意志[*10]が政治的にいかに無定見であるかを示す証言としてしか理解されなかったのである。

銀行券

これに対して、一七九七年二月のイングランド銀行を例にとった場合の考察はまったく様相がちがってくる。そこでは、ジョン・ローの古いプロジェクトが新たな光のなかで登場してきた。このプロジェクトは、現実的な問題を金融政策的に処理する場合のすぐれた先例となったが、しかし、むしろ重要なのは、イギリスの銀行券の機能方法を理解するためには、アッシニア紙幣を評価するための前述した基準でさえ十分ではないことが明らかになったことであった。問題は紙幣の無価値性にあった。アディソン以来、この無価値性は紙幣の隠喩となったが、それはラテン語の *flare*《フラーレ》（吹く）に由来し、「インフレーション」という空気袋のなかでくり返し吹きあげられ、膨らませられてきたものであった。しかし、ローによって導入された紙幣やアッシニア紙幣の本質的な欠陥、すなわち法定通貨と債券の混同がいまやロンドンの銀行が発行した紙幣のステータスを規定することとなった。というのも、流通する銀行券を金属通貨と兌換する義務が撤廃されたことで、紙幣は同時に両方の性格を兼ね備えることになったからである。つまり、法定通貨としての銀行券は流通している鋳造硬貨に取って代わったが、債権としての銀行券は、いまのところ銀行券の価値に見合うだけのものがなにひとつないことを証言しているにすぎなかった。さらに、銀行券は供託された財産と金額に対する請求権を保証するものであった。しかし、他方、この権利が放棄されない限り、銀行券は通貨として機能することができない。銀行券の起源が――イギリスの「ゴールドスミス・ノート」[*11]のように――預け入れられた貴重品の受け取りの役割を持つ預り証や請負証という法的性格のなかにあるのだとすれば、これとは逆に、支払いは、むしろこの契約的な性格を回避することによってしか維持することができないのである。それは、信用に関する初期の理論家のひとりが残した次の言葉の通りである。「請求権を持つすべての人間が、いっせいに自分の取り分を要求しはじめたとすれば、この世にあるすべての金銀をかき集めたとしても、その要求を満足させるには不十分だろう」[(26)]。

銀行券は――それはおそくとも一七九七年二月に姿を現わしたが――たんなる記号としての貨幣でもなければ、紙による通貨の代替物でもない。銀行券を約束に関する自然法的・契約法的な枠組みのなかで理解することはもはやできない。また、たとえ可能だとしても、それはせいぜい危険な逆説的理解でしかないだろう。銀行券は、一定の金額を現実化するための約束を通して、また、その金額の不足を通して生まれてきた。逆説的な構造という点では銀行券は突出している。一八〇〇年頃にはまだそれを簡潔に表現する概念は存在していなかったが、現代風にいえば銀行券はハイブリッドなのである。この構造は信用という経済的な側面と現金払いという法的側面を併せ持っている。信用証券としての銀行券は支払いの延期を要求し、法定通貨としての銀行券は即座の支払いを求める。代替貨幣としての銀行券は全額補償を要求するが、信用証券としての銀行券は全額補償を考慮しない。銀行券は貨幣そのものであると同時に貨幣の代替物でもある。記号論的な構造から見れば、同じ行為であっても、銀行券のなかには〈止まれ〉という指示と〈進め〉という指示が含まれている。それは支払い可能と支払い不能の一体化のなかに凝縮されている自己言及のパラドックスである。したがって、厳密にいえば、銀行券はけっして第二の貨幣などではなく、貨幣の使用を省いてくれる信用証券、「もっとも流通能力が高いがゆえにもっとも効果的な」信用証券なのである。銀行券には、「一枚の同じ紙のなかに、信用証券と法定通貨が持っている特徴や機能を統合させようとすることで生じる矛盾が含まれているのだ[27]」。

言葉遣いにさんざん苦労した挙句ではあるが、一八〇〇年頃には、これを受けて以下のことが定式化された。それは――アッシニア紙幣の場合とは異なり――「銀行券」に支払い能力を与えているのは、その虚構的性格もしくは「キマイラ的」、つまり担保を持たない性格にほかならず、こうした性格こそが銀行券のどっちつかずの立場を説明する証言となっているのだという定式であった。これがきっかけとなって、いくつかの決疑論が生まれてきた。「もし〔…〕使われた記号が本質価値を持たないならば、あるいは、通例の確実さや有用性を持たずに提供されるならば、この記号には合法的な支払いという本質的な資格が欠けることになる。それ自体として考えれば、この原則は正しいものであるが、しかし、この原則を適用する場合は慎重にことを進めなければならない。というのも、この紙幣に記されたリアルな価格に見合った換金が行なわれるだろうという見通しはけっしてなくならないからである。もちろん、将来における換金を指示することで、国家がその見通しを実現することもあるだろう。いや、世間がそれ以上の価値を買い手に提供してくれることもあるだろう。少なくとも、公的金庫での支払いならばその見込みは確実だと期待できるので、言葉の厳密な意味で、紙幣による支払いでは本質価値が完全に欠落してしまうこと、つまり、一種の不正が起こることは考えられない。とはいえ、この確実な見込みにしても、きわめて限定的なものでしかない。といって、不確実な見込みはといえば、これはあまりに茫洋としており、またあまりに巨大なものなので、ほとんど無意味なものと見なすべきである。もちろん、こうした条件のもとでは、概念が完全に確定しなければ決定的な判断をくだすことはできないとはいえ、しかし、一定の評価に基づいて次のように主張することは許されるだろう。すなわち、償還によるにせよ、慣習的な方法によるにせよ、また、支払いの不確実さが大きくて支払いまで時間が長くかかるとしても、あるいは、現行の市民法にこそ則ってはいるが、それでもなお自然法には反しているのだとしても、紙幣による支払いは実行されるのである」[28]。こうした種類のまわりくどい議論を見ると、議論の参加者たちが、国家信用と資本取引というメカニズムを通してなにを考えはじめていたのかが理解できるだろう。かれらの関心は交換や市場の調整力よりも、むしろ、不確実性、今後の見込み、未来への期待といった、思うに任せぬ事柄へと向けられることになるのである。

時間化

裏書があるのかないのか、本質価値があるのかないのか、支払い手段なのかそうでないのか、支払いが確実に履行されるのか履行されないのか、法的保証があるのかないのか——こうしたことを概念的に把握することのむずかしさは、まさにイングランド銀行の決定によって効力を発揮しはじめた、さまざまに矛盾した機能に由来している。当時の表現に見られる当惑と錯綜ぶりは循環する信用証券と貨幣の混合状態から生じたものである。こうしたハイブリッド状態のなかで最初の信用理論が成立したこと、貨幣理論の「新時代」が到来したことが指摘されたが、それもけっして偶然ではなかった。

新たな貨幣理論は、こうしたパラドックスの解決を目指すものであり、経済的流通に関する革新的な知識に役立つものとなった。このパラドックスはシステムを徹底的に時間化することで解決されたのである。[29] なぜ、本質的に不在のものが流通したのか、その理由は以下の説明以外には考えることができない。つまり、どのような債務であれ、それは流通している債務の完全な償還を不可能とするために償還を無期限に延期することから生じる結果なのである。こうして償還の連鎖は償還の約束の連鎖となる。どのような償還の処理をするにしても、それは不確定な未来を先取りすることであり、債権者と債務者の相互利益という従来の閉じられた円環構造を解体してしまう。支払いが可能なのか不可能なのか、つまり、支払い能力の有無は同じところをぐるぐるとまわり続ける。そして、あらゆる取引が次の取引への見込みを開いていくことで、システムの機能を保証するのである。一七九七年二月、信用を通じて価値を生みだすためにイングランド銀行によって導入された手法は、具体的な金融政策のディスクールの歴史における明白な分水嶺になったと考えられているが、この価値創造によって、均衡理論、ゼロサムゲーム、古い貨幣理論が唱えていた貨幣数量説が事実上崩壊した。そして、償還の延期、不平等な割合、均衡の欠如が生じたために、決済に際しては債権と債務の金額が同額でなければならないことが法律で定められた。こうして、所持できるのは「所持された分」だけとなったのである。そして、支払いとは（据え置かれた）支払いの約束にすぎないこと、所有は同時に非所有であること、過多とは過小であり、過剰とは不足にほかならないこと、システムの崩壊は永久につづく崩壊を通してしか回避できないこと、逆にいえば、先延ばしが可能だということが了解されたのだった[30]――これはシステムの構造的な不均衡であるが、この不均衡こそがシステムを開かれた未来へと向けて駆り立てていく。時間は生産的なファクターとなった。そして、信用貨幣の時間的構造をまえにしたとき、物品貨幣や金属貨幣による支払いは一貫性を欠いた姿となって現われるのである。

こうした観点からふり返ると、まさにフランスでアッシニア紙幣のシステムが創設され、人びとの購買欲を掻き立てたときの諸条件が、そのままその破綻の条件となったのだということができる。この国家紙幣の急激な下落は、第一に、この紙幣が没収された財産による償還に依存していたこと、第二に、この紙幣の価値が金属貨幣に対する比率によって決められたこと、第三に、この紙幣が国家信用政策に結びついていなかったこと[31]――つまり、アッシニア紙幣という記号が持っている表象的性格のまえに、この記号の時間化された自己言及性が立ち現われたのだということでしか説明できなかった。ここに、一見すると類似した、しかし、実際には相容れることのないふたつのパースペクティブが並行して登場してくる。一八世紀の経済学の理解では、紙幣と銀行券は現実的には区別のできないものであり、両者ともに記号の表象力を持つものであった。これに対して、少なくとも一七九七年二月以降、最終的に近代の紙幣本位制が機能しはじめるのを決定づけた要素――すなわち、時間化、償還の延期、信用の流通――は危機として受けとめられた。この危機のなかで、システムの自己言及的性格は破滅的な脱レファレンス化として表面化するのである。一八〇〇年頃に見られるこうした経済学の分化と《判断停止《エポケー》》の深刻化をこれほどはっきりと表現するものはほかに考えられない。ナポレオンがイギリスの銀行券のなかに将来のイギリスの崩壊を認めたがったように（ナポレオンは金塊の備蓄を出兵の目標ともしていた）、イギリス首相のピットはアッシニア紙幣のなかに将来のフランスの崩壊を予見していたのだ。[32] フランスのアッシニア紙幣とイングランド銀行券が対立することで、経済の記号現象ばかりでなく、おそらくは経済の記号論的なコード化それ自体が大きく変質したのである。ジョン・ローのプロジェクトからアッシニア紙幣経済にいたるあいだに、価値の本質はキマイラへ、亡霊へと危険な変化をとげた。また、その過程で事物が空虚なものに置き換わってしまったが、[33] これらの変化が目に見えるようになったのはまさに一八〇〇年頃だったのである。記号の表象力はその位置をずらし、いまや、自己言及性を通じた転移をうながす能力のなかにおかれることとなった。貨幣とは信用貨幣であり、したがって貨幣を約束するものである。それは互恵的な交換関係のシンメトリーを解体した。約束の期限や相互利益といった言葉がなお適用できるのだとすれば、この約束は守ることのできない義務を意味している。つまり、どの時点であれ、それは償還不可能なものとして登場せざるをえない。それは「一〇〇年のあいだ循環する」ことも可能だが、だからといって、「けっして金属通貨に償還されることのない」[34] 約束なのであり、信用貨幣のなかに表現されているのは、いざ履行する段になると無効が宣言される約束にほかならないのである。

資本の使徒信条

一八世紀末頃には、国家信用と資本の機能方法が政治経済学を支えるいくつかの基本的な仮定を困惑させる問題となった。これらの初期の信用理論が試みたのは、いまある場所から動かすことなく貨幣を流通させる方法を生みだすことであった。それは、どのようにして償還を実行するかという課題と結びついており、信用貨幣を使って無からの創造を成就しようとする、さながら全質変化の秘跡を思い起こさせるものであった。そこでは、支払い方法の多様化と、これに伴って市場に供給される商品量に拘束されない貨幣供給が重要視される。こうして最初の金融経済革命が起こったのであるが、この革命においては、非生産的な貨幣に繁殖力が与えられ、債務自体を商品として販売することで資本の流通が活性化されるのである。これが意味するのは、第一に、流通の領域が生産領域から切り離されて自律的なものとなり、独自の法則に従い、もはや単純な交換行為のなかへ宗旨替えはしないということである。支払いとは期限を持たない支払いの約束である。そして、単純な貨幣の流通とは異なり、信用貨幣と資本の流通は既存の商品に依存することも、貨幣量の上限に左右されることもない(35)。そのシンタックス的構造は、W－G－W（商品－貨幣－商品）という交換をG－W－G……という交換の連鎖におき換える。現代の用語を使うならば、金融の自己言及性が創出されるのである。だが、ここにはシステムのオートポイエーシス的[*12]な能力を認めることもできる。それは、そのさきにも支払いが次つぎと続いていくという条件のもとで行なわれる支払いのシステムである。信用経済は貨幣流通の前提となり、その資本主義的構造を特徴づけるものとなる。そのとき、資本取引の新たな次元と成立途上の金融市場のアウトラインがはっきりと浮かび上がり、それとともに〈適正な〉評価や信用のおける照会先との関係がもはや使い物にならなくなるとしても、それは問題とはならなくなる。実際の価値と想像上の価値、天然資源と人工資源、有形財と無形財、現実経済とバーチャル経済といったちがいはここではあまり意味をなさない。ここで語ることができるとすれば、それはロマンチックな流通のプロフィールについてだろう。すなわち、信用貨幣の流通は「自分で自分を保証する貨幣」というパラドックスのうえに成り立っている。また、それは実効性のあるフィクションあるいは「虚構」が展開される舞台でもある。そして、この舞台では、仮像にすぎないものの流通が経済関係の実質的な決定要素となるのである。(36)

第二に、信用貨幣の流通を通じて、節度も限度もない運動もしくは自己運動*13が出現する。この経済は、無限の延期を持ちだすことで債務と償還の閉じられたサイクルを断ち切ってしまうが、そのとき、サイクルの中心点から位置をずらすための要素として利用されるのが時間である。つまり、信用貨幣の流通が行なわれるのは債務の償還という軌道上ではない。それは償還不可能な債務の病的な無限増殖という軌道を進んでいく――存在しないものが存在するということのなかに基礎をおく時間を導入することで、システムの操作過程のなかに不断性という要素がプログラミングされるのである。時間は支離滅裂なものとなる。資本の流通は、それが内部に抱えている未来への執着によって規定され、未来自体は生産的な力を獲得し、これ以降、金融経済・信用経済は未来によって経済近代化のための規範とされるのである。

一八〇〇年当時の経済学を特徴づけているのは、これらの観点のすべてにおいて従来のディスクールが棄却されたことである。国家信用のステータス、無からの貨幣創造、債務のたえざる引き延ばし、そして、資本の論理が——遺伝学的にも進化論的にも——もはや交換メカニズムに由来するものではないことが明白になった。信用経済のダイナミクスを商品・貨幣経済の持つメカニズムによって調整することはできない。それが従来の数量あるいは総和の考え方を用いることもない。これによって、信用の時間的要素は経済学の新たな基準になったばかりでなく、経済学の疑わしさを体現するものともなった。こうして、互恵的交換関係、閉じられた循環性、調整と相互利益といった時間の制約から自由な関係が崩れ去った。資本に時間が導入されたことで、経済システムに関する考察は、期限、期待、不確かな未来とともに、不安へと向けられることになったが、この不安が示しているのは均衡システムの弱体化にほかならない。(37) このシステムはみずからの不均衡性を動力源として動き続けるのである。いずれにせよ、これ以降、政治経済学理論は次のような問いに悩まされることになった。すなわち、貨幣の代用品は貨幣の機能を引き受けることができるのか、できるとしたら、どのように引き受けるのか、また、この代用品は貨幣の交換可能性、本質価値、貴金属本位制を通して安定化されねばならないのかという問いである。さらには、市場に働くさまざまな力は金融市場に働くさまざまな力と一致するものなのかどうか、一致するとすれば、どのようにして一致するのか、あるいは、信用・資本経済のメカニズムは〈自動的に〉均衡へと向かう傾向を持つことができるのか、できるとすれば、どのようにすればよいのかという問いである。信用はもはや貨幣流通の変種などではなく、実体を欠いた貨幣流通の本質そのものとなった。「資本の使徒信条」[*14]（マルクス）として、国家信用は自由主義的オイコディツェーの中核に向けて批判的な問いを投げかけ、市場に均衡をもたらす種々の力に対するもっともな疑いを育んでいった。金融経済の投げかける問いによって、政治経済学の悪名高い均衡モデルは信頼に値するステータス、自生的ともいえるステータスを失ったのである。

第4章　市場の牧歌Ⅱ

金融経済の時代

　資本の原風景と金融革命について語ることができるとすれば、それは債務が循環することによって貨幣創造が行なわれる場所においてである。これは、すでに一七世紀のオランダの商行為のなかでシステマチックな方法で生じていたことであり、一八世紀以降になると、たとえばイングランド銀行の例に見られるように、そこからは最初の信用理論が誕生してきたばかりでなく、経済取引における画期的な変革がもたらされもしたのだった。ここにおいて、貨幣経済と信用経済のあいだのカテゴリー的な区別、すなわち、このふたつの経済メカニズム、パラメータ、記号論的な操作方法のちがいが顕在化してきた。そのとき時間が経済における重要な決定要因となった。つまり、それまで循環もしくは円環であった時間が未来へと向かう直線へと引き伸ばされたのである。富の表象に関するアイデアは分岐し、政治経済学における一種のアンビバレンスを生みだしたが、このアンビバレンスからはふたつの異なる学派が誕生した。ひとつは、金属準備と銀行準備金こそが通貨システムの自動均衡作用といわれるものを保証するための不可欠の条件だと考える学派であった。もうひとつの学派はこれとは正反対の見解に立っていた。そこでは、貨幣および貨幣の代替物の安定は金属準備や銀行準備金とは関係なく、景気循環の機能によっていることが強調された。[1]もちろん、イングランド銀行は数十年後には現金による支払いを再開し、銀行券の兌換性を再確認した。その結果、一九世紀、二〇世紀になると、金属本位制あるいは金本位制が通貨の均衡イメージを表現するための神話的な意味を獲得することになった。[2]したがって、これ以降、こうした断続的に展開された論争やそこから浮かび上がってきた問題点が、経済システムと金融政策の画期的性格に対する視座を決定したとしても驚くにはあたらない。これに関する新しく、かつとりわけ顕著な実例を一九六〇年代、七〇年代に見出すことができる。それは、一八〇〇年頃の〈ロマン主義的〉状況への回帰とも、そのバリエーションとも解釈できる経済情勢であった。かつてと同じように、このときも「金融革命」、「歴史的分水嶺」、「貨幣史における重要な断絶」、「前例のない状況」、「一回限りの」出来事、転換点あるいは新たな金融経済時代のはじまりといった言葉が飛びかった。[3]また、貨幣の流通メカニズム、価値の保証と調整プロセスのダイナミクスに関わる懸念と期待も表明された。そこにロマン主義時代のディスクールとのアナロジーを認めようとするならば、それは表象の危機の扱い方のなかに認めることができる。

ここで問題となるのは、ブレトン・ウッズ合意の終焉に関する議論であり、それはこれまでに何度も語られてきた周知の歴史である。「大恐慌」と戦間期および戦後経済の危機を背景として、ニューハンプシャー州ブレトン・ウッズのマウント・ワシントン・ホテルにおいて、一九四四年七月二三日、四四ヵ国の代表が戦後世界経済の新秩序づくりのためのいくつかの措置について合意した。この合意からは、国際通貨基金（IMF）、世界銀行、やがて世界貿易機関（WTO）へと発展する関税貿易一般協定（GATT）といった機関が生まれた。これらは積極的な通貨政策の促進を後押しするものとして期待された。そこでは、国際収支の安定化、通貨交換の制限撤廃、商品と資本のスムーズな流通を視野に入れながら安定した為替レートが決定されたが、これは固定為替相場制や金本位制の導入とも結びついていた。すべての参加国は、基軸通貨となったUSドルに対する各国通貨の交換レートを固定するよう求められたが、同時に、USドル自体は金に対する交換比率を固定されたのである。このシステムは名目的には金本位制であったが、しかし、実体は金・ドル本位制と見なすべきものであった。そして、この本位制は貨幣と金の交換には調整作用が働くという仮定に基づく均衡理論を前提としていた。そこには、ドルを仲介させることで、金本位制が一種のアンカー機能をはたすだろうという期待が込められていた。それは、価格に対する通貨供給量の調整メカニズムを通してシステムに起こりうる障害を補正する役割であった。(4)

ブレトン・ウッズ合意を扱った数多くの文献に目を通すと、合意に対する評価はさまざまであることがわかる。たとえば、この合意のなかに実り多い制度や歴史的必然性を認めるものもあれば、偶然の産物あるいは応急措置でしかないとするものもある。また、経済的な謎だと受けとめるものもあれば、単純に政治経済学の失敗作だと考えるものもある——だが、いずれにせよ、それは、そもそも相容れない立場にある各国間で行なわれた妥協の産物、つまり、金による保証と各国通貨間の等価性、調整メカニズム、外国為替管理、柔軟な通貨の交換比率といった諸要素のあいだで試みられた、困難で、一貫性を欠いた、いやそれどころか、ありえない妥協の産物と見なされたのである。ブレトン・ウッズ体制を空洞化させ、その終焉を決定づけたのは調整という考え方であった。この考え方に対してはさまざまな疑念が持ち上がったが、そこではこうした疑念を挑発する一連の条件が取りざたされた。すなわち、国際的な資本流通の可動性の増大化、アメリカの拡張的な通貨政策、各国のドル預金の蓄積、ベトナム戦争によるアメリカの財政赤字の悪化や産業界における利潤率低下に起因するより高い投下資本利益率の模索、アメリカに課せられた金準備とその実態のあいだのアンバランス、そして、固定的な金価格を維持することのむずかしさ、あるいは政府と中央銀行のあいだの継続的調整を必要とする煩瑣な機構などである。ここでも金融経済に典型的な論争が宣告されたが、それもけっして偶然ではなかった。一方では、うさんくさい均衡理論に対する根拠のない信念が登場した。他方では、調整メカニズムが制度上の致命的な不備によって妨げられていることが指摘された。したがって、安定化を目指したブレトン・ウッズ合意の歴史は必然的に失敗へと向かう歴史として語られるのである。一九六一年において、すでに先進諸国は手持ちのUSドルの金交換を見合わせるよう約束させられていた。そののちアメリカがドルの金交換を中断すると威嚇してからは、合意に加わった他国の通貨、とりわけ日本円とドイツ・マルクの平価切下げが強制された。さらに一九七一年春には集中的なドル売り・マルク買いが起こり、これがきっかけとなってフランスとイギリスがドル準備金の金への交換を要求した。こうしたことが積み重なり、一九七一年八月一五日にはニクソン大統領の指示により、いわゆる〈金の窓〉が象徴的に閉じられた(5)。ドルの金交換はこうして封印された。金本位制は時代遅れなものとなり、一九七三年になってブレトン・ウッズ合意は文字通りの終焉を迎えたのである。

したがって、あとから見れば、ブレトン・ウッズ体制とは金融市場への適応メカニズムを作りだすという的はずれなアイデアであり、金本位制はたんなる幻想にすぎず、また、これと結びついた経済政策は金による通貨補償を通じて金融の世界秩序を安定化させようとする最後の悪あがきだったと受けとめるべきだろう。そこには、物品貨幣から信用貨幣へ、価値保証された通貨システムから価値保証のない通貨システムへの緩やかな、しかし、決定的な移行を認めることができた。ブレトン・ウッズの終焉とともに、価値保障のない紙幣あるいは計算貨幣はもはや危機の時代における当座しのぎではなく、国際的な資本流通における前提、機能要素、避けがたい宿命と見なされるようになった。おそらく、この画期的な新時代のレトリックはこれによって正当化されたのである。ブレトン・ウッズ通貨合意の取消し宣告とともに、USドルへの公的な関係と金によるUSドルの固定化が無効となった。また、これとともに、戦後期の経済政策が構造的に破綻しただけでなく、二五〇〇年におよぶ貨幣の歴史が予期せぬ形で崩壊したのである。通貨の不換性への思いきった移行とともに、「ポスト・モダン的」な中断が確認された。それは、混乱と不安定性を伴いながら、柔軟で〈浮動する〉為替レート・システムへ、つまり、支えもなければ限度もなく、超越的な意味《シニフィエ》に裏打ちされてもいない浮遊する記号《シニフィアン》のシステムへと向かっていく経済的な《ポスト・モダンの条件》[*1]である。このことは、「先例がない」と思われる「あるシステムの登場」を告げるものであった。それは、通貨は他の通貨としか関係しないシステムであり、直接的にせよ、間接的にせよ、兌換保証のない計算貨幣の基準に基づくシステムなのだ[6]。一八〇〇年当時、信用経済の舞台では据置き型の支払い約束が一般的であったが、それは一時的でローカルなものでしかなかった。それが、一七〇〇年後には、グローバルな金融経済システムへと変貌したのである。このシステムは、まさに価値を計るための参照先が解体されたことによってシステム・モデルとなった。また、それが経済理論に対する新たな挑戦であったことも疑いなかった。

新自由主義

したがって、ブレトン・ウッズ合意の破綻は一貫性を欠いた均衡理念によるものなのかどうか、逆に、調整プロセスに対する政治的な干渉によって合意が破綻したのかどうかについては議論の余地が残るだろう。また、金本位制の固定化がシステム安定化をもたらす効果的な方法、有効な仮説であったのかどうか、あるいは、それは金融経済への物神崇拝でしかなかったのか、それともたんなる誤謬にすぎなかったのかは謎のままである。しかし、いずれにせよ、一九七〇年代は経済理論がふたたび歴史を作りだす時代となった。それは国際的な金融システムのあらゆる制度的・技術的な前提が少しずつ生みだされていく構図に当てはまるが、この構図は二一世紀においてもなおその有効性を失っていない。だが、このことはとりわけ実験室を思わせる状況に当てはまる。そこでは、経済プロセスは経済理論を実体化したものとして、資本の流通は貨幣理論を新たにプログラム化したものとして、また、実際の市場の出来事は市場という特別な偶像を現実化したものとして現われてくる。そして、事実、理論的であると同時に実践的でもあるような実験のフィールドが生まれてきた。このフィールドでは、新たな市場の創設と市場を構成する諸条件が正しかったこと、そして、資本主義的オイコディツェーの一貫性の正しさが、あらためて、しかも最終的に証明されるはずであった。

新自由主義システムをプログラム化する時代がはじまった。ブレトン・ウッズの終焉からは、外国為替相場の変動と通貨の不安定化という見通しだけでなく、ほかならぬ金融市場の自由な動きのなかで、市場メカニズムにはこれをコントロールする理性が存在することを証明する可能性も生まれてきたのだった。五〇年代の初頭、ミルトン・フリードマンはなおヨーロッパでマーシャル・プランの実行に携わっていたが、フリードマンはあるメモのなかで、ブレトン・ウッズ合意の大綱を破棄し、固定交換レートへの執着を捨てさり、真の意味での外国為替市場を作りだすよう求めていた。この考え方は、そのあともくり返し主張された。そして、一九七一年秋に、おそらく経済学の歴史上もっとも影響力の大きな論文、しかも、もっとも簡潔な論文のひとつが発表された。そこでは、条件こそ変化していたが、内容的にはあらためて同じ要求が掲げられ、未来の市場に関する論理が提示されていた。シカゴの商品取引所であるシカゴ・マーカンタイル・エクスチェンジ株式会社の委託を受けて、フリードマンは次のような論拠を展開した。それはこの分野の著名な専門家たちも全面的に同意するものであったが、フリードマンによれば、ブレトン・ウッズ合意の終焉後、継続的な外国為替相場の変動と国際通商や資本流通における通貨危機が容易ならざる事実となった。その結果、世界経済には、過度の不確実さと変動性がもたらされたばかりではなかった。こうした状態のなかで行なわれる常識はずれの通貨取引のための保険費用も高騰したのである。とすれば、リスク予防の手順を市場メカニズム自体に委ねることのできる、てっとり早い金融商品を準備する必要がある。これが可能となるのは、新しい金融市場の創出と外国為替による先物取引あるいは通貨先物取引を通した場合だけである。通貨レートの変動がもたらすリスクは、通貨先物契約を結ぶことで予防する、あるいは〈ヘッジする〉ことができる。つまり、予想可能な価格差は予想可能な価格差に賭けることで保証されるのである。こうした方法で現在と未来の価格差を前提とする投機市場が誕生するならば、そこから必然的に生じる市場の組織化と拡張こそが市場の調整力を証明することになるだろう。こうして、リスク予防策を講じることとリスクを冒して利益のチャンスを求めることが結びつくのである。そして、「投機行為が広がれば広がるほど」、市場は「それだけうまく」、また、効果的かつ効率的に機能することになる。まさに自由取引によって通貨の交換レートと価格水準がコントロールされることで、経済のトリレンマ[*2]は解決されるのである。いまや、市場自体が通貨危機のコストを支払い、通貨政策は市場の動きに委ねられることとなった。この新たな秩序を実現するための適役として登場してきたのがアメリカであった。アメリカという舞台において、資本の流通における高度の流動性が「自由で、開かれた、フェアな市場」という古くからの伝統、しかも、資本の流動にとって好都合な伝統と一体化したのである。(7)

フリードマンが発表した資本主義に関する短い綱領的論文は、新たな金融市場の設立への期待を明らかにした。安定的な為替レートへの期待は、為替レートの安定的なシステムへの期待におき換えられた。貨幣がデリバティブ取引に基礎づけられるようになると、通貨の価値は、国家によっても金によっても保証されることがなくなった。通貨価値を保証するのはただ市場メカニズムだけなのである。(8)事実、一九七二年にはシカゴ・マーカンタイル・エクスチェンジのスポット取引が国際金融市場において通貨先物取引に追加された。それから三〇年を待たずに、一九七〇年以前には存在しなかった、また、あるとしてもごく例外的な条件のもとで行なわれていたにすぎなかったデリバティブ取引が世界最大規模の市場へと成長した。七〇年代初頭、年額で取扱高わずか一〇〇万ドルにも満たなかったものが、一九九〇年には一〇〇〇〇億ドルに、さらに世紀転換期にはおよそ一〇〇兆ドルにまでふくれ上がり、全世界における消費財売上高の三倍に達したのだ。(9) 新しい金融経済の代表者たちがみずから「デリバティブ革命」と名づけたもの、すなわち、外国為替、有価証券あるいは抵当権の先物取引は、一方では、取引がこれまで未開発だった市場へと拡大していったこと、また、考えられるすべての金融分野を統合するために、これまであまり一般的に取引されてこなかった財産を利用することを意味していた。立会取引が金融経済の基準となった。同時に、金融市場は市場の王者となり、市場の出来事のモデルそのものとなったのである。他方、金融市場の神格化は、リスク移転という原理とこの原理が伴っている期待に従っていた。それは、価格リスクはさらなるリスクの拡散によってカバーされ、投機的取引はさらなる投機的取引によってカバーされることへの期待であった。これによって、デリバティブ市場の爆発的な拡大からは新たな「自動調整」システムの登場が見込まれるようになったが、同時に、その独自の「魔術」によってデリバティブ市場の安定化が実現する展望もまた開かれたのだ。つまり、かつて市場の安定化は貴金属による保証と金本位制への依存によって、あるいはコストのかかる外国為替市場への介入によって達成可能だと考えられていた。だが、いまや市場の安定化は――より有利な形で――「個人の取引」の効果だけで達成が見込まれるようになった。(10) 以前ならば信用貨幣が商品貨幣と結びつくことで約束されていたことが、自由な外国為替市場とデリバティブ市場によってついにここに実現したのである。

このシステムが機能しはじめたのは一九八〇年代であった。このシステムは、新たな金融商品の助けを借りながら、かつての調整理念を現在の経済状況と結びつけた。そこにはさまざまな要素を見出すことができるが、これらの要素が組み合わされることで、適用範囲の広い、新しい金融経済の商業慣例が誕生した。そして、この商業慣例はつい最近まで変わることがなかった。こうして、現代の金融・信用経済においては、なによりも先渡取引あるいは先物取引が経済構造を支える中心的な機能を引き受けることとなった。これは資本主義による完璧な発明品であり、資本流通の基本原理と見なされるべきものである。その起源をたどれば資本主義の誕生にまで遡るが、次つぎと開発される金融商品のためのモチーフとして、そこに未来志向性が現われた点がこれまでとちがっていた。というのも、先物取引のメカニズム自体はシンプルなものであり、古くから株式市場における取引の土台となっていたものだからである。それは、未来のある期日にあらかじめ決めておいた固定価格で商品を買い取ることを取り決めた契約である。言い換えれば、契約の当事者たちが未来のある時点で発生するかもしれない利益あるいは損失を受け入れることを義務づけた契約である。記録によれば、すでに一七世紀、オランダのアムステルダム証券取引所では――オプション、プレミア取引、先物契約などといった――さまざまな形式の取引が一般的に行なわれていた。記録には、あやしげな「延べ取引」や「風

先物取引

の取引」といった言葉が記されている。[11] こうした契約は、未来のある時点で――あるいはそれ以前に――商品を固定価格で売買するという（先物取引の場合の）履行義務、あるいは（オプション取引の場合の）権利を定めた当事者同士の合意にほかならなかった。

他方、先物取引の歴史からわかるのは、先物取引が通常では考えられない方法で商品交換から切り離されたことである。だからこそ、株式の先物取引にはくり返し異議が唱えられ、たとえば一八八九年のアメリカ合衆国最高裁判所や一八九六年のドイツ帝国議会の決定によって法的に制限されたり、禁止されたりしたのだった。そこで問題となったのは、〈現実の〉経済取引を〈架空の〉取引から区別することのむずかしさだけではなかった。先物取引は、契約を結んだあとに当該の商品もしくは原資産が実際に受け渡されてはじめて有効と見なされる――それは証券取引所におけるごく普通の取引からはじまり、投機をへて、いつしかただのギャンブルへと向かう流れを阻止し、沈静化させることを想定した境界設定にほかならなかった。ところで、こうした応急解決策を探ろうとする試みは何度も行なわれたが、そこではっきりしたのは、このような巧妙に線引きされた区別がけっして先物取引に内在するロジックから導きだされたものではないということであった。つまり、先物取引が行なわれるのは、それが取引価格を決める明白な商品や価値を持たない場合だけである。したがって（また、この点で、先物取引はスポット取引や現金取引と区別されるが）、この取引を保証するのは、少なくとも取引商品の受け渡しや買い取りを行なおうとする意図だった。つまり――どのような方法で契約通りに受け渡しが行なわれるのか、いや、そもそも本当に受け渡しが行なわれるのかどうかには関係なく――相手の本意あるいは受け渡しの意向にかかっているとされたのである。

この種の決疑論は一九世紀以降のさまざまな法解釈や反投機法を特徴づけているが、この決疑論とともに、現実的な価値と非現実的な価値、現実の取引と架空の取引のあいだに引かれる一時しのぎの境界設定は危険なもの、もしくは余計なものとなった。だからこそ、早くからピエール・ジョゼフ・プルードンは、先物取引は資本主義の機能要素であると一貫して主張していた。すなわち、それは需要と供給、価格変動と差益に規定された企業経済に不可欠で不可避的な機能要素だというのである。[12]ブレトン・ウッズ合意の終焉以降、先物取引が穀物の収穫量や牛の群れの頭数といった具体的な数値ではなく、外国為替や有価証券といった金融価値に関わるようになったとき、先物取引の枠組みは不安定なものになった。たとえば、一九七六年、通貨危機の予防策としてシカゴ・マーカンタイル・エクスチェンジはユーロドルによる金利の先物取引を商品化したが、これは徹底的なイノベーションであり、法律的に見ても、また、事実としても、利率の引き渡しはできないという点にその斬新さがあった。[13]この種のデリバティブ取引からは、根本的な価値の本質や取引に関するこれまでの考え方を逸脱した考え方が生まれてきた。また、当然のことながら、一九八〇年代に入ると――そして、それ以降も引き続いて――ほとんどすべての国際的な取引所において、先物契約に基づく実際の受け渡しにせよ、受け渡しの意図にすぎないにせよ、それ自体が無意味であることが宣言されたのだった。したがって、先物取引のロジックはこう表現するしかない。すなわち、この取引は具体的な生産物だけでなく、実際の受け渡しや輸送を回避して行なわれるものなのである。すでにマックス・ウェーバーが定式化していた通り、この契約においては、商品と価格、実際の支払い額とその根拠となる価値の照会先のあいだの結びつきが緩められるか、あるいは、そもそも解消されることになる。そこでは、「まだ存在しない商品、生産途上にある商品、未来になってようやく生産されるはずの商品の取引契約が結ばれる。この商品の買い手とは、通常はその商品を手もとに置くことなく、その商品を（可能ならば、それを受け取り、支払いをするまえに）売り払って利益を得ようとする買い手である。そして、この商品の売り手とは、ふつうはその商品をまだ持っておらず、それを自分の手で生産することもなく、利益が生まれるとわかってから、ようやくその商品を提供しようとする売り手なのである」[14]。要するに、これは、ある商品を所有しておらず、求めてもおらず、所有したいとも思っていないだれかが、同じようにその商品をそれほど求めてもおらず、所有したいと思ってもおらず、しかも、実際に所有してもいないだれかに売りつけることにほかならないのだ。

資本主義経済の原動力であり要点でもある先物取引のダイナミクスはふたつの中心的な機能要素に依存している。ひとつは自己言及的なコミュニケーションである。そこでは、価格の参照先は商品や生産物ではなく、価格自体である。また、そこでは、存在しないものの現在価格が存在しないものの未来の見込み価格に基づいて決められる。そこでは、価格に対する支払いは価格によって行なわれる。

こうして、価格はそれ自体が商品となり、実質的に商品を整えるという責任や手間から解放されて、自己言及的な市場の出来事という称号を手にすることになる。先物取引は経済行為であるとともに記号論的な行為でもある。それは有限の現象を否定する哲学の推論的な記述に類似しているが、この記号論的行為がその特徴をもっとも明白に発揮するのは、世界を表象するときではなく、世界を脱－表象するときである。また、この行為が世界の諸事物を対象とするのは、それらの事物が明らかに存在していない場合、あるいはそれらの事物が抹殺されている場合だけである。[15] 貨幣と交換価値が多種多様な事物や財産にとって共通の「水準器」の役割をはたしてきたように、いまや――たとえば商業資本や生産資本、信用資本といった――考えられるあらゆる資本が、デリバティブ取引を通して比較可能なもの、相互に翻訳可能なものとなり、均質化されることとなった。一九八〇年代以降、「先渡取引」、「先物取引」、「オプション取引」、「スワップ取引」といったデリバティブ取引のための市場が生まれたが、この市場における二次的な支払い手段となったのは代替通貨であった。世の中に流通する貨幣のなかで、これらの代替通貨はもっとも確実な支払い能力を持ち、現代資本・信用経済の論理を補完もしくは完成させるものである。[16] さらに、これによって投機の再定義も行なわれた。つまり、投機を行なうときに現実の価値と架空の価値のあいだに横たわるちがいを見分ける判断基準を設定することがもはやできなくなったのである。また、ヘッジング、つまりデリバティブ取引はリスクへの投資、つまりさらなるデリバティブ取引を要求することになる。そのとき、投機とは区別がつかなくなるだけでなく、これらは同じオペレーションを左右から挟みこんだ対称面として毒性を帯びることになる。かつて投機と呼ばれた行為は、もはや投機のアンチテーゼであった投資と区別をつけることができない――それが取引であろうが、博打や賭け事であろうが、関係がなくなるのである。長い歴史のなかで伝わってきた言葉の意味から離れて、投機はその独自の性格をうしない、流動性創出と同義となる。こうして――現在の価格と未来の価格の危うい差額に〈投機する〉ギャンブラーや不当利得者といった――投機家たちは、いまや、あらゆるヘッジング、あらゆる投機取引を避けようとする。そのとき、投機の定義として可能なのはオクシモロンくらいのものだろう。とすれば、投機家とは投機をしない者を意味することになる。[17] 投機は金融取引の規範となったのである。

効率的市場

すなわち先物取引とは資本・信用経済の論理的なカウンターパートであり、デリバティブはこれまでの商品市場や現金の流通からは独立して存在する貨幣形式を表現しているのである。現代金融経済の全体的な構造が要求する手順とは、未来に向けられた見通しの実現可能性を通して、支払いや投資といった経済的決定をその次にやってくる決定に結びつけ、それによって時間の制御への見通し、つまり、偶然的な未来を制御することができるのだという見通しを約束する手順なのだ。（外国為替や有価証券などの）未来の価格の不確かさがこうした価格の不確かさに対してつけられた価格と相殺される場合に限って、均衡をもたらす先物取引の力が発揮され、時間が制御され、金融システムの自動調整機能、すなわちシステムに内在する自立的な安定性がはっきりと姿を現わしてくる。こうして、二〇世紀初頭には、株式市場における未来の価格変動に関する統計的な予想に基づいた売買決定の調整を可能とするはずのモデルがデザインされたのだった。そして、遅くとも二〇世紀半ば以降になると、そこからはあの謎解き問題が登場してきた。それは、現在から見た未来が未来のある時点における現在へと移行するとき、どのような定式を使えばそれが予想可能かつ実現可能なものとなるのか、つまり、どうすれば現在に似ていない未来を現在に似た未来へと変換することができるのかという謎解きである。少し大げさにいえば、ここに歴史哲学の独自性を支える土台と金融数学の扱う問題との接点を認めることができるだろう。また、ディスクールの歴史的観点からすれば、この種の試みのなかでももっとも重要で影響力の大きな試みが一九七〇年代に定式化されたこと、しかも、それがブレトン・ウッズ合意の終焉によって切り開かれた政治経済学の問題領域と直接的に合致していたことは驚くに値しない。そこで問題となっているのは、実際に金融取引が行なわれる現場のなかへ確率論を移植するための方法であった。とりわけ有益な実例を提供しているのが、数学者にして経済学者であるロバート・C・マートン、フィッシャー・ブラック、マイロン・ショールズによって一九六九年から一九七三年にかけて作られたあの有名な数式である。この数式はのちにノーベル経済学賞の受賞を通して広く認められ、金融経済取引の標準装備となったばかりでなく、今日われわれが知っているシステムの固定要素ともなったのである。

物理学にとってニュートン力学が重要であったのと同じように、かつてこの数式は金融市場にとって重要な金融経済的真理だと信じられたことがあり、多方面に影響力を持つ真理の科学的発見としての期待を受けてノーベル賞を受賞したのだった。なによりも、これは前述した問題に関係があるだけでなく、どうすればデリバティブ取引によって、またダイナミックなヘッジングを通じて金融市場のリスクを除去することができるのかという問いとも関わっている。重要なのは、未来における収益の価値を現在の価値へと転換できるように計画された商品を生みだすことであるが、それとともに、信用経済と流動的な外国為替レートとのあいだの振れ幅の大きな不均衡を安定させることも大切なのである。未来のリスクを現在の支払いへと転換させることができるとすれば、未来の不確実さはすでに現在において予想可能となり、これを補償することができるだろう。特定のデリバティブ——ここではオプションであるが——のための価格設定をサンプルとして、ブラック、ショールズ、マートンたちは理論の対象もしくはディスクールの対象をでっち上げたが、それは、金融市場制御に関する特定の理念の前提と金融市場の機能方法に関するいくつかの仮説に数式を結びつけるものであった。

これが最新の金融学の誕生場面だとしてくり返し語られてきたことは、古い均衡理論を受け継ぎながら、なによりも、長期的に見れば資本市場は効率的に稼働してきたのだという仮説に依拠している。ここで問題となるのは市場の効率性に関するあの仮説である。それは、一九三〇年代以降発展してきた市場メカニズムと競争に関する新古典派の解釈を金融経済に転用したものであった。この考え方によれば、長期にわたって効率的に働く資本市場とは、理想的な競争条件のもとで、「入手可能なあらゆる情報にだれもがアクセスすることができ、取引費用が発生せず、すべての市場参加者が同時に価格受容者《プライステイカー》として機能する」市場のことである。また、これと結びついた「均衡モデル」に加えて、「同質的な期待」が効果を発揮することも前提とされている。すなわち、「現在価格」ばかりでなく、「個別の資本投資に対して未来価格が生みだすと考えられる利益の分配」にも同じように関係する、「自由に利用できる情報に含まれている言外の意味」について、市場参加者たちの意見が一致しているということである。「有価証券の価格は入手可能なあらゆる情報を〈余すことなく〉」反映しているという前提に立って、企業は生産のための投資について根拠を持った決断をくだし、消費者はこれに基づいて有価証券や企業への投資を選択することができる。具体的なケースにおいてこれが意味しているのは、株価や有価証券の価格は、アナリスト、投資家あるいは経営者が未来の利回りと収益見通しに関して抱いている予想を完璧に表現しているのだということである。これは、こうした二次観察者のコミュニケーション・システムがここに確立したことをも意味している。効率的市場と名づけることができるのは、「価格が入手可能な情報を完全に反映している」市場だけなのである。[18] しかし、〈効率性〉という言葉は金融市場理論における（と同時に、経済学のレジームそのものにおける）呪物的な語彙というだけではない。その誕生以来、この言葉は歴史のなかで多様な姿を示してきたが、金融市場理論という構造物のなかにあっては、これらの意味のすべてがこの言葉を支えているのだ。そこでは――ピエール・ルジャンドルが述べているように――成し遂げること（*efficere*）が、神の摂理の有する力を合理的秩序という形式と結びつけ、それによって、さながら教義を思わせるシステム像を指し示すのである。(19)

ランダム・ウォーク

金融市場は自己言及的であり、したがって衝突の起こらない宇宙として表現されるが、そこでは情報が価格を生み、価格が購入の決定を生み、そして、これらがふたたび情報、価格、決定を生みだしていく。だが、こうした効率的なプロセスはこれ以外の前提とも結びついている。それは現代金融経済学において用いられるモデルを決定する前提である。この前提によれば、他の市場形式に対して金融市場は優位に立つことになるが、それは金融市場が「持続的」かつ流動的に動いているからであり、また、好みの金額の、ということは金額規模の大小にこだわらない売買を恣意的に行なうことを通して特徴づけられているからである。しかし、問題はそれだけではない。金融市場の効率性は、金融市場の動きの中心にはランダムな、というよりもほとんど確率論的な動きがあるのだという結論に必然的に結びつくことになる。こうして、たとえば一九六〇年代には、一九〇〇年に書かれた数学者ルイ・バシュリエの学位論文が再発掘された。アンリ・ポアンカレの指導を受けながら、この論文のなかでバシュリエは株式市場における相場の変動を数式化して表現したが、そこでバシュリエがモデルとして利用したのは、舞い上がり、吹き降りるという（ブラウン運動のような）分子の運動であった。『投資の理論』と題されたこの論文によれば、相次いで起こる価格変動は直線的に見れば相互に無関係なものであり、それぞれに同じように割り当てられた偶然変数によって規定されている。そして、投資は、全体として、ガス状混合気のなかで起こる粒子の分散もしくは拡散のような動きを見せる運動に従っているのである。[20] 二〇世紀後半になって、ようやくこの考え方は肯定的に評価されるようになり、例外のない効率的金融市場という仮説と同一視されることとなった。つまり、このような市場における価格はそれぞれの時点で重要な情報をすべて含んでいるので、それがどのような変動であろうと、価格の変動を引き起こすのは、新たな、ということは予測のできない情報だけであり、この情報が、新たな、ということは予測できない決定を要求するのである。そして、市場がすべての情報をその場で処理してしまう限りは、価格変動の履歴には未来の投資を決定するために有益な情報はなにひとつ含まれていない。現在の情報が直接的に未来のある時点における現在の情報へとおき換えられることはないのである。

さまざまな時点の合間に価格が描く軌跡は、いまや確率計算や推測統計学の対象となり、それはいきあたりばったりの非直線的な軌跡すなわち「ランダム・ウォーク」に擬せられることになる。ランダムな動きは効率的市場の特徴となり、「ランダム・ウォーク理論」は「効率的市場仮説」を補完するための不可欠な要素となった。これは次のことを意味している。つまり、流通するあらゆる情報を市場参加者たちが自由に利用できるところでは、その瞬間ごとの利得のチャンスを即座に――しかも、それがだれであろうと関係なく――つかみ取ることができる。そして、これらの動きがことごとく即座に市場価格に反映される限り、個々の価格変動そのものは予測不可能なもの、それゆえに偶然に左右されたものとしてしか現われようがない。市場の理性が必要とするのは、情報すなわち価格差は利用が終われば取り消されるということである。利益を最大化しようとする市場の参加者がくり広げる競争の結果、個々の投資がシステム全体の投資的な性格を消しさってしまう。また、この競争の結果、裁定取引[*3]が行なわれても、この取引がもたらす結果は無効化され、過大評価や過小評価するような余地が残されることもない。ノーベル経済学賞受賞者たちの言葉を借りるならば、たとえばこれは次のようにいうことができる。「知的な人びとがつねに買い得といえるチャンスを求めているのだとすれば、つまり、かれらが過大評価している有価証券を売り、かれらの目に過小評価されていると思われる有価証券を買うとすれば、インテリ投資家たちのこうした行為から生まれてくるのは、現在の有価証券価格のなかで、すでに未来に期待される利鞘の支払いが行なわれているのだという結果だろう。とすれば、自分から進んで過小評価あるいは過大評価されたチャンスを窺おうとしない受け身の投資家たちにとっては、このインテリ投資家たちの行為を通して、その有価証券を購入することが他の証券購入と同じように適切なのか、あるいは不適切なのかがわかるような株価の見本が提示されることになる。つまり、受け身の投資家にとって、サイコロを投げることは、他のどのような選択方法とも変わることのない有力な選択方法だといえるだろう」[21]。一方では、金融市場の理性もしくは効率性から導かれる結論とは、未来の相場展開に賭けることは目隠しをされたチンパンジーが新聞の株式欄にダーツの矢を投げつけるのと似たようなものだということである。市場が効率的であればあるほど、そこに生まれる昇降運動はそれだけ偶然的なものとなる。他方、ここにおいてさえ、一種の均衡が出現する。その結果、たまたま起こったはずの変動は平均値からかけ離れることもなく、結果的には通常の分配が見せるばらつきの範囲内に収まることになるのである。

数式

金融オプションの価格を決定しようとして、一方ではマートンが、他方ではブラックとショールズが最初に試みたのは、デリバティブ取引を構造化するためばかりでなく、均衡へと向かうシステム全体に見られる傾向を構造化するための一般モデルを定式化することであった。この計算方法が市場に導入されたのである。計算にあたっては、次のような前提条件が適用されるはずであった。あるいは、適用されなければならなかった。すなわち、利益に誘導された市場参加者、効率的な市場、だれもが利用できるように平等に配信された情報、摩擦のない取引、そして、正規分布のモデル通りに切れ目なく現われる価格のバリエーションである。他方、たとえば株価や債権価格などの現在の価格から価格の向かう地平を予測することも重要である。この価格の地平は、未来のある時点における現在から逆行して現在から見た未来を評価するためのモチーフとなりうるものである。あるオプションあるいはデリバティブの現在価格が正当に評価されるためには、未来のある時点において想定される原資産の価格がこの現在価格のなかに反映されていなければならない。こうした種類の逆転を通してのみ、未来に対する不確かな見通しは未来のある時点における確実な現在へと変換されるのだ。これは、未来における売却を現在において複製することにほかならない。相場や価格の変動リスクはこれらのリスク取引を通してヘッジされ、バランスが保たれるのだということを説明できるのは、この複製という考え方だけである。同時に、ここにはブラック、ショールズ、マートンによって提示された答えの主要なポイントがある。たとえば、ある有価証券の現在相場、その基礎となる原資産価格や発行価格、あるオプション商品の利率と支払い期日あるいは償還期間などはある程度まで確定的な数値として計算することができる。これに対して、オプション価格の計算にとって厄介な不確定要素は誤差の範囲つまり基礎価格の変動率《ボラティリティ》である。

これは、確率論的なプロセスを対数正規分布の方程式によって把握しようとする、あの有名な微分方程式のパラメータを定義するものである（図3）。このパラメータのなかで――単純化して表現すれば――不確かな金額すなわち不明確な未来が示すボラティリティ（シグマ／σ）が、同じ長さの歴史的時間のなかで起こるランダムな価格変動と原資産価格をもとにして算出されることになる。しかし、

$$rD_T = \frac{\partial D_T}{\partial T} + rS\frac{\partial D_T}{\partial S} + \frac{1}{2}\sigma^2 S^2 \frac{\partial^2 D_T}{\partial S^2}$$

D_T ：残存有効期間が T であるデリバティブ商品価格
S ：株価〔原資産価格〕
T ：残存有効期間
r ：無リスク利子率〔安全金利〕
σ ：期待される連続的収益の標準偏差（ボラティリティ）

図3：ブラック－ショールズ微分方程式。

だからといって、具体的な未来の日付や当たりはずれを的中させる必要はない。求められているのは――いずれにせよ――それが起こりうる変動の範囲を計算することだけである。その結果、あるオプションあるいはデリバティブの価格はもはや原資産価格の指向性を持った上昇あるいは下落によって、すなわち相場の変動という目に見えるエビデンスによって評価されることはなくなる。他方、すでにこの計算のなかには、予想のつかない未来価格の変動が予測のつかなかった過去の価格の変動と同じようなばらつき方を示すだろうという推定が組み込まれている。たしかに、実際になにが起こるかはわからないだろう。しかし、少なくとも、予測しなかったことや予測できないことが起きるとしても、それは現在予測できることの範囲内に収まるだろうと想定することは可能なのである。(22) 個別的な予測に文句をいうことはできないが、ばらつき方のモデルの予測にクレームをつけることはできる。したがって、結局のところ、予測されるリスクは、リスクに見合った利益見込みとともに計算されるのである。「キャピタル・アセット・プライシング・モデル」と呼ばれるこのモデルは、ポートフォリオ構成に関する情報を与えるだけでなく、とりわけ、デリバティブの価格はどのように計算されなければならないのかについての、ということは、つまり次つぎと繰りだされる請求をどのように見積もる必要があるのかについての情報も与えてくれるのである。ブラック、ショールズ、マートンによって生みだされた公式がどれほど独創的なものであるとしても、また、世紀転換期の時代に個別に行なわれ、なかば忘れ去られてしまったさまざまな試みがそれを先取りしていたとしても、さらに、それが同時代の一連の試みと比較してきわだったものであるとしても[23]――かれらの成功を保証したものは、新自由主義の基本的な考え方と調和するディスクールのなかへ本質的な要素を導入することによって、この数学的方法が一九七〇年代金融経済の抱えていた問題に答えたという事実だけではなかったのだ。

なによりも、この数式のなかには市場論理にポピュラーな数学的表現を認めることができる。しかも、そのプロセスは物理学的であり、統計学的なメカニズムにおける熱伝導と拡散のための微分方程式のモデルに従って導きだされている。この計算手法のなかには効率的市場仮説と「ランダム・ウォーク仮説」が埋め込まれており、それは、デリバティブの価格形成にとって一般的な方法論のための出発点と見なされているばかりでなく、新たな「超完璧な」市場のパラダイムとも見なされているのである。[24]さらに、この数式の登場によって、たとえばデリバティブ取引と博打のあいだに見られる危うい近似性といった、以前からの疑念もかき消された。つまり、新たな金融商品の発明とデリバティブ市場の機能は数学的に正当化されることとなり、不確かな未来の出来事への投資は厳密な計算の対象となったのである。同時に、ブラック－ショールズ方程式のなかには、そのバリエーションも含めて、純粋な理論構成とともに、「欽定理論」とでも呼ぶべきものを認めなければならない。そこにはこの計算式のパフォーマティヴな容貌が前面に浮かび上がっている。この微分方程式を通して、デリバティブはその発展を可能とする条件を作りだし、この条件が持っている独自の経済合理性の正しさは市場において確証されるだろうとアピールするのである。経済的現実を経済理論へと適用することについて、また、一九七〇年代にはまだ存在しなかった特別な「ブラック－ショールズ・ワールド」の段階的な成立については、この観点から語られてきた。この数式は市場の出来事の予測理論だというだけではない。それは、市場がみずから活動する際に手がかりとするプロトコルが準備されたことをも意味していた[25]。理論に関するディスクールの新たな生産物として、この数式は、デリバティブ取引のための決定的な議論とこの数式によるシステム安定化への展望を提供するとともに、その過程で数式自体が内包する意味の正当性をあらためて提示してみせたのだった。

情報

このような循環過程はさらに別の構成要素を指し示しているが、この要素はいまもなお金融経済の機能方法に影響をおよぼし続けている。というのも、ブラック－ショールズ方程式やそのバリエーションが登場したおかげで、デリバティブは数式化の対象となったのみならず、メディア・テクノロジーの特別なフォーマットともなったからである。デリバティブ取引の世界的拡張は段階的なコンピュータ開発の歴史および情報技術の発展と軌を一にしている。金融市場は、つねに株式取引における価格形成とメディア技術のイノベーションとの密接な関係を通じて構造化されてきたが、一九世紀以降、そのテンポを作ってきたのは、電信の導入、大西洋横断ケーブルの利用、証券取引所のチッカーを使った情報交換の迅速化であった。シャップ[*4]の視覚通信システムはその好例である。そこからわかるのは、革命後のフランスにおいて、公的金融情報に対する欲求が寄生虫を思わせる行動を伴うことできわめて危険なものとなったことである。一八三六年にボルドー出身のふたりの銀行家が電信公社の従業員を買収し、視覚通信システムで送信中の急送公文書に新たな信号をつけ加えさせた。これによって、手紙や新聞が到着するまえにフランス国債の相場展開と国債取引による利益に関する情報を得ることが可能となった。この国家情報チャンネルの悪用は二年間におよんだが、それは時間差の計画的な利用、価格と情報の相互変換を物語る初期の証言だといえるだろう[26]。

これに対して、一九六〇年代における金融市場設立という最初のアイデアから、コンピュータを活用した株式取引所の開設、電子取引システムの導入をへて、一九九三年のオンライン仲介取引、インターネット上での株式取引と金融取引の解禁にいたるまで、現代金融経済のインフラストラクチャーは電子技術とデジタル技術によって、すなわち情報操作とテレコミュニケーションの整合的組合せによって定義づけられてきた。ここに世界の幸福の大部分を決定する金融機械の誕生を認めるならば、(27)デリバティブ取引にとって、そこに投入される人や資源のすべてが重要であり効果的なものとなる。ブラック－ショールズ・モデルの公式は情報技術を利用した取引の実施をアピールするのである。ブラック－ショールズ方程式に従って最初にコンピュータで計算されたのはオプション・プライシングであった。そして、計算結果を印刷した仰々しいリストがトレーダーや予約客に販売されたのである（図4）。すでに一九七四年には、テキサス・インスツルメントによって、ブラック－ショールズ方程式を用いてプログラム化され、この方程式から導かれるデイ・トレードのための計算結果を提供するポケット電卓が製造されていた。おそくとも八〇年代に入ってオプション市場や先物市場でコンピュータ取引が行われるようになると、金融理論、数学、情報工学のあいだできわめて影響力の大きな融合が起こった。効率的市場という考え方が効率的な情報処理を必要とする限り、そこに経済的現実が理論を模倣するという事態を認めることができるだろう。「現実世界において資本取引と金融市場が効率的になればなるほど、実際の金融価格、商品、アレンジメントに関する連続時間モデルの予言はそれだけ正確なものとなっていく。これを要約すれば、結局のところ現実は理論を模倣することになるのである」(28)。つまり、この市場はテクノロジーが生みだした新しい条件のもとではじめて登場してきたのだった。金融理論、数式化そして技術導入が生産的に結びつき、新しく発明された金融商品とその商品に対応して設置された市場が、それぞれに相手の《存在理由《レゾン・デートル》》を認め合ったということである。理論と技術がコンソーシアムを作ることで金融市場が強化され、そこに流動性の最大化、価格決定の最適化、データ発信の効率化の結合の可能性が生まれるという見通しが示される。そして、金融数学とメディア・テクノロジーが接合されることで、ついに〈ミダースの公式〉[29]を伝えるあの説話が正当化された。すなわち、無秩序な乱れを予測可能なダイナミクスへ、ランダムな市場の展開を信頼のできる利益予測へと置き換える説話の正当化である。

ブラック－ショールズ・モデルは、「金融分野のみならず、経済全体におけるもっとも成功した理論である[30]」と宣言された。また、このモデルには、金融経済に関する認識、戦略、基本的仮定に対するいくつかの期待が結びついている。金融市場における——先物取引、新たな計算方法、情報技術といった——前述した要素の共演のなかに、ひとつの歴史的転換が起こったことを認めることができる。つまり、国際金融経済の土台としてのスタンダードが通貨から情報に取って代わったのである。信用経済と通貨システムの安定化は、もはや金や商品貨幣への兌換に依存するのではなく、貨幣と情報の恒常的な交換であると考えられるようになった。金融市場における価格が、同時に価格の未来に関する情報を編集して決められたものである以上、取引においては貨幣に関する情報の方が貨幣そのものよりも重要なものとなる。市場は情報－自動機構を備えるのである。効率的市場とは情報の効率的な分配が行なわれる市場のことであり、競争とは情報をめぐる競争に参加することを意味することとなった。これは「ハイ・フリークエンシー・トレーディング」に見られる現代の競争にまでおよんで

I UNITED STATES STL CORP

EXPIRATION ANN INT ANN DEV DIV AMT EX DATE
JLY 16 76 5.650% 21.00% $.4700 8/ 4/76
OCT 15 76 6.230% 21.00% $.4700 11/ 3/76
JAN 21 77 6.630% 21.00%

AMEX X 2 OF 7

	06/04/76			06/11/76			06/18/76			06/25/76			07/02/76		
	JLY 76	OCT 76	JAN 77	JLY 76	OCT 76	JAN 77	JLY 76	OCT 76	JAN 77	JLY 76	OCT 76	JAN 77	JLY 76	OCT 76	JAN 77
45															
40	5.31	5.85	6.50	5.25	5.78	6.43	5.19	5.70	6.36	5.10	5.63	6.29	5.09	5.56	6.22
45	1.43	2.52	3.39	1.29	2.43	3.32	1.10	2.38	3.24	.977	2.25	3.17	.787	2.16	3.09
46.7	.727	1.77	2.63	.609	1.69	2.56	.488	1.61	2.49	.352	1.53	2.42	.213	1.44	2.35
50	.127	.796	1.51	.083	.736	1.45	.046	.676	1.39	.019	.617	1.33	.004	.559	1.27
53.3	.013	.313	.809	.006	.278	.766	.002	.244	.724	.000	.212	.682	.000	.181	.641
55	.003	.187	.580	.001	.162	.544	.000	.139	.509	.000	.117	.475	.000	.097	.442
60	.000	.038	.197	.000	.027	.180	.000	.021	.163	.000	.016	.147	.000	.012	.132
66.7	.000	.003	.040	.000	.002	.035	.000	.001	.030	.000	.001	.026	.000	.000	.022
70	.000	.001	.017	.000	.000	.015	.000	.000	.012	.000	.000	.010	.000	.000	.008
46															
40	6.28	6.73	7.33	6.23	6.66	7.27	6.18	6.59	7.20	6.13	6.52	7.13	6.09	6.45	7.06
45	2.08	3.12	4.00	1.90	3.03	3.92	1.76	2.94	3.85	1.60	2.84	3.77	1.42	2.75	3.69
46.7	1.18	2.26	3.15	1.00	2.17	3.08	.854	2.08	3.01	.693	1.99	2.93	.508	1.90	2.86
50	.243	1.08	1.87	.175	1.01	1.80	.111	.937	1.74	.057	.867	1.68	.018	.797	1.61
53.3	.031	.451	1.08	.016	.406	.990	.006	.363	.961	.001	.321	.892	.000	.281	.843
55	.009	.278	.758	.004	.246	.716	.001	.214	.675	.000	.185	.634	.000	.157	.594
60	.000	.056	.271	.000	.046	.250	.000	.037	.229	.000	.029	.208	.000	.022	.189
66.7	.000	.005	.059	.000	.003	.052	.000	.002	.046	.000	.002	.040	.000	.001	.034
70	.000	.001	.026	.000	.001	.022	.000	.001	.019	.000	.000	.016	.000	.000	.014
47															
40	7.27	7.64	8.20	7.22	7.58	8.14	7.17	7.51	8.07	7.13	7.45	8.00	7.09	7.38	7.94
45	2.76	3.78	4.66	2.63	3.69	4.58	2.50	3.60	4.50	2.37	3.51	4.42	2.22	3.41	4.35
46.7	1.67	2.81	3.73	1.52	2.72	3.65	1.37	2.63	3.58	1.20	2.53	3.50	1.00	2.44	3.42
50	.430	1.42	2.28	.334	1.34	2.21	.239	1.26	2.14	.147	1.18	2.07	.065	1.10	2.00
53.3	.068	.630	1.31	.040	.576	1.26	.019	.523	1.20	.006	.470	1.14	.001	.419	1.09
55	.022	.401	.972	.011	.360	.924	.004	.319	.876	.001	.280	.828	.000	.243	.781
60	.000	.088	.366	.000	.074	.339	.000	.061	.313	.000	.049	.288	.000	.038	.264
66.7	.000	.008	.085	.000	.006	.076	.000	.005	.067	.000	.003	.059	.000	.002	.051
70	.000	.002	.039	.000	.002	.034	.000	.001	.029	.000	.001	.025	.000	.000	.021
48															
40	8.26	8.58	9.10	8.22	8.52	9.03	8.17	8.45	8.97	8.13	8.39	8.90	8.09	8.33	8.84
45	3.57	4.50	5.36	3.46	4.41	5.29	3.35	4.32	5.21	3.24	4.23	5.13	3.14	4.14	5.05
46.7	2.31	3.43	4.36	2.17	3.34	4.28	2.03	3.24	4.20	1.87	3.15	4.12	1.69	3.05	4.04
50	.707	1.82	2.75	.585	1.74	2.67	.458	1.65	2.60	.325	1.56	2.52	.188	1.47	2.45
53.3	.135	.857	1.63	.088	.793	1.57	.049	.729	1.50	.020	.666	1.44	.004	.603	1.38
55	.049	.562	1.23	.027	.511	1.17	.012	.461	1.12	.003	.411	1.06	.000	.363	1.01
60	.001	.135	.485	.000	.115	.453	.000	.096	.421	.000	.080	.390	.000	.066	.360
66.7	.000	.015	.120	.000	.011	.108	.000	.008	.096	.000	.006	.085	.000	.004	.075
70	.000	.004	.057	.000	.003	.050	.000	.002	.043	.000	.001	.038	.000	.001	.032

IF YOU HAVE ANY QUESTIONS, PLEASE CALL FISCHER BLACK AT 617-253-6691

DATE: 05/25/76 TIME: 23:13 1 2 OF 7

図４：フィッシャー・ブラックによって作られた表のひとつ。左端の数字は市場価格を示し、次の列は権利行使価格（ストライク・プライス）もしくは基準価格（オプション取引における決算価格）を示している（すなわち、あるオプション契約の締結に際して確定された価格であり、これが当該の有価証券が買い手に引き渡される場合の価格となる）。表の本体部分に記された大文字の数字は（たとえば1976年7月16日金曜日といった）特定の満期日をもつコール・オプション（*call options*）がそれに先立つ金曜日（たとえば1976年6月4日）に示した価格を表している。小文字の数字は、オプション契約の価格変動をドル換算した場合の金額を示している。表のヘッドラインにあるデータは利子率、市場変動率（ボラティリティ）に関するブラックの仮定そして利益配当の詳細である（出典：MacKenzie, *An Engine, Not a camera,* 160）。

いるが、そこでは、市場情報を手がかりとして最新のテクノロジーがミリセカンドのうちに利益をもたらすことになる。国際金融経済とは科学技術によって補塡された貨幣理論なのだと理解するならば、この理論における貨幣の流通は情報生産装置としての役割を担っており、情報社会と呼ばれるものの本質的な側面を示すものと見なすことができるだろう(31)。

新たなオイコディツェー

同時に、そこに含まれる市場の論理も併せて、この新たな公式の特性の驚くべきシンプルさと「美しさ」が何度となく話題となった。このような趣味判断*5がモデル構築の本質的で古典的ともいえる特徴によっていることは疑いない。それは、市場を安定化させる力とその結果として生まれる調整と均衡の影響力がモデルを構築するなかでいま一度発揮されるという特徴である。それが、このシステムに再登場を求められたこのシステムご自慢の〈ニュートン主義〉であった。このように構想されたデリバティブ取引の世界を支配しているのは、リスクには収益で報い、不確かさには利益予想で報いるという補償のメカニズムである。これについては、フィッシャー・ブラックがかつて次のように語っていた。「わたしの目からすれば、危険な投資市場における均衡という考え方にはきわだって崇高な美しさがある。この考え方は、リスクのある有価証券にはより大きな利益見通しが隠れているはずだという意味を含んでいる。さもなければ、投資家たちがそうした有価証券に固執することなどないだろう[32]」。

これはリスクを分散させることでリスクが〈ヘッジされる〉、あるいは囲い込まれることを意味している。つまり、投資家たちが――ブラック－ショールズ方程式の核心部分で企図されていたように――逆方向のオプション取引によって、投下資本や外国為替の価格リスクを〈免れる〉ことができるだけでなく、素晴らしい売買注文を受けることをも意味しているのだ。「わたしたちが［デリバティブ商品の］取引を活発化させていけばいくほど、それだけ社会のためになる。というのも、そうすれば、それだけリスクが減るからである[33]」。ノーベル賞を受賞したことで謎解き問題は金融科学へと変貌したが、この変貌は不確かな未来の影響ばかりでなく、時間のディメンションそのものの無効を宣言することができた。未来の出来事のばらつきが――正規分布、平均値、ガウス曲線あるいはベル曲線の手引きに従って――過去にさまざまな形で起こった数多くの予測困難な事態の経験を手がかりとして測定され、未来のリスクが現在のリスクと似たようなふるまい方をするはずだと考えるならば、金融市場における商売のルーティンを支えているのは次のようなこと、すなわち、未来への期待は期待された未来へと変換され、全体としては、未来のある時点における現在と現在から見た未来のあいだに多少とも信頼のおける同質性が出現するということである。さまざまな不確かさがあっさりと消えさるわけではないが、しかし、このモデルのダイナミクスが示唆しているのは、市場の拡大と集中によってリスク中立世界が作られることである。それは、不確かな未来が未来の見込みの確かさによって相殺され、不確かな未来が現在へと吸収される世界にほかならない。経済データを統合的なシステムへと移し替えることで、クラッシュも起こらず、急騰や急落も知らずに途切れることなく進んでいく世界を描きだすことが可能となる。このような世界では、数学的形式主義が持っている実際的な利点は、システム自体が規則的、同質的、恒常的かつシステム内部の調整傾向によって機能するという理論的前提と合致している。この観点において、つまり、かつて数学者のジェイムズ・ヨークが語ったように、そもそも微分方程式によるシステム処理のコード化は、つねにそれが一定不変であることの証明を求められるものであり、また、それがなんであれ、非連続的もしくはカオス的な過程を排除しなければならないものである以上(34)、マートン、ブラック、ショールズによって考案された微分方程式はあくまでもシステムのアレゴリーだと理解すべきである。これ以外のどのような〈解法〉を求めたとしても、それは経済理論のステータスにとって致命的なものにしかならず、また自己を主張しようとするパフォーマンスにとってもあまり生産的とはいえないだろう。

いくつかの批判や修正にもかかわらず、ブラック－ショールズ・モデルは金融経済の中心的な機能要素として受け入れられた。このモデルによって──競争と価格メカニズムの調整力である──自由主義的あるいは新自由主義的なオイコディツェーが日常的なワーク・プロセスとビジネス・ルーティンのなかに植え込まれたのである。このモデルは技術的にインストールされた経済理論として機能し、リスク・マネージメントのモデル、一般的な政治的調整メカニズムとして理解することが可能であった。新たな自由主義の登場とともに、この生活世界のあらゆる出来事と状況は市場価値によって整えることができるはずだ――つまり、完全な競争世界では、商品の値段を知ること以外になにも必要はないのだ――というビジョンが形づくられた。[*6] したがって、それがどのような未来であれ、微分された、準分子的ともいうべき市場は、「証券類《セキュリティーズ》」すなわちオプション、デリバティブを通して未来を守り、あらためてこの世界における一種の神の摂理を保証することができる。だからこそ、「リスクを――金融のみならず、金融以外の面における――適用性という幅広いスペクトルのなかで評価し、これに値段をつける」ために、金融業界の構成的な枠組みを利用することができるのであり、「不確かな未来」を見すえながら、「オプション取引を思わせる構造」を普遍化することによって、すべてを包括し、すべてを調整する市場というユートピアが約束されるのである。(35)

したがって、新たな金融資本主義は金融世界の民主化を約束するだけでなく、新たな――簡潔な理論モデル、最適化された金融商品、デジタル技術を伴った――秩序を約束するものにほかならない。それは、一九世紀の空想的社会主義よりもすぐれた社会調和をもたらすだろうと期待できる秩序である。また、最近の経済理論に見られる空想的な論調もここから理解することができる。「わたしたちは、金融界を民主化し、ウォール街の顧客が享受している利益をウォルマートにやってくる消費者にも届けなければならない。主要な金融資本が流通している境界を乗り越えて、わたしたちは、金融システムを全世界へと拡張していかなければならない。物的資本にとどまらず、わたしたちは、金融の領域を人的資本の領域にまで拡大し、実際にわたしたちの生活のなかで問題となっているリスクをカバーしなければならない。幸運なことに、財務管理の原理は社会の隅々にまで拡張することができるようになっている。そして、わたしたちが社会としての繁栄を望むならば――深く掘りさげた抜本的な方法によって――金融はわたしたち全員のためのものにならなければならないのである。金融の民主化とは、理由のない経済的不平等、すなわち、業績や能力のちがいといった合理的な理由では正当化できない不平等という問題の効果的な解決を意味している。つまり、何世紀にもわたってユートピア思想家や社会主義思想家たちを突き動かしてきた問題に取り組むことが金融には可能なのである。実際のところ、どのようにしたら確固とした根拠を持たない収入の不均衡を減少させることができるかについて、金融思想は他の思想よりもはるかに厳密な考察を行なってきた。現代のデジタル技術が装着されれば、わたしたちは、これらの金融による解決策を実現できるのである」(36)。

歴史の終わり

金融市場の境界が撤去され、「人的資源《ヒューマンキャピタル》のための国際市場」が創設されることで、継続的なリスク状況に対して――拡張というレトリックによって強調されて――社会は前向きで柔軟な適応を行なった。旧来の福祉国家の改革とともに、競争社会という呼び方だけでなく、モジュール式リスク文化社会とでも呼ぶべき新しいフォーマットの出現をここに認めることができるだろう。この社会秩序には階級も党派も存在せず、あるのは経済的な協力関係と協力相手との結びつきだけである。こうして、金融資本主義のダイナミクスのなかに社会的領域が埋め込まれることになった。この変化は、一方では、アダム・スミス以来、政治経済学が一貫して道徳哲学から刺激を受けてきたことを思い起こさせる。また、最新の金融手法が広まることで実践理性の働きも生じてくる。他のどのような発明ともちがって、革新的な金融商品の複雑なネットワークは、生活のあらゆる状況における「分配される正義」の実現をもたらすのである。[37] 他方、ここにはっきりと見て取ることができるのは、古いタイプの神義論が、新しい金融システムの中心的概念のなかで、どのようにしてもう一度自分の権利を主張しているかということである。というのも、金融市場に想定される効率には必然的に以下のことが付帯している。すなわち、市場に現われる世界状況とは、持続的に最適化される世界状況としてしか考えられない。つまり、個々のアノマリーや危機を穏やかに作用するシステム全体に対する異議と見なすことはできないのだ。「いくつかの欠陥があるからといって、システム自体をガラクタ扱いして捨てさるのは馬鹿げたことだろう」。さらに、これが意味しているのは、このシステムでは「モラル・ハザード」という悲しむべき事例、すなわち間違った投機が行なわれるようなケースははじめから想定されていない、もしくは、それが起こったとしても、モラル・ハザードはただこれに関わった個人の責任だけに帰せられるということである。[38] 機能しないからといって、それがシステムの機能方法に対立するなにかを証明しているわけではない。この秩序の観点から見れば、未来は際限なく予知が可能なもの、ということは将来性を欠いたものとして登場するしかない。「リスク分散型投資」と未来のリスクの連続的な利用によって、歴史終焉後の状況を示す一種の輪郭が描かれる。しかし、もはやそこに直線的な歴史の発展を認めることはできない。識別できるのは、分子の動きを思わせるランダムな運動だけである。いずれにせよ、これが最新の修正均衡理論による主張なのである。この修正によって想定されているのはダイナミックな調整だけではない。現在から見た未来の不確実性と未来のある時点における現在に対する予測可能性のあいだの平衡化も想定されている――それは時間の経過が持っている影響力やその他の諸力を効率的に極小化しようとすることである。

とすれば、歴史の終焉について考えるという誘惑に駆られるたびに、金融経済思想がこれにほとんど打ち勝てなかったとしても驚くには値しないだろう。たとえば、かつて大統領候補だったジョン・マケインの経済アドバイザーをつとめた経済学者ケビン・ハセットは、奇抜な証明方法を使って次のように述べている。すなわち、二〇世紀のアメリカの金融市場では世界大戦も経済危機も起こらず、国外追放も大量殺戮もなく、朝鮮戦争やベトナム戦争も勃発しなかった。起こったのはただひとつ、利回りの上昇だけであった。さらにハセットによれば、未来に見込まれるのはつねに上昇を続ける利益だけである[39]。そして、金融経済の黄金時代であった二〇世紀の九〇年代には、全盛期を迎えた金融市場のおかげで経済循環というドラマが終わり、「経済史そのものの終焉」が到来したといわれた。情報技術と安定的な商業活動によって、少なくともアメリカは「歴史の向う岸」にたどり着くだろうというのである。(40) 投機とヘッジングを通して歴史終焉後の時代が招来されるが、そこでは、社会、政治、文化の安定化のためにいつでも出動できるように、経済的安定がスタンバイしている。こうした見方はあのディスクールの趨勢と符合する。それは、古い国民国家と新しい経済および政治的な自由主義との和解の周囲をめぐり――フランシス・フクシマが語っているように――歴史終焉後の世界の到来だけでなく、歴史の終焉自体の到来をアピールしようとする趨勢である。ここでもまた、「経済思想の自由主義革命」は自由な民主主義と「自由な市場」による最終的な同盟関係と引き合わされている――そして、この「よい知らせ」、つまり、これらの福音もしくは吉報が「二〇世紀最後の四半世紀における驚くべき展開」(41)にまで遡るのもけっして偶然ではないのだ。一九七〇年代以降、金融理論の消尽点は、そのダイナミックなプロセスの脱時間化を通して安定性を獲得するというシステム形態のなかにある。未来はつねにあらかじめ値踏みされている。そして、ここでもまた自由主義的で資本主義的なオイコディツェーが自己主張をくり返している。そこでは市場の神意がなお働き続けているのだ。しかし、かつての哲学的神義論とは異なり、この世界における神の摂理への期待はあのパングロス*7のように極端に楽天的な思想で完結することはない。この期待が頂点に達するのは世界規模の遠大な社会的実験のなかにおいてであるが、この実験は今日なお進行中なのである。

第5章　経済的再生産と社会的再生産

オイコノミアー

新古典派的な金融・経済理論にしても、それが安定性についての想定や決定論的ともいえる均衡モデルを前提として成り立っていることは疑いの余地がない。このオイコディッツェーの秩序を特徴づけているのは、金融市場における粉つぶのように細分化された競争がリスクの循環を引き起こし、現在から見た未来の不確かさと未来のある時点における現在の予測可能性のあいだのバランスを約束するというダイナミックな均衡である。最近の用語を使うならば、〈金融商品化〉と表現できるもののいくつかの兆候をここに見出すことができる。これらの兆候は、資本回転率と金融的動機の突出した重要性、産業、金融商品、プレイヤー、法令が連動することによる影響力、次つぎと登場する新しい参加者の組み入れ、金融商品の種類が増加することでボリュームを増していく収益、金融市場自体に与えられる特権的なステータスによって特徴づけられている。その地平は債務のシステムにまでおよんでいるが、そこでは、金融契約の時間的構造があらゆる契約の形式と社会的結びつきのための基準を定めている。それは新たな社会契約[1]の姿である。同時に、これによってあるダイナミクスが賭けられることになるが、このダイナミクスのなかでは、金融資本の再生産――つまり、金融資本のリズム、周期、メカニズムの支配――が他のすべての経済的、社会的、文化的再生産形式のモデルになるだろうと期待されている。いずれにせよ、この新たなオイコディツェーは、それによって生まれる関係性、出来事の形状、交換形式とともに、社会的結びつきをコード化するための青写真の提供を約束するのである。

この企てのなかにひとつの問題状況を鮮明に認めることができるが、これを一貫的に描写し、理論的かつ概念的に理解することで、わたしたちは政治思想の古い舞台に立ち返るようにと促される。ここで経済宿命論に関するこうした議論の前史を思いだしてみるのがよいだろう。それは、社会と経済が同じ生産法則によって縛られていると考える、あの宿命論である。アリストテレスの『政治学』第一巻では、《ポリス（*pólis*）》の目的に適った秩序に関する、また、《オイコノミアー（*oikonomia*）》の役割、すなわち、家政術と貨幣の機能に関するよく知られた考察が述べられている。この考察は、その内部構造がどのようなメカニズムによって維持され、後世に伝えられているのかを手がかりに、国家の運命を測定しようという識別技法の確立に貢献したといえるかもしれない。周知のように、貨幣経済あるいはクレマティスティク[*1]は政治的領域から除外されることで差別化されたが、その影響はスコラ哲学から近代政治経済学にまでおよんでいる。しかし、ここで問題となるのはそれだけではない。もっと厳密にいえば、アリストテレスの考えるプログラムにおいて問題となるのは、分散型再生産方式の形態に直接関係する差別化あるいは限界決定を具体的な形で表出することである。

　自然に即した《ポリス》の秩序がどのように構成されているかに関するアリストテレスの記述はよく知られている。アリストテレスによると、共同体‐内‐生活、共同関与あるいは《コイノーニア・ポリティケー（*koinōnia politikē*）》の出発点にあるのは《家《オイコス》（*oîkos*）》もしくは家族であった。これに対して、家族連合の生活は政治的生活が掲げる目的に向かっていく活動のなかで生まれてきた。その目的とは《自足性《アウタルケイア》（*autárkeia*）》と《幸福《エウダイモニアー》（*eudaimonía*）》、すなわち、《ポリス》の自足的で良質あるいは満ち足りた生活の実現である。これによって、政治的結びつきはあらゆる社会的形態の起源もしくは「目的《テロス》（*télos*）」となり、そこへ向かう運動の終着点となった。それは、個々のパーツをひとつの政治的な「全体《シュンテトン》（*sýntheton*）」へと結合し、そのなかで自然的すなわち目的論的な規定に従う運動である。さらに、この政治的目的論から導かれるのは家制度の重要性、つまり、家政、調達、獲得、供給といった行為やこれらと結びついた働きを含んだ経済あるいは《オイコノミアー》もまた政治的目的に従い、共同体のなかに組み込まれているのだという結論であった。《オイコノミアー》は必然的に《政治《ポリーティケー》（*politikē*）》の一部となり、それ以外には存在のしようがない。したがって、アリストテレスの語る《ポリス的動物》にとって、〈オイコノミアー的〉行為が存在するのは、自然が、ということは政治的結びつきに内在する目的がそのような行為のなかで、また、そのような行為を通してみずからを再生産する場合だけである。ポリス的動物は政治的である限りにおいて経済的なのだ。[(2)][*2] ここで経済として機能するものは——〈前近代的な〉経済方式の特徴だとくり返しいわれてきたことであるが——みずからが自立的でないことを明らかにする独自の法則もメカニズムも持っておらず、社会的もしくは政治的な財産を維持するための条件にどこまでも従うのである。

だが、こうしたことを背景として、アリストテレスの《オイコノミアー》分析は、意外性こそないがいささか危険な方向へと進んでいく。その分析によれば、「個々の家《オイキアー》(*oikia*)」は《ポリス》の目的に適った部分として、また、《オイコノミアー》の実践は政治の構成要素として機能する。ところが、《オイコノミアー》自体のなかに、これと類似した部分と全体の共演と目的論的方向性の道筋が示されている。アリストテレスは、「君主との関係《デスポティケー》(*despotikē*)」、「夫婦関係《ガミケー》(*gamikē*)」、「家長との関係《パトリケー》(*patrikē*)」だけを《オイコノミアー》の構成要素と考えているわけではない。なによりも、ここには「財の獲得術《クテーティケー》(*ktētikē*)」——さらには「交換術《メタブレーティケー》(*metablētikē*)」と「取財術《クレーマティスティケー》(*chrēmatiskē*)」の観点——が、家政の管理とその目的設定に対してどのような関係にあるのかという問いが生まれてくる。すなわち、こうした活動が《オイコノミアー》と同じ起源を持っているのか、持っているとすれば、どのようにしてか、あるいは、《オイコノミアー》の本質的な構成要素なのか、それともたんなる従属的な要素でしかないのかという問いである。ここで、アリストテレスの議論はそれまでの流れからの劇的な分岐もしくは逸脱を見せることになる。というのも、自然に適ったこの財の獲得術は、部分として、《オイコノミアー》の自然ばかりでなく、《ポリス》の自然にも溶け込んでいるが、この獲得術について語ることができるのは、それが「真の富」に関係している場合だけである。ちなみに、ここでいう富とは、欠乏の除去、需要、使用と消費を可能とするだけの富のことであり、「目的に見合った生活に十分な程度」を反映している。経済あるいは政治の目的に適った部分として、獲得された「財《クテーシス》(*ktēsis*)」は使用されることで消費される。使用目的によって手段の上限が決まるように(ただし、目的そのものには限界がない)、交換されるあらゆる財の目的はすべて〈オイコノミアー的に〉、もしくは家庭において使用することにある。というのも、交換される財の目的は、よい生活を送るため、あるいはそもそも生活自体を成り立たせるための物質的な基盤を提供することにある。交換される財は、それによって自身の有限性という法則を知らされるのである。さらに、特別な交換と貨幣使用がこれと協調する。交換の結果として欠乏が取り除かれ、自足的な生活が保証されるならば、また、交換が公正な基準に則っている、つまり、財の適切な分配が行なわれ、相互利益に見合ったものである限り、こうした交換は目的に適ったもの、あるいは自然なものとして正当に評価されるのだ。需要と需要に基づいた相互交換は、政治的結びつきを作りだし、これを支え、促進する。(3) これは——アナクシマンドロスの格言にあるように——時間の回帰を通じて、つまり、獲得と消費、生成と消滅によってきわだった循環的な時間の支配を意味している。《ポリス》の共同体的な結びつきは、この世界における自然のサイクルのなかで再生産されるのである。

クレマティスティク

しかし、他方、まさに財の獲得術を含めた経済分析のなかでアリストテレスが確認したのは、親しいはずものをよそよそしいものに、同一であるはずのものをちがったものに変えてしまう目的論的な混乱要素であった。同じものを使ってもまったく異なる結果が生まれてくるのであり、それは本来の方向もしくは自然な方向とは正反対の流れをもたらすのである。というのも、アリストテレスによれば、交換や貨幣の導入のなかに認められるのは、共同体の発展や商売の空間的な拡張に対するリアクションだけではなかった。また、これによって《自足性《アウタルケイア》》という自足状態の一時的な中断や獲得と消費のあいだの短期間の猶予が生じたことだけでもなかった。アリストテレスによる議論の中味は規範化されたが、しかし、むしろそれが語っているのは、貨幣機能の介入によって「ちがった形《エイドス》（*eĩdos*）」を持つ財の獲得術が可能となり、それがまさに壊滅的なエスカレーションを誘発したということである。それは判じ絵であり、奇妙な両性具有である。この商売、商業的交換あるいは「小商い《カペーリケー》（*kapēlikē*）」[*3]——これは、アリストテレスのコメディに登場する役柄の豊かなストックのひとつである——は、なお《ポリス》のなかに確固とした席を与えられており、共同体の結びつきのなかに根拠を持っている。だが、この取引のなかではおかしなことも起こる。つまり、そこに登場する商品や財産が、その本来の姿とはちがったものに変化してしまうのである。たとえば、靴は履くためばかりでなく、交換手段としても利用することができる。しかし、この第二の利用法においては、靴はもともとの製造目的から離れて、ついには歪んだ「貨幣《ノミスマ》（*nomisma*）」に変形してしまう。たとえ──靴であれ、貴金属や鋳造硬貨であれ──交換手段として利用すること自体は〈自然に反する〉ことではないとしても、そこには危険な性格がひそんでいる。つまり、同じ品物でありながら、そこには根本的に異なった、しかも、取りちがえを犯しかねないふたつの利用方法があるのだ。これらの品物は、当初は利用を目的として製造されたが、次には利益を目的として取引された。交換手段すなわち貨幣のなかで手段と目的の取りちがえが容認されて、手段が目的に変わり、道具が商品へと変貌をとげることになる。こうして交換される財は、それを実際に利用するためだけでなく、交換されるほかの財の獲得という目的へ、ということは手段あるいは貨幣がもたらす利益へと導かれることになる。そこでは、靴からはもはや靴が生まれることはない。そして、ここで起こるのは危険な形式の変化、パレクバーゼ[*4]と呼ぶこともできるような脱線、自然で正しい道からの逸脱である。手段は目的へとねじ曲げられ、それと同時に手段には目的らしさが賦与される。こうして、寸分たがわぬ手順をふみながら、需要を満たすための取引と利益を生みだすための取引の取りちがえが可能となるのである。

そして、まさにこの分岐したふたつの利用方法のあいだの識別不能性が政治の運命を決定することになる。というのも、この識別不能性は「金儲け《クレーマティスティケー》（*chrēmatistikē*）」が引き起こす逸脱あるいは混乱だからである。金儲けの限界点はもはや需要の充足のなかにも消費のなかにもない。むしろ、金儲けは、目的に適った手段を利用して手段の増殖を目指す、限界を持たないものへと歪められる(4)。金儲けへの志向が強まるにつれて、投入される手段すなわち金の獲得にも上限がなくなってしまう。クレマティスティクは手段に関しても目的に関しても限界を持っておらず、その限度のなさによって規定されている。財の獲得術に見られるはずの統一性は破られており、クレマティスティクのなかで〈オイコノミアー的〉な活動は災いに満ちた生霊に悩まされ、あるいは茶化されているのだ。だが、この不自然さは物事の自然な展開に由来するものであった。アリストテレスの『政治学』第一巻では、この取りちがえ、もしくは目的論的な混乱は、「取財術《クレーマティスティケー》（*chrēmatistikē*）」という概念が持っているアンビバレントで流動的な意味によるものだと語られている。たとえば、第三章では、取財術はそのすべてが《オイコノミアー》の一部をなしており、したがって、それは「生活必需品《クレーマタ》（*chrēmata*）」の調達行為であると記されている。これに対して、この著作の中心をなす第九章では、この言葉は《オイコノミアー》本来の性格に矛盾する金儲け、もしくは利欲に駆られた財の獲得術という特殊なケースを表す〈本来の〉意味で使われている――そして、第十章になると、取財術はふたたび財の獲得方法という概念として理解されているのである。これは、矛盾した、つまり、自然であると同時に不自然であるというクレマティスティクの性格を表わす重要な振幅だということができるだろう(5)。

暗いエンテレケイア

動産の調達から交換をへて貨幣の流通にいたる、歴史的というよりは発生論的な取財術の発展は、アリストテレスによって――《共同体《コイノーニア》(*koinônia*)》から《家《オイコス》》を経由して《ポリス》へといたる――政治的結びつきの発展のアナロジーとして描かれている。だが、むしろ重要なのはこの流れがついにはひとつの折返し点に接近し、政治的目的論を逆転させたことである。そして、貨幣という無尽蔵の手段を通した際限のない手段の交換をくり返すことで、クレマティスティクは歪んだ、あるいは暗いエンテレケイア[*5]の姿を取ることになった。アリストテレスが、こうした際限のなさを明らかに「自然に反するもの《パラ・ピュシス》(*parà phýsis*)」と見なすとき、なによりも、ここで考えられているのは一連の政治的な目的からの脱出、共同体としての関与の拒絶、政治的結びつきの非政治化であった。共同体的なもののプロポーションが混乱させられるのである。というのも、クレマティスティクのなかには際限のない志向性――ちなみに、これはアリストテレスによる志向性の定義に反している――が言外に含まれている。この志向性によって、もはや社会的交流における人間同士の関わり合いが需要の充足や満足のいく生活という財産の実現へ向かうことはなくなり、それぞれが、無尽の財の獲得へと照準を合わせることになるからである。それゆえに、『ニコマコス倫理学』のなかで、アリストテレスは、「利欲」や「貪欲さ」の起源を、放恣さ、卑劣さ、怒りといった特定の局所的な悪徳に帰そうとはせず、「不正」そのもの、すなわち相応な分配もしくは相互利益という法規範に対する攻撃だと考えている。クレマティスティクは交換の正義という考え方を吹き飛ばし、自然法に支えられた共同体の土台を切り崩し、「中庸《メソン》（*méson*）」と交換の相対的な均等性の確保された《共同体《コイノーニア》》の結びつきを解体してしまう。それは、つねに不公平な交換が行なわれる誤った道を開拓し、それによって公正と法の支配を引き裂いた。そして、この道が走っている領域で、完全無欠なポリス的動物はみずからのなかにひそむ「最悪の」――ということは、暴君的でもあるような――資質と出会うことになる。(6) 交換関係を象徴する結びつきが悪魔のような方向転換を遂げるのだ。

しかし、なによりも、クレマティスティクが発展することで新たな次元が立ち現れてくる。そこでは自然秩序そのものの崩壊とそれが宇宙的存在論の領域において引き起こす断裂がくっきりと浮かび上がってくるのだ。というのも、クレマティスティクの段階的拡大の頂点に登場するのは、一種の人工生殖である。金銭取引や高利貸、すなわち、利益を目的とする「金貸し《オボロスタティケー》（*obolostatikē*）」が行われるところでは、この人工生殖から生まれでるのは自己を再生産していく貨幣である――貨幣は「繁殖」、「生みだされたもの」あるいは、あっさりと「利子《トコス》（*tókos*）」とも呼ばれているが、いずれにせよ、この人工生殖によって貨幣はみずから増殖し、繁茂するのである。同様の趣旨で、すでにプラトンは利子について、それは「〈貨幣〉という父親が生んだ子供たち《トコイ》（*tókoi*）」だと語っていた。アリストテレスによれば、事実上、こうした極端な形式を持つ固有の運動がたんなる交換や獲得のロジックにまで遡ることはない。《オイコノミアー》と《ポリス》が自然秩序へと回帰するルートは遮断されたのである。金銭取引において利子はさらなる貨幣を生みだしていく。「だからこそ、利子はこの名前（つまり、生み出されたもの、あるいは《子供《トコス》（*tókos*）》という名前）を持っているのだ。というのも、親からは自分に似た子供が生まれるように、利子は貨幣から生まれた貨幣なのである」(7)。

つまり、ここで問題となるのは奇怪な血縁関係である。いうまでもなく、ここできわだつのは取財術のなかでも「もっとも自然に反した」やり方であり、それは自然そのものを非自然的なものに変え、貨幣の無限の自己再生産に没頭する。獲得と不足から成り立っていた円環は断ち切られ、自然秩序とその再生産サイクルに対して、反自然的な生殖が創造をめぐる競争関係に立つこととなった。そして、この生殖方法は、ついには独自の時間体系を支配するにいたるのである。というのも、クレマティスティクが「無限なもの《アペイロン》（*apeiron*）」へと突き進み、貨幣が連鎖的に自己増殖を続けていくならば、時間はもはや周期的な運動や《自然《ピュシス》（*physis*）》のサイクルの中心点、あらゆる生物や事物の誕生と消滅の中心点ではない。時間は解体し、根本的な変質を被り、その軌道から滑り落ちたのである。これまでの時間は具体的で欲求に従うものであった。それが、制限を受けることなく直線的に流れる時間へと、つまり、回帰することのないだけでなく、「未-完了《アテレース》（*atelēs*）」の時間、抽象的で形式的な時間へと置き換えられたが、この時間のなかには、未来という権力の姿がはっきりと現れている。時間が貨幣の形をした生殖能力へと転換したことによって自然な時間は打ち倒された。これに代わって現われた時間は、自律的で空虚な時間であり、計測可能であるとともに〈貨幣に変換可能な〉時間、特徴も実質も持たない時間である。「クレマティスティクの取引とは時間に値札をつけるような交換のことである。というのも、その本質からして、この取引は異なる時間のあいだで行なわれる交換だからである」[8]。時間は――それを完全に使い切ったことを示す指標として――利子の姿をした貨幣となった。ここで、実際に貨幣という時間あるいは資本という時間について語ろうとすれば、そこには一種の規制撤廃が、つまりあの目的論的な脱線が作用していることがわかるだろう。この脱線は、時間をもとの姿とは似ても似つかぬ別の時間の深淵へと突き落とし、「自己回帰することのないもの」の「亡霊」を生みだすのである[9]。これこそがあの混乱の消尽点であり、アリストテレスがこの著作の第一巻で扱ったのはこの混乱のダイナミクスであった。すなわち、貨幣と貨幣が生みだした子供が無限に増殖していくことで、自然秩序を生き写しにしたような奇怪な亡霊あるいは自然秩序のカリカチュアが浮かび上がってくる。政治制度が育まれ維持されていくなかで、その内部のダイナミクスを倒錯的なものとする迷走運動が解き放たれたのである。

無名の職業

経済、交換、貨幣形態に関するアリストテレスの分析が、近代あるいは現代経済学にとって先駆的な意味を持っていたことに同意するのはむずかしいかもしれない。しかし、アリストテレスの分析がそれぞれの分析対象に関する生産的で客観的かつ概念的な区分を提示したことはたしかである。この区分は、共同体の結びつきの創出やその再生産に用いられた多様な素材を比較対照するのに役立つものである。たとえば政治制度は〈自然な形で〉持続的に生みだされていくが、これに対して、貨幣の持続的な増殖は〈人工的に〉行われる。クレマティスティクのプロセスから明らかになるのは、脱－結合もしくは反結合という要素であり、これによって経済と政治で構成される建造物からの解放がもたらされる。これらの要素は独自の運動法則を作りだし、統合に立ち向かう力を育み、政治的な生存－様式に対峙する、もしくはこれを掘り崩そうとするのだ。〈邪道な〉貨幣の使用によって、《ポリス》とその共同体としての形態は必然的に廃墟と化すことになる。また、ここで思い返されるのは、アリストテレスの『政治学』がアッティカの没落と同じ前四世紀に書かれたことである。この《ポリス》の哲学者が舞台に登場したのは、まさに舞台の幕が降りるときだった。アリストテレスの登場は、政治という領域が脱領域化される瞬間[*6]だったのである。さらに、この分析のなかに、古代の都市国家周辺で進んだ市場活動と遠隔地もしくは海洋「交易《エンポリアー》（*emporía*）」の段階的な定着化の様子を認めることができるだろう。これに対して、ホメーロスの作品では交易についていっさい触れられていない。《プーレクテーレス（*prēktḗres*）》という言葉を通して、海賊を思わせる事業欲に駆られたフリーエージェント、フィクサーあるいはディーラーが登場するだけである。[*7] また、プラトンでさえ、住むならば海岸沿いではなく、海岸から八〇スタディオン離れた都市を選ぶようにと勧めている。というのも、海岸沿いの怪しげで乱雑な商業都市の往来に近づかないようにするためである。これに対して、前四世紀以降になると――アッティカの《広場《アゴラー》（agorà）》で見られたような――成長の途上にある市場取引のみならず外国人商人に対する「特権と法的保証《ディケー・エンポリケー》（dikē emporikē）」に関する記述が現れてくる。とすれば、アリストテレスのクレマティスティク分析は、商業活動のこれまでにない目新しさとその影響による制度の危機に対するある種の当惑を示しているのだろう――ここでもまた、商業的な市場取引はけっして昔ながらのローカルな経済方式から段階的に進化してきたのではないことが思いだされる。(10)

この所見は一般化することが可能だろう。バンヴェニストによれば、インド・ヨーロッパ言語においては、交易と交易業者を示す特別な名称の存在もそのポジティヴな定義の存在も証明することができない。また、この商売のやり方は明らかにあらゆる職業、実践、技術とは異なっており、（ラテン語の *neg-otium*, すなわち、純然たる「暇の欠如」と同様に）たんなる「忙しい状態」、「やることのある状態」を表している。同じように、経済史からは次のことがわかる。それは、商業的な意味における市場は、多くの場合、はじめは都市の外れに誕生したこと、また、しばしば出兵つまり軍事行動あるいは盗賊行為と関係し、さらにはこれらと結びついた危険な事業とも関係して成立したことである。(11)いずれにせよ――現代の経済伝説の期待に反して――実際には、商売の実践や市場の関係、商人の気質といったものが、需要に導かれた経済方式から組織的に生じたことを示す証拠は存在しない。地方経済の特徴は市場経済が欠落しており、市場経済を結ぶネットワークが欠如していることにある。中世になるまで、市場経済の発達は政治的共同体の外部で起こっていた。それは――言葉のあらゆる意味において――自由で異質なものだったのである。

しがって、アリストテレスの探求には一本の断裂線が走っている。広範囲におよぶ西洋の文化とディスクールの歴史を眺めると、この断裂線に沿って次のような問いがくり返し登場してきたことがわかる。すなわち、市場を形成する経済再生産のさまざまな法則性が世界秩序の原理や政治的・社会的組織の持つ自己保存の諸法則と重なり合っているのかどうか、もし重なっているのだとすれば、どのようなやり方で重なっているのか、また、そこにはどのような結果が待っているのかといった問いである。たとえば、スコラ哲学が誕生して以降、クレマティスティクの時間は神の特別な所有物である創造の時間と競い合ってきた。休むことなく流れ続けること、また、自然に反する子供をもうけたことによって、この時間は冒瀆的な性格を帯びることとなった。そして、かつてのヨーロッパにおける高利禁止令と資本需要の関係がどれほど厄介で、どれほど複雑なものだったとしても、あるいは、実際にはキリスト教世界と市場プロセスとの境界には大きな融通性があったように見えるとしても――この種の軋轢から、とりわけアリストテレスの哲学を神学的に書き換えたことから、一連の印象的な人物像が生まれてきた。これらの人物像は、神に見放され、自堕落で、寄生虫のような人間の典型として、あるいは、ただ亡霊のようにうろつきまわる人間の典型として描かれている。かれらには、貨幣経済、貨幣資本そして利子徴収という処理のむずかしい事態が投影されているのだ。ジョルジュ・デュメジルとジョルジュ・デュビー[*8]は、中世ヨーロッパは――聖職者階級、農民階級、戦士もしくは騎士階級からなる――三機能社会であったことを証明したが、これにはさらに第四の階級をつけ加えることができるだろう。それは、当時いわれていたように、共同体からも、「人間のなすべき仕事」からも遠ざけられた人びとからなる階層であり[12]、土着性の対極に位置するものである。そこには多様なバリエーションがある。たとえば、それはハンセン病にかかった中世の高利貸にはじまり、〈ユダヤの〉金融資本主義に対する反ユダヤ的な告発にまでおよんでいるが、このバリエーションは、よそ者、居場所を失った者、追放された者たちに刻まれた悪名高いスティグマをくり返し物語るだけではない。さらに、これは繁殖力の意味をめぐる広範にわたる討論と西洋社会における再生産の成果に関する考察にも結びついているのだ。

貨幣と繁殖力

こうしたことを背景とすれば、発展あるいは歴史的痕跡に関するふたつの相互補完的な道筋、あちこちで分岐したり、一本化したり、あるいは交差したりする二本の道筋を理解することができるだろう。ひとつは、創造のパロディ化すなわち貨幣資本のなかで《自然に反して《コントラ・ナトゥラム》(*contra naturam*)》行なわれる生殖行為や人工的な繁殖行為であり、これらはたゆまぬ不毛さとでも呼ぶべきものである。この不毛さのために、高利貸は男色の罪を犯した者たちとともにダンテの描く地獄に堕ちるよう宣告を受けるのだ。あるいは、この不毛さはシェイクスピアの『ベニスの商人』に登場するシャイロックが手にしているドゥカーテン金貨、なにものも生みだすことのないあのドゥカーテン金貨にも再現されている(13)。これとは逆に、近代になると、途切れることのない貨幣の系統的なつながりは潜在的な生産能力全般をあらわす符牒と考えられるようになった。たとえば一五〇九年に出版されたドイツ初の散文長編小説のひとつ『フォルトゥナートゥス』である。ここにはけっして空にならない財布が登場するが、この財布からは主人公の多彩な人生経験だけでなく、説話文学そのものが生みだされたのである。ここに見られる特別な点は、なによりも、富がセックスと具体的な再生産の理念に直接的に結びついていることにある。おそらく商業の中心地であったアウクスブルクかニュルンベルクで書かれたと考えられているこの小説によれば、年に一度、財産がないために結婚や出産のできない処女に持参金を恵むだけで、財布の中身が空になることがないばかりか、この「幸福の財布」の幸運な所有者自身の血統が絶えることもないのである——ここからは子供を生んで血統を絶やさぬことと貨幣資本との関係をはっきりと読み取ることができる。これによってアリストテレスもしくはスコラ哲学が唱える貨幣あるいは生命という分裂は貨幣と生命という結合へと変化し、生命の増殖は直接的に富の繁殖能力と結びつけられることとなった(14)。したがって、それから二五〇年が経過したとき、新時代の商人の理性について語るもっとも有名な文書のひとつにおいて、こうした繁殖力と金融の組合せが経済の生命力とその繁殖力に関するプログラムとなったのも驚くにはあたらない。ベンジャミン・フランクリンの『若い商人への手紙』——これは、マックス・ウェーバーが〈資本主義の精神〉を描きだそうとしたときの重要な参考文献であった——の第三の戒めには、次のような一節がある。「お金には子供を生み、増やすという性格があることを忘れないでください。お金はお金を生むことができ、生まれたお金がさらに次つぎと多くのお金を生んでいくのです。五シリングを運用することで、それは六シリングとなり、さらにそれは七シリング三ペンスとなり、これをくり返しながら、ついには一〇〇ポンドにもなるのです。お金がたくさんあるほど、運用するたびに、お金はいよいよ増え、その結果、利益もいよいよ速く増えていくのです。しかし、子供を生むはずの母豚を殺してしまえば、生まれるはずの子豚を千代先までも殺してしまうことになります。一クラウンを殺せば、それが生むはずだったすべて、膨大なポンドのすべてを殺してしまうことになるのです[15]」。この繁殖力と貨幣の組み合わせにはまさに王侯を思わせる質感がある——たとえばフランクリンの「クラウン」のなかに生き続けている政治的な統治者像は、『フォルトゥナートゥス』では繁殖力のある財布によって象徴的にイラスト化されているのである（図5）。

図5：『フォルトゥナートゥス』の扉、アウクスブルク、1509年。

この系譜は途絶えることなく続き、生政治の時代、産業資本・金融資本の蓄積が進んだ時代であった一九世紀になると、以下のような点について証言することができた。すなわち、前述した堅牢なディスクールの断裂線がどのように分岐あるいは交差するのか、それがどのようにして〈生〉という記号表現《シニフィアン》のなかに当てるべき焦点を見つけ、その潜在的嫌悪や魅力を解き放ち、さらには、〈政治経済学批判〉の変形版とも見なされるような数多くの物語モデルを生みだしたのかについての証言である。一八三〇年に発表されたバルザックの小説『ゴプセック』を見てみよう。この小説では、所有する土地もなければ性の区別もなく、他者との結びつきも持たない寓意的な人物として資本が登場する。この資本は、最後には繁殖力と貨幣の新たな同盟を創出し、《我こそは父なり《エゴ・スム・パーパ》(*ego sum papa*)》と宣言することで、家庭でも金融面でも同じように父親として現われ、家庭では子供を、金融面では資本を生むのである。あるいは、グスタフ・フライタークの『借方と貸方』(一八五五年)では、寄生虫のようなユダヤ人の信用制度があらゆる牧歌的な関係を解体し、腐敗させてしまう。この呪縛を取り除くことができる、あるいは、これを生産的なものへと転換することができるのは、ただドイツの資本、ドイツの地に根をはったドイツ商人たち、ドイツ人の系譜とドイツ人の商業活動だけなのである——それは資本と人種の結合による影響力の大きな同盟である。さらに一八九一年に発表された、株式市場を舞台としたエミール・ゾラの小説『金《かね》』を挙げることもできるだろう。当時起こった銀行の連続倒産を背景として、この小説はカトリック的な方法で金融資本を再コード化するプロジェクトを追いかけ、主人公が企てるある試みをめぐって展開される。すなわち、主人公は、社会的生産力と生命力に賭けて投機を行い、セックスをしようとする。しかし、結局のところ、主人公はふたたび倒産に見舞われ、〈自分よりも劣った〉子孫を残すだけに終わるのだ。これらの物語は、傾向もプロットもまったく異なっているが、しかし、そこには一九世紀が直面していた問題のひとつが共通して登場している。それは、貨幣と資本の流れがどのようにして社会体[*9]のなかにあらためて再領域化[*10]されるのか、その結果として、そこから、社会事象に規定された心理要素を持った、どのような人間のタイプが生まれ、それがどのように人格化されていくのか、経済プロセスと社会構造はどのようにして相互に浸透し合うのか、また、その際、どのようにしてさまざまな摩擦や交配、合併、共振の増幅が生じるのかといった疑問を含む問題である。再生産は競争的な方法によって行なわれるが、資本主義という経済形態に固執するためには、競合関係にある種々の再生産方法のあいだに見られる緊張関係を処理しなければならない。社会的結びつきとその継承という支配的なコードが危険にさらされているのである。

認知的資本

市場の出来事や資本主義経済のダイナミクスに対して西洋社会がどのような迂回方法を使ってふるまうのかについては、こうした境界設定や境界の形態、その再評価を通して情報を手にいれることができる。これらのダイナミクスは、資本主義のさまざまな誕生シーンとの関係のなかで生じる嫌悪、あるいはこれに対する適応方法をほのめかし、また、社会的もしくは政治的再生産サイクルと経済的な生活プロセスのあいだに起こる危険な干渉を証拠づける両者の距離感を表現している。たしかに、西洋の経済力が解き放たれていく歴史を持続的で進化論的なプロセスとして、あるいは統一的な資本主義の概念によって総括することはできないだろう。それでも――商業市場の出現から、商業資本主義をへて、産業資本主義と金融資本主義にいたる――さまざまな〈資本主義〉のちがいを越えて、その本質には驚くべき持続力という共通の核があり、いま概略をスケッチしたディスクールの状況を背景として見れば、そこからは一貫性のある定義を引きだすことができるのである。たとえば、資本主義の多様な〈精神〉は以下のように定義できるかもしれない。すなわち、非合理的な衝動の合理的な調節、生産手段を労働力から分離する方法、私経済的[*11]に組織された市場経済、ダイナミックな企業家精神の支配、あるいは表向きは穏やかに見える手段をもちいた無制限の資本蓄積などである。しかし、そのどれを取るとしても――こうした無数の定義づけの試みのなかには、変わることのない問題がこびりついている。この問題から考えると、〈資本主義〉とはなにかという問いかけ、あるいは資本主義の形式を問う問いかけはつねに言外に二重の意味を含んでいるにちがいない。ひとつには、これらの問いが前提としているのは、他の社会的サブシステムと協調しながらも、だからといって、近現代の経済システムのたどるプロセスはけっして閉じられたサブシステムのダイナミクスだけに限定されるわけではないということである。ふたつめの意味は、この問いかけが、一般的に社会的再生産がとりわけ資本と市場メカニズムの自己再生産と密接に絡み合ってあって登場してくる舞台を指し示していることである。もし、現代の政治経済学の成立がヨーロッパの古い経済学と結びついているのだとすれば、同様に、古いクレマティスティクには新しく特権化されたディスクールの場が残されている。資本主義経済については、内部に抱えるダイナミクスやリスクも含めて、資本形態の〈人工的な〉再生産、あるいはクレマティスティク的な再生産が社会的活力を測定するための基準となった場所において語られなければならない。そう考えるならば、資本主義は、けっして同質的なシステムではなく、資本の再生産メカニズムに従って経済プロセス、社会秩序、統治技術の関係を組織化する特殊な方法だといえるだろう。

これはマルクス主義の直観に一致している。すなわち――マルクスの分析に従えば――資本主義的な生産方法については、認知的な資本形態を前提とすることでしか語ることができない。この資本形態においては、商業資本と金融資本とのあいだに（たとえば、近代初期における貿易商館と封建制度のさまざまな同盟関係に見られたような）経済外的な生産方法との緩やかな同盟的結びつきはもはや存在しない。むしろ、ここで問題となるのは次のことである。つまり、新たな段階になると、一方では、考えられるあらゆる財産がキャピタル・フローへと流れだし、他方では、考えられる限りの活動と生産様式が「抽象的労働」へと変容する。ここで登場するのが、この溶解と変容がどのような方法で組み換えられるのか、あるいは〈つなげられる〉のかという問いである。これを条件としなければ、資本の自己再生産があの支配的な生産機械であること、つまり、すべての生産力と生産物を独占し、あらたな「準原因」としての役割を、すなわち社会的・政治的結びつきが自己維持のために必要とする座標軸としての役割をみずからひき受ける機械だということを理解することはできない。資本はあらゆる認知的な関係を生みだす責任を引き受けたのだ。[16] さらに、この資本形態では、貨幣が持っているふたつの機能――ひとつは交換価値と使用価値の橋わたしをする機能、もうひとつは資金調達すなわち銀行券や信用貨幣の姿となって流通する剰余価値としての機能――のちがいを見分けることができない。貨幣－商品－貨幣（G－W－G）という「際限のない循環運動」のなかでは、剰余価値を生みだす際の社会的条件は資本の自画像からは消えさっている。価値は、「それが価値であるという理由で価値を生みだすという神秘的な特性を獲得した。価値は生きている雛を産むか、もしくは、少なくとも金の卵を産むのである」。[17] そこでは、資本の運動は自己生成する生命体として登場してくるが、この生命体の社会的な生存条件は生命体独自のロジックに従っている。つまり、社会的領域が資本のなかで自己を表象しないのは、それが資本の法則だからであり、まさに自己表象しないことで社会的領域はそこに登場しているのである。しかし、マルクスによれば、だからこそ生産の諸条件は必然的に再生産の諸条件として理解されなければならない。その結果、資本の認知的な特質が付随的にもたらしたのは、「独自の経過を通して」、「労働力と労働条件の分離」と労働力と生産手段の対立を、さらには資本独自の「搾取の条件」をくり返し再生産し続けることであった。「したがって、その関連のなかで眺めれば、あるいは、これを再生産過程と見なすならば、資本主義的な生産過程において生産されるのは商品だけもなければ、剰余価値だけでもない。それは、資本関係そのもの、言い換えれば、一方では資本家を、他方では賃金労働者を生産し、また、再生産するのである」[18]。歴史的に見れば、こうした転換が現われたのがようやく今日の〈ポスト工業化社会の〉資本主義の兆候のなかであったとしても、この転換によって、まさにマルクスは新しい前提のもとでアリストテレスの理論構造と結びつき、経済プロセスのロジックを問う問いかけのなかに、生産しつつ、自己をも（再）生産する人間の居場所とそのステータスを尋ねる問いを設定したのだ。この観点からすれば、厳しい〈政治経済学批判〉を、古典派経済学のなかにはめ込まれていたアポリアの解消と理解するだけで終わるべきではないだろう。つまり、政治経済学批判は価値形態のなかに隠された疎外過程を暴露するためのきわだった方法、あるいは批判的な存在論とでも呼ぶべき方法を用いて交換価値という亡霊と商品の変態に出会うための手順と見なされるだけで終わってはならない。政治経済学批判は、なによりも〈資本主義的〉なフォーメーションに視線を向けることで行なわれるが、このフォーメーションを特徴づけるのは、そこでは、個々の経済的生産活動が社会的領域のなかのそれぞれに固有の分配を再生産するということである。資本は全体的社会的事象[*12]となって生き延びるのである。

さまざまな〈新古典〉学派あるいは〈新自由主義〉学派のなかには、いくつかの点でこれらの経験を肝に銘じて、新しい政治経済学の方向づけを急進化させたグループもあった。おそくとも二〇世紀中葉以降、市場と資本主義経済の法則を社会の再生産の法則と一致させることのできる基本条件の達成が真正面から問われることになった。つまり、市場の法則は必ずしも市場の事象だけに限定される必要はなく、まさに「市場経済の規則に従って組織された社会体の経済学が求められるべきだ」というのである。最適化された社会的生産性の原理の前提となるのは、経済関係ネットワークへの統合に対する欲求が強化されることである。一般論としては、経済のダイナミクスが社会的な生のプロセスを規定する統治形態を配置することが重要となる。それは、市場経済のメカニズムに則って構築され、資本主義の生き残りを可能とするスペースを生みだすことを保証する公的な――すなわち法的で制度的な――組織を整えるための制度改革と公理の構想だけに当てはまるものではない。むしろ、市場の関係は、いまや拡大解釈され、人間関係と相互作用そのものに、つまり、すべての〈人間の行動〉、あるいは人間行動学一般にまでおよんでいる。(19) 経済的再生産と社会的再生産の同期化には、経済の効率化への具体的な期待ばかりでなく、〈疎外しない〉資本主義の持つ効用が発揮されるような社会改革への期待も結びついている。資本のなかに働いていると考えられる疎外化傾向は取り除かれなければならないのだ。

こうした考察を進めていくにつれて、これまでの経済的人間像はその輪郭を失っていき、「合理的な愚か者」という限られた意味でしか理解されないようになる。一方では、《経済的人間《ホモ・オエコノミクス》（*homo oeconomicus*）》はいまや脱‐人間学化される。というのも、その人間学的理解——一八世紀、一九世紀において経済的人間を定義していた——が通用しなくなったのである。最新の経済理論によれば、経済的人間の基質はもはや欲望や嗜好、興味からなる具体的な形姿ではなく、たんなる抽象、フィクション、あるいは特定の状況や問題を解明するための意思決定ゲームのモデルにすぎない。こうして、経済的人間は理論のためのラジオゾンデ[*13]、あるいは、制度や組織、情報伝達形式の機能的な有効性をテストし、評価するための被験者となる。多少ともリアルな実体を持っていた経済的人間は発見を助けるだけの存在へと変貌した。それは状況に応じた意思決定プロセスを事例ごとに分析することだけを役割とする人間である。他方では、それ以外の非経済的人間、すなわち〈全体的人間〉[*14]が新たな生産要素として出現してきた。最近のイノベーションの波とともに、また、低下する利潤率に直面して、これまで十分に手を加えてこなかったリソースに関心が向けられた。新しい経済には、従来の経済の限界そのものを乗り越え、日常世界、生活世界、相互関係的世界の資本を開拓することが求められているのだ。こうして、一種の「生の政策《ヴィタール・ポリティーク》（Vitalpolitik）」[(20)]、経済的環境と社会的環境の調整をめざした生の政策が求められることになる。家族と一緒にいようが、誰かとベッドに潜り込んでいようが、愛し合っていようが、夢見ていようが、病気だろうが、健康だろうが、朝から晩まで総体としての個人に配慮する政策、生そのものであるような政策が求められるのである。経済、より正確いえば資本主義はたえず新たに現実化されなければならず、すでにある程度までは共感を呼び起こすもの、心のこもったもの、意味のあるものとなっている。いずれにせよ、資本主義はただ合理的な利益計算をするだけのものだと誤解されることを望んではいないのだ。

経済帝国主義

したがって、現代の統治性を扱った講義のなかでフーコーが語っているように、さまざまな新自由主義はさしあたり特別な統治技術のためのプログラムとして理解することができる。それは直接的に個人に働きかけるプログラムというよりは、むしろ、服従と規律という古いやり方がもはや通用しなくなる環境を作りだすプログラムである。かつて、規律権力はいたるところにミクロサイズの法廷を設けていたが、現代において重要なのは社会の隅々にまでミクロサイズの市場を分散配置することである。[21] 経済的統治は一種の効率的かつ持続的な個人企業に照準を当てているが、そこでは競争やその変容物が錯綜とした社会関係を解きほぐし、そのなかを貫通している。市場の関係や競争関係は、もはやばらばらに点在するものでも、地域限定的なものでもなく、永続することを目指している。また、そこでは、はっきりとした輪郭を持つにせよ、輪郭が曖昧なままにせよ、新たな市場が増殖し、市場の持つ吸引力――「インセンティブ」――が強化されることで、個人が示す複雑な行動様式の調整が図られるだろうという期待がかけられている。同時に、これは、経済主体がたんなる交換、生産あるいは消費の主体としてふるまうばかりでなく、それ相応の動機、活動範囲、複合的構造を持った企業として機能することを意味している。つまり、家庭は小さな工場として、個人はミクロ企業として定義されるのである。フーコーは、企業文化が社会に対して持っている形成する力、形式化する力、形式表現する力について語っているが、ここで重要なのは人間の行動様式全体を市場や競争の要請に適応させることではない。むしろ、個人の実践や感情の動き、プロジェクトや目標設定、決断といったすべてにおいて、市場の痕跡要素が活性化されることが重要なのである。問題は、日常的なものの管理と「社会体内部あるいは社会組織内部における企業形式の一般化」[22]にあるのだ。

この関連のなかできわめて自覚的に「経済帝国主義」と名づけられたもの[23]は、機能の差異化が弱まることを通じて効率性を獲得し、一九六〇年代以降は、〈ヒューマンキャピタル〉という新たなリソースの周囲をめぐっている。これを「持続的な生産財と消費財の二重機能を引き受ける」[24]知識と能力の総体だと理解するならば、そこからはふたつの本質的な次元が明らかとなる。一方では、経済分析は非経済的領域へと進出し、これまで顧みられることのなかった要素にまで拡張されるが、それにとどまらず、そこでは、資本と労働の実質的な対立がひそかに切り崩され、このふたつは能力に関する一般的概念のなかで均質化される。そこで行なわれるのは、投資の実践としての〈労働力〉、資本自体を体現するものとしての〈労働力〉、そして、未来の利益と満足を生みだす源泉としての〈労働力〉の育成、編成、投入である。こうして、自分と世界が投資の対象となり、賃金労働者が「社内企業家《イントラプレヌール》」、あるいは「労働者事業家」となった。さらに、この「生活の企業化」は古いシンボリックな境界を一掃することを専門とする新しいマネージメントとも結びついている。組織の構造は流動化し、労使関係は「いつでも／どこでも経済（*any time/ any place economy*）」をモデルとして再構成される。そして、働く個人は、自分が家庭とオフィス、仕事とプライベート、個人的な関係と職業上の関係のあいだに横たわるグレイゾーンをさまよい歩く労働遊牧民のような存在であることを自覚するのだ。[25] こうした状況を適切に表現したキャッチフレーズから、現実がどのようにしてプログラム化されるのか、つまり実現されるのかを概観することができる。いわく、生涯学習、フレキシビリティ、モバイル化への対応、短期雇用へのシフトなどであるが、これらはすべて安定したアイデンティティの解体を要求し、ふわふわと変化しやすい自己のために未来を取っておこうとするのである。職業や家庭、文化や社会といった領域においては、終身契約制度に代わって短期契約が主流となる。賃金労働者用のマニュアルを開いてみても、そこに職業上の決まり事やバラ色の人生、出世などはもはや存在しないことを教えられるだけである。かつて、人生とは自己実現の旅路だといわれていたが、いまは甘んじて自分以外のものになるための技術を磨くことが人生の課題だとされている。[26] アイデンティティを求める衝動に取って代わり、今日では非‐アイデンティティが推奨されているのである。

金融サガ

当然のことであるが、他方では投資財と市場の関係性は増強されていく。遺伝的形質、教育、教養、知識、健康、家族計画がことごとく「経済による査定」の対象となるが、人間の行動様式と意思決定そのものを扱う学問として、経済分析はいまやひとつの社会領域の全体性と関係することになる。この領域のダイナミクスとミクロ構造は、欠乏、選択の強制、機会費用という尺度に基づいて明らかとなる。「シャドウ・プライス」[*15]は――ゲーリー・S・ベッカーらによれば――健康保険制度、教育システム、児童・幼児教育、学問、社会行動のために算出されるものである。これは市場価格の持つインセンティブと同様の機能を果たすといわれている。(27) 逆方向を示しているとはいえ、ここにアリストテレスとの類似性が認められることは驚くにはあたらないだろう。マルサスの人口論が経済成長と出生率との相互関係に基づくものであったとすれば、この関連づけのなかには、生政治というよりは生経済と考えるべき新しいシステマチックな形態が含まれている。問題となるのは人口から読み取れる生の活力の基準であるが、そこから翻って家族、世帯、家政共同体の繁殖力が扱われることになる。結婚市場と離婚、家庭と社会のあいだの労働分担、子作り行為、利他的あるいは利己的な性向のバランス、子供の質と数との関係、出生率と死亡率、世代の連続性と再生産のサイクル、家族計画と家族政策――これらの要素はすべて、それぞれの価格評価、それぞれの限界効用[*16]によって、すなわち投資費用と予想収益の最適な割合に従って細かく評価されるのである。

これによってヒューマンキャピタル誕生の原風景のひとつが視野に入ってくるだけではない。一般的にいえば、そこには認知的資本の賭け金、すなわち、生産力、生殖力と市場の出来事の交差、生物学的、社会的、経済的再生産の結合、繁殖力と資本収益の連結が姿を現わしている。夢遊病者のようにアリストテレスの問いを再現することで、そのなかにクレマティスティクの課題の輪郭がはっきりと表現されることになる。ゲーリー・ベッカーは、自分が提示した家庭的ヒューマンキャピタルというモデルは「繁殖力を利子収入と関連づけた最初のモデルだと思われる」と簡潔に語っている。資本の再生産はついに認知的もしくは王朝のような優越性を獲得したのである。また、そこでは二〇世紀のサクセス・ストーリーが問題となることが、繁殖力と金融の同義性を扱った物語によって思いがけない形で描きだされた。ノーベル賞を受賞した経済学者のベッカーは、意識的に小説家でノーベル賞受賞仲間のジョン・ゴールズワージーを引用しているが、その代表作『フォーサイト家物語《サガ》』のなかで「再生産」が話題となるとき、ゴールズワージーは作品のナレーターにこう語らせているのである。「統計学者ならば、出生率は金の利子率に応じて変化することに気づいたにちがいない。一九世紀のはじめ、祖父の〈老フォーサイト〉は、一〇％の利子を得ていたので子供は一〇人だった。この一〇人のうち、結婚をしなかった四人とほとんど結婚直後に夫のセプティマス・スモールを喪ったジュリーを除いた五人は、平均して四％から五％の利子を得ていたので、これに応じて子供をもうけたのであった……」(28)。

こうした表現を通して、解き放たれた市場の力あるいは資本の力は直接的に社会的な認知へと結びつけられている。また、こうした表現によって、おそらくはクレマティスティク理論の完結、クレマティスティクの実質的な完成が約束されるのである。自然な成長と人工的な成長というアリストテレス的あるいはスコラ哲学的な対立は取り除かれた。まさに、市場のダイナミクスと競争のダイナミクスの蔵出しを行ない、資本移動を脱テクスト化することが、社会的・政治的結びつきを新たにコード化するための前提となったのである。このことは現代の新スコラ哲学のプログラムを特徴づけている。というのも、新スコラ哲学は、かつてのように、前近代的でしっかりと定着した経済様式を維持することではなく、ポスト・モダン経済を社会のなかに定着させることに取り組んでいるのである。一九七〇年代以降、ヒューマンキャピタルというリソースは金融システムの再組織化を補完するものとなった。市場関係の多様化から企業文化の一般化にまでおよぶ、また、ヒューマンキャピタルの形成から個々の関係形態の経済化にまでおよぶプロセスは、社会領域の〈金融化〉が進むなかで、すなわち、社会的再生産と経済的再生産を一体化し、社会体の生命を資本の運動と調和させる一種の新しい同盟関係のなかで消耗しつくしているのだ。

第6章　断裂帯

手のつけられない領域

それでも、新自由主義的なシステムの理念が移植されることで、さまざまに織り合わされた社会組織が統治されているとはほとんど考えられない。むしろ、ここでは、社会はたえず破損と喪失、不良品と機能不全を生産し続けるものなのだということを、また、社会にはあちこちに非生産性という割れ目、不毛地帯、澱みが散らばっているのだということを思い起こすべきだろう。社会とは、「金融的にも、イデオロギー的にも、漏れの生じるもの、いたるところに漏水箇所のある」なにものかなのである。ヘーゲル・マルクス主義の正統派でさえ、社会改革が〈矛盾〉と〈軋轢〉に起因するわけではないこと、また、アンチテーゼが十分な働きを見せる舞台として適しているわけでもないことを認めている。いまだかつて、だれひとりとして——それが資本主義であっても——自身の抱える矛盾が原因となって没落したものはない。それどころか、「すべてがバラバラになればなるほど[1]」、全体としてはそれだけうまく機能するのである。だが、同様に、市場と社会を効率的かつ地球規模で融和させようという最新のアイデアが表現しているのは、よくて特定の地域に一時的、例外的にしか通用しない一連の秩序の形である。経済史自体はこれまで以上に緻密な差別化の能力を必要としているが、だからこそ、結果として、経済理論は経済史には手のつけられない領域であることを証明してしまうのだ。現代の競争社会が、ローカルな経済様式の持続的な拡大、発展と貨幣価値への転換の結果として出現したなどと考える人間はいないだろう。これと同じように、資本主義世界の登場人物たちの成功にしても、かれらが市場の規則を遵守したからだと説明して納得をえることはできないだろう。フェルナン・ブローデルが語っているように、きわめて長い期間にわたって、「古くからある経済形態」と交換関係は貨幣経済の水面下で存在を続けてきたのであり、戦略的な企業家はつねに「不慣れ」で通常ならざる領域のなかで仕事をしてきたのである。かれらは、関係者からの支援と情報への特権的アクセスという恩恵を受けつつ、国家のサポートも利用して、「きわめて自然なやり方で」、市場経済の法則の抜け道を考えながら行動しているのであるが、だからといって、自分たちがリベラルな態度を支持すべき義務を負っているなどとは少しも考えていない[2]。

だからこそ、あらゆる経済システムのコンセプトのなかに同質的なものを見出そうとする考え方に対して、ある種の懐疑的な態度が登場してきたのだと思われる。また、非直線的な歴史的展開の錯綜状態を目にすれば、経済の出来事を首尾一貫した経済の論理へ包括しようとすることを阻もうとする動きも生まれてくる。基本的な分配形態は市場によって異なり、ローカル市場はグローバル市場とはちがったものであり、そのグローバル市場は市場経済から区別され、市場経済は資本主義的な交換関係から区別されている。そして、グローバル・ファイナンスという騒がしい最新の世界でさえ、さまざまな疑念につきまとわれてきた。それは、そもそもこの金融市場がいまだに古典的な市場と同じプロセスを踏んでいるのかどうか、もし同じだとしたら、それはどのように同じなのかという疑念である。社会は資本転換のダイナミクスに急速に適応しつつあるが、ここから浮かび上がる次のような問いを前にすると、この疑念はなおいっそう深まるだろう。その問いとは、この適応が示唆し、また、求めている依存関係とはどのようなものなのか、それはどのような一貫性を持ち、どのような規則性によっているのかというものである。この問いは、ばらばらに散らばった事実あるいは歴史的な反証の寄せ集めを一望できるだけの広がりを持っているが、広がりはそれだけにはとどまらない。経済理論と金融経済理論に必要とされる一貫性が危機にさらされているばかりか、そもそも経済学が学問としてどのような形を取るかということが問題となっているのだ。定義に倣っていえば、経済学が学問として成立するための認識論的な必要条件は、学問対象の十分条件に従う、つまり、どのような形であれ、現存しているシステムの一貫性に従うことである。経済学がみずからを正当化しようとするならば、さまざまな要素や志向の相互作用には経済学独自の性格を持った体系を生みだす力があることを証明しなければならない。経済理論の将来は、経済のダイナミクスはそれ自体が規則的に進行するプロセスなのだという仮定の妥当性にかかっているのである。(3)

混乱した経験主義

したがって、規則性の欠陥とシステムの一貫性の低下を実証することが、政治経済学の正統性というステータスに対してだけでなく、経済分野における政治経済学の学問的・理論的な存在理由に対する攻撃だと受けとめられたとしてもすこしも驚くにはあたらない。その典型的なケースが、二〇世紀の六〇年代に起こったエピソード風の出会いであった。この出会いを通して、ポーランド系フランス人数学者ブノア・マンデルブロはアメリカ経済学へと接近し、価格変動のダイナミクスに関するいくつかの研究に携わるきっかけを手にしたのだった。所得の分配および綿花価格と証券価格の長期的な変動のデータを手がかりとして、マンデルブロはひとつの市場の出来事の輪郭を描きだした。それは、一定の流れというよりは流れの乱れに似ており、変則的《アノーマル》な性格を持ち、荒々しい偶然性を特徴とする出来事である。あるいは、これを奇怪な出来事、すなわち、「フリーク・イベント」と呼ぶこともできるだろう。マンデルブロは四つの本質的な発見を行なった。そして――IBM・トーマス・J・ワトソン研究センターの大量のデータを手がかりとして――マンデルブロは数多くの論文のなかで一貫してこれを主張し続けたのである。(4)第一は、価格変動の推移は連続する軌道や微小な変動のなかに求めることはできないという発見である。むしろ、それは非直線的な偏差や漂移性を持つ変化によって断ち切られ、非定常的な進行と断続的な亀裂に支配されている。第二に、時間的な経過からわかるのは、小さな価格変動のあとには小さな価格変動が続いて塊を作り、大きな価格変動のあとには大きな価格変動が続いてひとつの塊を形成するということである。つまり、価格変動の小幅な変動と激しい昇降は交互にくり返される。これが意味しているのは、相次いで起こる価格変動を長期的な時間スケールで見たとしても、変動の示す数値が平均値の近くに集まることはないということである。これが第三の発見であった。より詳しくいえば、価格変動は——たとえばブラウン運動が見せる微粒子の激しい飛散のように——正規分布の確率やガウス曲線あるいはベル型曲線のグラフと一致することはない。むしろ、価格変動は双曲線型分布あるいはパレート分布に従っている。数少ない大規模な偏差が全体的な分布構造の効果を決定し、「ファット・テール」と呼ばれる分布の裾野の拡張を招くのである。マンデルブロによれば、経験的に導かれる価格変動の分布は「ガウスの母集団サンプルに比べると、あまりにも〈常軌を逸している〉(*peaked*)」。この見解は、価格変動を表わす幾何学的な図形が時間スケールを変えても影響を受けないことによって裏付けられるだろう。つまり、価格変動は、時間スケールに対して不変的であり、自己相似的もしくは〈フラクタル的〉構造を持っているのだ。そこで、第四の発見である。つまり、時系列的に整理された経済的な計量データにおいて予見できるのは、予想可能な周期的変動ではなく、「ナンセンスな瞬間」に「ナンセンスな周期性」を伴って起こる変動がせいぜいである。「ヨセフ効果」に見られる——豊作の七年と飢饉の七年といった——規則的な価格の上昇と下降は、「ノア効果」、すなわちノアの大洪水を思わせる価格の急激な上昇や下落と結びついて出現するのである。(5)*1

こうした市場の出来事の特性を描写しようとすれば、当然のことながら、それは挑発的なものとならざるをえなかった。というのも、マンデルブロによれば、変動にまじるノイズや変動トレンドの増幅はいまや偶然的な特徴に属するものではなくなった。それは、描写こそ可能ではあるが、一般的な形では説明することのできない価格変動の「より深い真理」のひとつなのである。正規分布あるいはガウス分布においては、大きくて異常な偏差は外的な要因と因果関係に帰することができる。ところが、マンデルブロの分析による分布モデルでは、因果性と偶然性のあいだに厳密な区別をつけることができない。規則的なシステムの進行と例外的な出来事を区別することはむずかしくなり、重要視もされなくなる。このように、不規則な変動が非線形的な市場ダイナミクスを規定しているのだとすれば、そこに確認できるのは、均衡という考え方とは相容れないプロセス、経済学の理論構築に見られる一種の〈物理学主義〉あるいは〈ニュートン主義〉との断絶を引き起こすプロセスである。マンデルブロが物理学からの借用を行なったのは、市場の秩序がどこまでも偶然に支配されて誕生し、不規則で〈騒然とした〉出来事として姿を現わす場所においてであった。騒然たるものという——ラテン語の *turba, turbo, turbidus* と似た意味を持つ*2——概念によって、混乱したもの、不穏なもの、大量のもの、多様なものといった見方を含んだ、穴だらけの連続体が考えられているのだとすれば、これに呼応して起こる出来事を観察することは、暗く、混乱をまねく経験へとつながっていく。ここにおいて、マンデルブロの経済研究は物理学者・化学者のイリヤ・プリゴジンが探求した対象領域と出会うこととなった。それは、プリゴジンが、一九世紀の物理学的もしくは熱力学的なモデルからの根本的な方向転換の必要性を主張した領域であった。問題となるのは、均衡状態からは遠くかけ離れており、そのために、まったく予想できないふるまいをする傾向を持ち、乱流に見られる自然発生的な流れによく似た秩序構造である。ここで注目すべき点は、こうした乱れたふるまいがけっしてそのままカオス的なのではなく、むしろ、構造化されたカオスとして出現することにある。このカオスのなかでは、整然とした〈層状の〉運動から不規則で〈騒然たる〉運動への移行が起こり、たえまない方向と速度の変化が発生する。肉眼で見る限り、この乱れた状態はどこまでも不規則でカオス的に見えるが、顕微鏡レベルでは、それが高度に組織化されていることがわかる。つまり、ここで問題となっている状態とは、システムが「決定を躊躇し」、そのため、どの発展方向を選んでもかまわず、結果的に、普通では考えられない確率の登場する余地が開かれるような状態である。次にどんな状態が現われるのかはつねにオープンで不確定なままなのだ。ここでプリゴジンは、エピクロスあるいはルクレティウスの自然思想に登場するクリナメンに言及している。クリナメンとは、原子が運動の軌道からたまたまわずかに逸れることを意味しており、このクリナメンによって生じる渦から世界が誕生したのだとい

われているのである。(6)

歴史の領域

こうしたことを背景として、プリゴジン自身は生成の科学を唱えたが、そこで扱われる現象は古典的な物理学よりはむしろ社会科学や歴史学の領域に適していた。これに対してマンデルブロは、プリゴジンの考え方を経済プロセスの秩序形態に当てはめた場合の論理的な帰結を明らかにした。そこで目立つのは、これまで語られてきた予測可能性や統計的に正当化された見込みではなく、なによりも重力崩壊が起こったことである。問題となるのは規則的な予測不可能性もしくは予測不可能な秩序である。価格と相場の変動は、フラクタル構造を持った、組織化されたカオスに似ているといえるだろう。たとえこれらの変動のプロフィールに一定の規則性が見られるとしても、それらがなんらかの予測的価値を持っているわけではない。不規則な「パターーン」として、これらのプロフィールは、市場理論が「パターーン予測」あるいはカタラクシーに寄せている期待を打ち砕く。また、回帰モデルにしたところで、それはたかだか後知恵バイアス、「知覚的幻想」でしかないと見なされるだけである。「すべては変化する。変わらぬものはひとつとしてない」(7)のだ。同時に、これと結びついた非決定論――これは二次的な非決定論であり、そこでは統計的に想定されるダイナミクスは限界価値理論のバックアップを期待することはできず、いわば気象学的な性格を身にまとうことになる――が提供するのは、プロセスの進展についての、そのときどきで矛盾した見解である。乱流システムにおいては、微視的な秩序形態は巨視的なカオスの姿と一致するが、これと同じように——たとえば、市場参加者たちの合理的なふるまいといった——ミクロ経済領域における決定論的な変数はたんなる偶然的な変数を伴っただけの運動へ、つまり、マクロ経済的な観点における非合理的なふるまいへと変わりうる。(8)とすれば、市場は効率的であると同時に狂っており、目まぐるしく変わるボラティリティの集合によって特徴づけられているといえるだろう。したがって、市場が経済学の限界形として登場するならば、それは、市場ではもはや情報の効率的な、ということは経済的な分配と伝達が機能していないことに起因している。たしかに、原理的に考えれば、乱れた動きを組織化することで生まれたカオスはなお描写可能だろう。しかし、そのために必要とされる情報量は計測可能な限界値に達してしまう。「理想的なのは、［乱れた］流れのなかにある個々の微粒子それぞれの運動を知り、理解することだろう。だが、少し考えれば、それが幻想にすぎないことは明らかである。たとえば、深さ一メートルの流れを［…］理解するためには、三次元すべての方向において、一〇の一〇乗、ということは10,000,000,000、つまり一〇〇億にのぼるポイントで、ポイントごとのスピードを記録しなければならない。しかも、そうしたところで、ある一瞬の流れを把握することしかできないのだ。たしかに、現代のコンピュータならば、これだけ大量のデータを記憶することも原理的には可能だろう。しかし、それによってどんな知見を得ることができるというのだろうか(9)」。つまり、こうしたシステムに関しては指数関数的な量の情報が必要となる。経済学の観点からすると、これは以下のことを意味している。すなわち、もし効率的市場が市場情報の効率的な分配によって定義づけられるのだとすれば、マンデルブロによって分析された市場の動きはまさに情報効率の過重負荷あるいは崩壊を物語っているのである。

マンデルブロが経済理論のなかに見られる一九世紀の統計物理学モデルへの偏愛に戸惑いを感じていることは別として、その独自の研究は、対象とする経済学の学問形式に対する深い不信の念を突きつけた。すなわち、既存のモデルが反復可能性という見込みを持ち、それによって法則性抽出のチャンスを提供することのなかに学問が学問として成り立つ可能性があるのだとすれば、マンデルブロによって身元確認が行なわれた分配モデルは、この学問性の概念を満たすのに十分なほど「保守的」であるとも「強靭」であるとも思われない。そして、マンデルブロ自身が指摘しているように、経済理論に必要なのは、物理学というよりは、むしろ、見通すことのむずかしい「歴史」の領域に関わる論証という重荷を引き受ける覚悟なのである。(10) いずれにしても、変則的《アノマール》な分配を伴った非同質的なシステムという仮定は、それが規範を持たないモデルを扱っており、そのために、一般的に通用する法則性の追求を断念し、決定論を目指そうとする希望を放棄しているという点で〈非‐学問的〉である。ここで問題となっているのは、学問の形式が変更されたことである。これまで安定的に通用してきた法則に取って代わって、さまざまな枝分かれが起こり、これまで隠れて見えなかった規則が表面化するスペースが登場したことで、経済という宇宙の軌道と偏差の幅は増大した。そして、まさにマンデルブロが行なった経済の数学化の向かうさきは、安定的な秩序システムという帝国ではなく、歴史的偶然性という領域なのである。そこで求められるのは、先天性の特異体質を持った理論のプロフィール、すなわち、対象を説明することの不可能性を前提とする理論のプロフィールである。市場は濁った沼あるいは「荒れ狂う海（*troubled waters*）」に似ており、その複雑なふるまいをオッカムの剃刀によって切り整えることはできない。もっともシンプルな説明がもっとも正しい説明だとは限らない。経済プロセスに内在する非同質性を主張することで、また、均衡という考え方を系統的に打ち負かしていくことで、マンデルブロの研究は一種の遊牧民化していく知の形態を表現しているのであり、それが古典派経済学あるいは新古典派経済学の土台や伝統的な系譜から離れた位置にあることはいうまでもない。知的な確実さを失っているこれらの理論形態によって、おそらくは経済理論の終焉が暗示されているのだろう。また、かつてマンデルブロは自分自身のことを「悪魔の弁護人」と呼んだことがある。それはけっして思いつきからでた言葉ではなかった。また、この点については正統派政治経済学も同意を示している。正統派の専門家たちの目に、マンデルブロが描く市場のシナリオは、有望な見通しを抱くにはほど遠いもの、それどころか「ナンセンスとトリックのごたまぜ」と映ったのだった。そこで謳われているのは、経済学から学問対象を奪取してしまうこと、すなわち、自己調整機能を持つ市場メカニズムと経済学の体系性の徹底的な否定である。「システマチックな方法でこうした予言を取り扱うのは容易なことではない」。もしマンデルブロが正しいのだとすれば、結局のところ「わたしたちが手にしている統計的な手法は、そのすべてが無用なものになるだろう。[…]だが、何世紀にもわたる仕事の成果をゴミの山に投げ捨てるまえに、わたしたちは、少しでもよいから、たしかにそのすべては無益なものだったのだという確信を持つ必要があるのではないだろうか」。というのも、「かつてチャーチル首相がそうだったように、マンデルブロが約束するのはユートピアではなく、血、汗、労苦そして涙だからである」[11]。ところが、一九七〇年代になると、マンデルブロはしばらく経済学の分野から撤退した。そのため、経済理論におけるシステムの考え方や均衡と秩序の形態に対するマンデルブロの攻撃はエピソード以上のものとはならなかったのである。

金融市場

けっして心地よいとはいえないマンデルブロのモデルが引き起こした反響が短期間しか続かず、このモデルをオイコディィツェーの重要性に適合させようとする試みも散発的にしか現われなかったとしても(非決定論的な学問形式が「決定論」と折り合いをつけなければならないとなると、事態はいつも深刻なものになるとドゥルーズとガタリは記している)[12]、まさに金融市場のメカニズムに向けられた問いによって論争を挑発する領域が開かれた。さまざまな新自由主義の兆候に囲まれながら、現在の金融システムは——理論的にも、実質的にも、技術的にも——完璧な効率的市場モデルに従って作り上げられてきたのであり、金融市場の出来事は経済の《全体を代表する部分《パルス・プロ・トト》（*pars pro toto*）》として登場したのである。しかし、これとは逆に、金融取引の論理のなかに表現されているのは、完成へと向かう自然発生的な市場秩序ではなく、むしろ、それが歪み、解体していくプロセスなのではないかという懸念が残された。かなり以前から、多くの悪魔の代理人たちは、調整メカニズムの効果的な利用によっても、あるいは、合理的な市場参加者と市場システムの理性のバランスの取れた協力関係によっても、金融市場の〈でこぼこ状態〉と混乱を解決するのは容易ではないと強く主張してきているのだ。

ここ数十年間にくり返されてきた金融危機からは、資本主義経済はそれが本来取るべきふるまいをまったく取っていないのではないかという当然の憶測が生じてきた。効率的市場という確率理論によれば、一九八七年以降にくり返された一〇億から一〇〇億オーダーのリスク要因を伴った暴落は、本来ならばけっして起こるはずのないことであった。しかし、そうした事態が実際に起こったことで、ひょっとしたら金融市場とは現実的な市場ではないのではないか、価格形成メカニズムにしても、それは必ずしも市場に沿っていないのではないかという仮定の正しさが証明されたのだった。[13] もちろん、こうしたいわゆる〈危機〉が望ましいわけがなかった。だが、それを別とすれば、これらの危機は次のことを暗示していた。ひとつは、もしかすると、こうした例外的な事象は市場の規則的な機能プロセスの一部なのかもしれないということである。いまひとつは、これが証言しているのは、市場に内在する安定化傾向に基づいた理論のプロフィールが危機に瀕していることである。そして、危機、不規則性、乱れが、システムの現状は過去のシステム状態から派生する必要もなければ、未来のシステム状態が現在のシステム状態から派生したものである必要もないのだということしか意味していないとすれば、それは――均衡、自己調整、効率、合理的な期待、価格のシグナルの調整能力といった――古典派や新古典派の概念が金融プロセスのダイナミクスを把握するために十分なものなのかという疑念を呼び覚ますことになる。ここで問われているのは、経済プロセスに固有の性格がはっきりと現われるのは、いわば時間を越えた安定的局面においてなのか、あるいは、逆に安定局面のあいだに現われる〈特別な状況〉、つまり、歴史的時間の侵入によって不安定化した状態においてなのかということである。

ここでは、量的であると同時に質的でもあるようなちがいが想定されている。一方では、どのようにして金融経済本来の実体性が生産の実体性から分離したのか、どのようにして金融経済の取引高が商品流通における取引高の何倍にも達することになったのか、また、それがどのようにして〈歯止めが効かなく〉なったのかといったことが精確に記録された。二〇世紀半ば以降、貨物の輸送量や総トン数から見ると、生産力にはほとんど増加が見られない。しかし、価値創造の観点から見ると、その数字は同時期に三倍に増加していることがわかる。(14) 他方では、金融経済の出来事を、基本的な交換過程のフォーマットと商品取引のうえにどの程度まで反映させることが可能なのかを問うこともできるだろう。古典派によれば、貨幣の流通は一種のヴェールのような役割を果たしている。それは、中立的で、特別な影響力も持たず、ただ現実経済の状況を覆うだけのヴェールである。また、ミルトン・フリードマンは「わたしたちの現実経済においては、企業と貨幣は大きな重要性を持っているにもかかわらず［…］市場テクニックの中心的特徴である調整はシンプルな交換経済のなかに」、つまり、「企業も貨幣も」存在しない経済のなかに完全な形で認めることができると主張した。[15] だが、その一方で、貨幣の循環という独自の論理、それと結びついた意思決定プロセス、依存関係、そして、ダイナミクスの特殊性をも参照すべきであるとの指摘も行なわれた。資本主義はまさに資本家や資本主義的実践なくしては理解することができないのである。

流動性

貨幣取引は支払いの約束が取り交わされて実現あるいは完了するが、それがクレジットや投資の形を取る場合もあれば、金融市場での取引あるいは株式取引の場合も考えられる。いずれにせよ、その機能は、取引ごとに適切な価格の決定と正しい評価を行なうだけでなく、流動性を調達することにある。資本を流動化させることで、こうした取引は借り手の欲求と貸し手の請求の両方に応え、投資とクレジット形式による事前支払いを実行可能なものとする。したがって、そこで支払われるべき価格はけっしてその時点での価格とはならないが、だからといって、それが自己を忘れてしまうこともないし、現われては次の瞬間に過ぎ去っていく現在の連続といった構造を持っているわけでもない。むしろ、この価格は一種の先行記憶として現われる。つまり、この価格は利回り予想とリスク見通しから直接的に刺激を受け、現在ではなく未来に行なわれる支払いを通して決定される――それは、未来の価格への期待のうえに成り立った価格なのである。また、実際に利益を手に入れる前に、まずは利益を手に入れたいと思うことが可能でなければならない。言い換えれば、貨幣取引と信用取引、投資と資本市場は時間を手玉に取るプロセス、「時間を消費する」プロセスだということができる。このプロセスは、未来への期待と「利益見通し」に依拠しているので、「その結果、投資の決定はつねに不確実性という条件のもとでくだされる。この不確実性ゆえに、投資家とその資金提供者たちは、不都合な偶発的事態に対する防壁となってくれる資産と債務の仕組みを探し求め、自分たちのポートフォリオを歴史の進展に合わせ、経済発展の進展可能性に関する歴史独自の見解に合わせて調整するのである」[16]。たんなる商品の量的配分が未来の利益見通しとリスク予測を現在化することに取って代わられ、現在の価格幅は未来の価格幅のフィードバック回路に結びつけられる。このような領域では、市場が現在の供給量や不足資源、固定的あるいは〈リアルな〉価値のレファレンスへと関心を向けることはもはや考えられない。市場の参加者は、だれもが知っているような数量などは相手にしない。その代わりに、市場が現在において未来を評価する方法を使って、偶然性に満ちた未来を評価しようと試みるのである。これによって、需要と供給といった一見信頼に足る尺度――そして、その安定化をもたらす能力——が見分けにくくなるばかりか、識別不能なものとさえなってしまう。需要と供給のメカニズムが当てはまるのは国家予算を扱うような領域だけであり、融資条件や未来への期待が問題となるような領域に適用することはできない。したがって、交換経済は一貫的で、調整的、流通的、分配的でありうることが証明できるとしても、金融経済がどう機能するかについては、この証明はなにひとつ語っていないのである。金融市場が飽和点に達することはけっしてない。とすれば、資本財の需要は消費財の需要と厳格に区別されねばならないだろう。

ここにおいて、何人かの急進的ケインズ主義の代表者によって取りいれられたパースペクティブが浮かび上がってくる。このパースペクティブでは、危機の時代における積極的な金融政策、福祉国家の介入という金融政策を陰であやつることに大きな眼目はおかれていない。同じ対象を理解しようとして、ケインズ主義者たちの見解は市場自由主義的なコンセプトと衝突するだけではない。その本質的な方向性は、むしろ、市場経済のコンセプトとの境界をはっきりさせることで、金融経済の対象領域を新たに固めることにある——それはある種の頑固さであり、二〇世紀の七〇年代からつい最近にいたるまで、政治経済学説というカノンの内部にあって、いくらか聖書外典的な匂いのする重要性を生みだしたのはこの頑固さにほかならなかった。マンデルブロの反決定論的なモデルと同じく、ここで問題となっているのは、資本主義的なプロセスに関するオルタナティブな知の構造以外のなにものでもない。資金調達という基本的な出来事を前提とすれば、すなわち、金融市場では流動性が問題となり、金融市場は投資と信用という拘束力のうえに構築されているのだという前提のもとでは、貨幣を経済取引における中立的な交換手段として、ましてや、〈ヴェールで覆い隠す〉交換手段として理解することはできない。むしろ、貨幣は独自の効力と能力を持った媒体として姿を現わすのである。いわゆる〈実体〉経済をはかる尺度は、貨幣尺度と金融経済的尺度を直接的に橋渡ししたものに依拠している。価格形成とは、希少財のあいだの関係を決めることでもなく、また——貨幣数量説におけるように——市場において調整可能な貨幣量を決める役割を担うものでもない。選択の論理を形づくる条件は希少性にではなく不確実性にあるのだ。だが、なによりも、金融経済のプロセスは、けっして自己修正を行ない、自己を最適化するシステム・モデルに従って進行するのではない。むしろ、その体系性自体が問われているのだ。金融危機に関して、さまざまな均衡理論が提供できるのは逸話風の説明がよいところだろう。これに対して、ここで問題となるのは、この「破壊的な論理の裂け目」を、これまでとはちがった認識論的で理論的なフォーマットのための前提条件、金融経済の対象が示す新たな構成のための前提条件とすることである——つまり、この変則的《アノーマル》な経過と組織的な不安定性を、資本主義経済が正常に機能した結果として理解しようとする試みのための前提条件である[17]。したがって、この現代の金融システムについては、その制度や「キャッシュ・フロー」[*3]とともに、オイコディツェーの終焉という観点からじっくりと考える必要がある。また、このシステムは、偶発的な出来事、歴史的時間や歴史的期間の影響力を特徴とする領域へと向けて開かれなければならない。

これが要求するのは、なによりも制度としての金融市場が流動性の調達に役立っていること、また、流動性の調達は投機によってのみ可能だということ、しかも、流動性自体が投機的にふるまうことを受け入れることである。すでに株式取引に関するもっとも古い記録には、ほんとうの事実とは事実への期待にほかならないのだという断定的な記述が残されているが、一般的にいえば、これは金融の出来事における結びつきの再帰的-生成のことである。(18) 未来に期待できる利益を先取りするつもりで金融資産が購入される限り、支払い価格は期待される価格を見越して決められる。価格を決定するのは過去や現在ではない。それを決めるのは、ひょっとしたら起こるかもしれないこと、場合によっては起こりうること、あるいは、まず間違いなく起こるであろうことである。金融市場は先取りシステムとして機能するが、そこで経済的にふるまおうとすれば、未来について市場自体がなにを考えているのかを察知しなければならない。つまり、未来に向けられた現在の期待は未来の出来事を先取りするだけではない。むしろ、未来の出来事は未来の出来事への期待と一体となって形成され、そうしたものとして実質的な毒性《ビルレンス》を手に入れるのである。現在は未来の〈先取り〉-効果、すなわち《倒逆法《ヒュステロン・プロテロン》(*hysteron proteron*)》によって生みだされる。こうして、指数関数的に高まっていく期待ゲームがはじまるが、このゲームで重要なのは、ゲーム参加者が観察を行なっている相手の様子を互いに観察し合い、相手が先取りしようとしていることを先取りすることである。

こうした投機的あるいは再帰的な構造は、なによりも、市場にでまわる情報が認識論的にではなく、ただ臆見的に証拠づけられているにすぎないことを意味している。事物の〈リアルな〉、〈真の〉あるいは〈根本的な〉価値についての正当な知識を確認することが問題なのではない。さまざまな意見に関する意見を反映した意見のなかから、価値評価がどのようにして形成されるのかが重要なのである。金融市場は連続的な調整プロセスとして機能しており、この市場を支配しているのは一致を求めるプレッシャーである。価格には規範にまで凝集された集団的意見への共鳴が響き渡っている。そして、支払いのたびに、一般的な期待に基づいた、一般的に期待可能な結果についての意見表明が行なわれるならば、決定と判断のプロフィールはしだいに社会慣習化されていくことになる。市場に対立的な投機にせよ、懐疑論者や〈逆張り投資家〉の個別的な行動にせよ、その例外ではない。流行のトレンドがたえず不安定なものに依拠し、大きな流れに順応して突飛なものを拠り所にするという、少しばかり逆説的な態度を要求するのであれば、ここに意見と流行の類似的な関係を認めることさえできるだろう。

したがって、カントを援用すれば、こうした経済的判断の形式は認識判断とはあまり関係がない。カントが述べているように、趣味判断が「普遍的妥当性」を先取りし、この妥当性とともに——概念を欠いたままで——全員の同意を必要とするような「漠然とした規範」を引き合いにだそうとするのならば、その判断はむしろ情感的な性格を持つことになるだろう。[19] ケインズが、金融市場の投資方法を美人コンテストという周知のイメージで視覚化しようとしたことも偶然ではない。それによれば、支払い価格は「もっとも美しい顔」の選出と同じようにして決定される。つまり、「すべての投票者の平均的な好みにもっとも近いものが選ばれる。したがって、投票者は自分がもっとも美しいと思う顔を選ぶ必要はなくなり、ほかの投票者の好み、しかも、同じ観点に立って票を投じようとしているすべての投票者の好みを最初に惹きつけると思われる顔を選べばよいのである」。[20] 多数に支持される意見は、平均的な意見によってこれが平均的な意見であるとされる意見に基づいて形成されている。また、判断の根拠となるのは、そこでは多くの判断行動が折り重なるようにして判断がくだされているのだという仮定である。スミスの見えざる手に代わって、ここに因習的なものへの熱望が登場してきたことは明らかである。金融市場が資金調達を目的とした価格決定を行なうためのシステムとして機能する限りは、これを臆見《ドクサ》のオートポイエーシス的生産メカニズムとして理解することができる。このシステムにおいては、合理的な期待と選好が慣習的な期待と選好と重なり合い、両者が規範的な理念のなかに一致を見いだす場合にだけ、この合理的な期待と選好は理性的に働くのである。金融経済の真実は慣習のうえに築かれており、慣習主義が市場のエピステーメーを特徴づけている。そして、どのような理論的正当化であれ、慣習のなかで裁可されるのはこの臆見《ドクサ》という基層だけである。まさに知覚可能なあらゆるものの主体として、市場は知識と意見の区別を時代遅れのものとしてしまう。

したがって、統治技術的に見れば、金融市場の脱規制化要求は経済的な大勢順応と知的な大勢順応の共生を求める要求、つまり、正常化へと向かう趨勢を生みだしてくれる機構を求める要求以外のなにものでもない。また、経済的プロセスの数量化が可能であることの理由もここにある。かつて、ガブリエル・タルド[*4]が語ったように、「集団的判断の一致」によって、すなわち、大数の法則[*5]のメカニズムとそのメカニズムから導かれる大勢順応的な意見と信念によって経済プロセスは決定されるのである(21)。

フィードバック

つまり、金融市場における価格は商品市場のメカニズムに従って形成されるのではない。市場が認める価格水準にしても、商品の希少性や現在の需給量を基準として決まるものでもない。この価格は、その基礎にある「ファンダメンタルズ[*6]」を表わすどころか、きわめて影響力の大きな価値の亡霊となって金融市場を徘徊するのである。しかし、だからこそ、こうした傾向が強まり、そこから前向きなフィードバックが得られるならば、それはけっして破局的な例外を意味するものではない。それはシステムの内生的な機能要素なのである。上昇する価格は一般的な価値評価を反映しており、価格の上昇に応じて評価も上昇することになる。これに対して、価格の下落はどこまでも合理的に進行し、下落する価格は次に現われる下落価格をすばやく先取りする。こうして、価格に関する供給と需要の相互調整作用は、通常の関係が逆転させられ、逆説的な相貌を持つことになる。すなわち、そこでは、価格の安い金融資産はリスクの高い買物となるが、価格の高い金融資産はとりわけ有利な買物となり、大きな利益のチャンスを提供してくれるものとなる。価格が上昇すればするほど需要は増え、その逆はけっして起こらない。プリンストン大学の経済学者ヒュン・ソン・シンは、この種の相互作用のなかに、あのフィードバック・カタストロフ効果との類似性を認めている。それは、二〇〇〇年にロンドンの——テムズ川にかかるテート・モダン・ギャラリーとセント・ポール大聖堂を結ぶ歩道橋である——「ミレニアム・ブリッジ」の開通式でこの橋を襲った事故である。一ヘルツという軽い水平方向への揺れが生じた。このとき、それまで思い思いに橋上を歩いていた何百人という歩行者はいっせいにこの揺れにステップを合わせたのである。通常ならば、これだけ多くの人間のばらばらな動きがひとつの運動へと統一されることなどは考えられないだろう（橋の上では兵士でさえ行進はしないものだ）。だが、このときは、たまたま起こった橋のごく小さな揺れを感じて、歩行者たちはそれぞれが自分のステップをこの揺れに合わせたばかりでなく、揺れに合わせた他の歩行者たちの動きにも合わせたのだった。こうして、ばらばらだった歩調がいつのまにかシンクロし、秩序だった動きとなり、それが大きくなっていった。つまり、ランダムな歩行スタイルが自己増幅モデルを生みだしたのであるが、これは側面から同時に与えられる刺激、技術者によって「同期的側部刺激（*synchronous lateral excitation*）」と呼ばれる現象である。揺れを発生させはじめる閾値となる歩行者数は一五六名であり、これを越えると揺れは急激に大きくなる。橋は閉鎖され、このエレガントな建造物には液体ダンパーが取りつけられた。シンの結論によれば、この出来事と同じように、金融市場における価格変動も理性的な適応反応を導き、この反応が一貫性のある秩序を生みだすのであるが、この秩序は、積極的なフィードバックを通り越して、「正真正銘の嵐」へとつながっていく。揺れに見舞われた橋と同じように、「金融市場は、周囲で起きていることに個々の参加者が反応することで、そうした参加者の行動があらためて全体を左右する結果を引き起こす状況を示す格好の事例である」。あるいは、「ミレニアム・ブリッジの歩行者は、ちょうど市場価格に対する銀行と同様の反応を示し、橋の揺れは価格変動に似ている。つまり、一定の条件のもとでは、価格の変化が銀行の反応をもたらし、それが価格を変化させ、さらにそれがまた銀行の反応をもたらすという循環が発生するのである」[22]。

ただし、ここでは短期的投資における自己増幅モデルと「トレンド追随行為（*trendchasing*）」を問題にしているわけではない。また――砂地の馬場とはちがって――金融市場においては、馬券を買った競走馬の勝利を応援し、配当を手に入れたいという期待だけが問題となるのでもない。むしろ、本来、この種のダイナミクスは、長期的に見ても、均衡状態から離れたところに現われるプロセスの進行形式を特徴づけるものであり、このプロセスが証言しているのは、システム機能に見られるダイナミックな不均衡と回復不可能な不安定性なのである。たとえば、ケインズ主義者であり、つい最近まで政治経済学が奏でるコンサートのなかで聴衆に無視されてきたパートのメンバーであったハイマン・ミンスキーである。ミンスキーは、一九六〇年代以来、市場の動きのなかで、安定期がどのようにして不安定性を招き、調整の努力が障害となり、活発な景気上昇が顕著なアンバランスにつながっていくかを論証してきた。ミンスキーによれば——利益優先型の市場参加者たち、銀行制度、資本価値や財産価値取引といった——現代金融経済の条件のもとで、悪魔のような資金調達のサイクルを始動させるのは、まさに安定的で多くのチャンスを期待できる経済状況なのである。ここでもまた資本主義本来の構造が影響をおよぼしている。資本主義経済の基本的な構成単位は交換関係にあるのではなく、債務構造にあるのだ。つまり、投資の決定と資金調達の決定はリンクしており、ともに不確かな未来と未来の収益リスクに結びついている。したがって、出発点は、のちの‐金‐のための‐いまの‐金という相関関係を一時的に拒絶することにある。現在の利益は過去の決定の有効性を確認する手立てとなり、現在の投資と資金調達の決定は未来の利益への期待にかかっている。だが、この前提のもとでは、長期にわたって楽観的な見通しを立てることのできる力強い経済成長期において、なぜ安全な資金調達の限界を超えて投資のための舞台を拡張させることができないのか、納得のいく理由を見つけることができない。さらなる投資を行なうことで未来の資本収益への正当な期待に応え、資金調達の需要を高めることのほうがはるかに妥当だと思われる。このことは、一方では、投資から得られる所得は、債務返済のためではなく、再投資のために用いられることを意味している。つまり、〈投機的な〉資本還元のプロセスを信頼して、支払い期限を迎えた債務を新たな債務によって返済するのである。他方、利益優先型の金融機関からすると、資金調達の需要増大は〈新しい〉タイプの貨幣や代替通貨あるいはポートフォリオといった金融商品を生み出すきっかけとなるのだ。

不安定性理論

このプロセスにおいては、金融イノベーションが展開されることで、また、従来の資金調達方法を引き続き利用することで、資金調達のボリュームは膨らんでいく。そこでは――単純化していえば――大規模な投資が行われることで利益が増加し、それが（株券のような）財産価値の価格を引き上げることで資本収益が高まり、それがふたたび投資のための価格上昇をもたらすというフィードバック現象が起こる。別の表現をすれば、有利な経済的条件のもとでは資金調達がこれまで以上に容易になり、これに伴って投資額も増大するのである。実際に流通する貨幣量が増え、それによって投資収益が上昇すると、借入需要ばかりでなく、貸し手の貸付意欲も高まることになる。こうした期待感あふれる雰囲気のなかで、安全性のゆとり幅が縮小され、流動性選好が低下し、資金供給は増加、債務もさらに増大していく。このような資金調達活動の拡大は、資産価値と投資財価格の双方を上昇させることになる。ミンスキーによれば、そこからは必然的にピラミッド構造が生まれることになる。このピラミッドのなかでは、より大きな規模とリスクを持った投資を通じて未払いの債務が清算される。流動資産はポートフォリオとして保有されている資本財の市場価値に連動しているが、この流動資産の下落は債務の増大と相関している。すなわち、それは外部金融による資金調達と調達資金の返済がくり返されるなかで増えていく債務であるが、この債務を相殺できるかどうかは純益の増加如何にかかっている。その結果、ここには、みずからの現状を維持しつつ、同時にみずからの動きを加速化しようとするシステムが誕生する。このシステムは期待の地平にまで到達すると、ポジティブ・フィードバック効果を通して〈多幸症化する〉のである。(23)

したがって、債務構造と――ヴァルター・ベンヤミンが罪を負わせる礼拝と名づけた資本主義*7の――一般的な債権債務関係は、世界が内部に抱える期待のプロフィールとともに、直接的なフィードバックのなかにあり、また、このダイナミクスの危機的な要素は逆方向に向かうふたつの資本の流れの関係のなかに、つまり、投資所得と借入債務、固定負債あるいは長期負債と予測可能ではあるがつねに不確定的で変わりやすい収益見通しの関係のなかにある。結局ところ、このような不安定な状況が生まれるのは、資金調達の契約に基づく返済のために新たな資金調達を求められる場合か、あるいは資産の売却を要求される場合である。これは、一方では、法外な費用を要するさまざまな資金調達のオプションを生みだし、また、投資コストの上昇を招くことになる。だが、他方、これは流通市場《セカンダリー・マーケット》においては損失とプライス・プレッシャー、つまり、資本価値の下落を招くのである。その結果として、流動性選好が高まり、それとともに流動性そのものが脅威にさらされるならば、あるいは、逆に資産価値の価格下落が起こるならば、その影響は、カスケードを思わせる組み合わせを通して、すなわち銀行制度によって保証された相互依存関係を通して、個々の市場参加者からはじまって、経済システム全体へとおよぶことになるだろう――それは、投資の退潮、利益の減少、投下資本の重力崩壊からなるスパイラルである。システムの働きは転回点に到達した。そこでは出来事の進行は完全に不確かなものになり、荒々しい性格をおびる。システムが機能し続けるのか、それとも重力崩壊を起こすのか、いまやそのどちらが出来してもおかしくないのだ。

したがって、金融の不安定性というミンスキーのテーゼが示唆しているのは、明白な危機と崩壊をもたらすのは、財政や政治のどんでん返しといった外部から加えられるショックではなく、金融経済自体のパラメータと金融経済に固有の運動なのだということである。サイバネティクス的な自己調整機能を持つシステムとは異なり、金融市場は、自分が平穏であればそれに不安を感じ、自分が安定していればそのために不安定化するといった傾向を持っている。そのため、金融市場の効率的な機能性はまったくの機能不全に陥るのである。安定期はどれも短期間しか続かず、ミンスキーによれば、資本主義的な金融が行なわれている世界では、「市場の参加者たちがこぞって自分の利益を追い求めるならば、その結果として経済は均衡へ向かうだろうという考え方はまったくの的はずれなのである」。需要と供給に関する――自己調整と均衡の見通しを伴った――分析では資本主義経済のふるまいを説明することはできない。資本主義経済の資金調達プロセスは、「内生的で、不安定化を導く力」をみずから発揮させようと働く。つまり、資本主義世界の金融制度は「本来的に自己破壊を起こすものであり、したがって、自由市場の特質を賞賛するのはかまわないが、同時に、効果的かつ魅力的な自由市場がカバーしている領域は限られているのだということを認めるべきなのである」[24]。

二〇〇七年以降

つまり、資本市場に関する限り、危機とはつねに貨幣流通の危機であり、ということは流動性の危機にほかならない。そして、おそらくこの危機がもたらす動揺は、自己調整的な市場の機能方法に対する理論的かつ実際的な信頼が揺らいだことから生じている。金融イノベーション、投資額、債務の流通の相互関係から明らかになったのは、過去四〇年におよぶ金融経済のダイナミクスがそこに納得のいく姿で描かれていることであった。さらに二〇〇七年以降に起こった最近の〈危機〉にしても、この点に関してはけっして驚くほどちがった顔を見せているわけではない。ここでもまた流動性のパラドックス[*8]が毒性を発揮した。すなわち、流動性が必要なものとなり、だれからも望まれるものとなる瞬間に合わせて、流動性はみずからを破棄してしまうのだ[25]。こうしたケースでは、さしあたり金融市場にはさまざまな資本還元プロセスからのフィードバックがもたらされたが、このプロセスが稼動しはじめたのは、あくまでも堅実な経済のスタート条件と文句なしに合理的な意思決定のプロセスがあったからであり、あるいは期待の地平が広がっていたからであった。こうして、一九九〇年代以降、とりわけアメリカで目をひいた不動産価格の高騰は、資金調達の必要性を高め、新たな金融商品の開発を促した。これは資本収益を増加させる誘因となり、この資本収益の増加がさらに新しい投資方法を生みだし、結果として不動産価格はいよいよ高騰することになった。この展開は、制度上の枠組みを構成する条件（たとえば一九九九年の商業銀行業務と投資銀行業務の分離を定めたアメリカのグラス・スティーガル法[*9]の撤廃、自己資本比率の最低達成水準を市況に合わせることを定めたバーゼル合意Ⅱ[*10]の成立、あるいは格付け機関が市場におよぼす有利な影響など）の効果的な手なおしを通して緩和された。だが、このことを別とすれば、この展開の土台にあるのはふたつの商行為であった。それはなによりも金融経済のオペレーションの完璧化あるいは合理化として受けとめられたが、これによって多幸症へと向かうプロセスが解き放たれ、もしくは加速されたのだった。

　ひとつは、いわゆる金融の証券化（*securitization*）を通して増加する資金調達の需要に応えることであった。そこでは、貸し手である商業銀行あるいは不動産銀行は保有する不動産担保ローン債権を一括して証券化するが、この証券化された債権は返済利子によって保証されている。証券は小口の証券に切り分けられて、流通市場《セカンダリー・マーケット》において「資産担保証券（*asset-based securities*）」として売りだされる。これらの証券化商品は投資銀行によって他のローンと組み合わされ、それぞれに異なったリスクと収益見通しを持った資産である「債務担保証券（*collateral debt obligations*）」として、ふたたびパッケージ化されて売りにだされた。このように、多彩かつ自由なつなぎ合わせができるカスケードを通じて、増大する資本需要に応じた資金提供を思うように拡大させることができた。だが、それ以上に大きいのは、債務すなわちクレジット・リスクが債権者のバランスシートから削除され、分散され、多様化されたことである。つまり、リスクを嫌う売り手の期待はリスクを好む買い手の期待とうまく合致するのだというデリバティブ商品の論理によって、いわば保険がかれられたのだった。これについては、国際通貨基金が二〇〇六年四月に発行した『グローバル・スタビリティ・リポート』ではなおこう記されていた。「これらの新しく登場した商品は、これまでとはちがうリスク・マネージメントを行ない、これまでとは異なる投資の展望を立てている。金融システムに衝撃が走ると、以前ならば、それは、少数とはいえ業界で重要なポジションを占めるいくつかの金融仲介エージェントの足元を揺るがした。しかし、これらの新商品はこの衝撃を軽減し、吸収することに役立っている」[26]。これは、とりわけ次のことを意味している。すなわち、これまでは個々のリスクについての証言がくり返されてきたが、いまや、それがリスク・ポテンシャルの統計的分布を集合的に判断するという方法に、しかも会計実務で用いられる方法に取って代わられたのである。これは、めったに起こらない危機的事態が生じたとき、そこに現われたリスクをひとまとめにして予測可能な正規分布の加重値へと吸収することのできる計算方法（「バリュー・アット・リスク（*value at risk*）」）である。未来のリスク確率が現在のリスク確率を基準として計算された。そして、最後には、これに「クレジット・デフォルト・スワップ（*credit default swaps*）」というデリバティブの不吉なスパイスが加味された。このデリバティブは債務不履行が起こった場合の一種の欠損保証であり、これによって債権者のバランスシートに記載されているリスクアイテムを買い取り、利益指向性の強い投資家、つまりリスク対応型投資家に売ることが可能となった。こうして、買い取られたリスクを販売することで資金調達への需要がカバーされたのである。このようなデリバティブと信用貨幣の融合は、再帰的な資金調達手段として理解できるばかりでなく、債務不履行となったリスクのより高度な流通として理解することができる。(27)

他方、適正価値の評価にあたっては、当然のことながら「マーク・トゥ・マーケット[*11] (*mark-to-market*)」の実施が求められた。投資と債権の循環のなかで借方と貸方を確定するためにそこで参考とされたのは、株式市場やそれに類した市場で取引されるときに、その有価証券や公債につけられた価格あるいは取引の期待価格であった。物品の価値とは、まさにその物品につけられた価格以外のなにものでもない。そして、金融商品の評価が適正かどうかは、その金融商品の市場における現在価格を手がかりとして判断することができるのである。ここで、ふたたび効率的市場の論理を引き合いにだすこともできるだろう。それは、「もし、価格がすべての市場参加者の情報と意見を統合したものだとするならば、それこそがもっともすぐれた価値評価なのだ(28)」という考え方である。したがって、資本の価値を直接的に決めるのは現在の市場価格となる。この価格が高ければ、自己資本と現在資産の帳簿価格が高くなるだけでなく、信用供与や投資が受けやすくなる。この効率的なシナリオのおかげで金融メカニズムは完全なものとなった。ここから明らかになるのは完璧な市場形成プロセスである。価格変動はバランスシートのうえにすぐに反映される。すなわち、価格変動、不動産市場価格の上昇は直接的に資本価格の上昇を招き、この資本価格が投資収益の増大と結びつき、投資収益の増大はリスク・ポテンシャルの逓減となって現われる。(29) 資産価格の上昇とともに、計測可能なリスクが減少し、再投資のための追加資本の調達が可能となる。そして――ミンスキーが描きだしているように――確実な資金調達から投機的資金調達をへて、ピラミッド構造を持った資金調達へとつながるプロセスが動きだすのだ。

だが、二〇〇六年に不動産価格の上昇がとまり、秋になって下落しはじめると、資本資産の現在価値と未来価値、とくにいわゆるサブプライムローンの現在価値と未来価値に対する懐疑がしだいに広まっていった。それとともに、現在通用している価格評価に代わって、価格が不確かなものとなるという暗い予感、あるいは、価値の決定ができなくなるのではないかという暗い予感が増幅し、累進的に動くこのふたつの価格の相互補強的な関係が不安定化した。また、市場価格システムの発するシグナルは――それが示唆するものとともに――遊走的な性格を獲得することとなった。そして、不動産所有者の破産がはじめて公表されたことで、債務不履行の確率が高まり、新たな投資が止まり、信用供与枠《クレジット・ライン》が厳しくなり、格付け会社が有価証券の評価を下げはじめ、貨幣市場の利子率が暴騰したとき、これまでと反対方向の適応運動が現われてきたのも当然であった。それは、適応が行なわれるたびに、この適応への適応をくり返す動きであり、これが〈同時的な横方向への刺激〉を引き起こしたのである。経済理性は連鎖的な資金調達の道をあともどりしていった。保証されていたはずの不動産ローン市場は停滞し、ついには崩壊した。ふたたび資金調達を行なうために、資産という資産が売りにだされなければならなかった。これに圧迫されて、資本市場は不動産価格をさらに下落させた。また、株式市場とちがって、一時的にせよ不動産ローン市場を閉鎖することができなかったために、不動産、抵当、そして、これらに関連するデリバティブの価格崩壊は自己増大化の道を歩んでいった。その結果、そこに残ったのがあの有名な流動性のブラックホールであった。こうした動きのそれぞれがシステムに生じた振動を強化した。景気循環的なプロセスと価格崩壊がもたらした共振は、ともにシステムの一部を構成しており、したがって、そのあとの世界規模の崩壊から見れば、このアメリカの抵当市場で起こった崩壊は、おそらく触媒の役割は果たしただろうが、しかし、世界的崩壊の十分な理由ではなかったのである。

リソースとしての時間

一般的にいえば、ここから導かれる結論は――価格シグナルの誘因、市場参加者たちの効率的なネットワーク化、金融市場と銀行的な構造の一般化といった――市場に適合したメカニズムの促進がシステムの麻痺とその分配機能の停止を引き起こすということである。合理的なオペレーションと市場参加者の合理的な行動が、非合理的な結果を生みだすのである。そして、もしここに見えざる手が作用しているのだとすれば、そこに現われるのは見えざる手の悪魔的な性格だといえるだろう。根本のところでは、市場は自身の不滅を夢見ており、市場が不安を覚えるとすれば、それは、現実には滅多に起こることのない状況に直面したときだけである。すなわち、場当たり的な手段に頼ることで、そのときどきの市場参加者たちがそのたびごとに債務不履行に陥るという状況である。結局のところ、これは、現代において資金調達を行なおうとすれば、安定と不安定が相互に増大していくことを意味している。このことは、銀行取引全体の論理を取り上げて、ディルク・ベッカーがすでに確認している。不安定が拡散し、移転するとき、安定化が達成される。そこでは、ポジティブ・フィードバックを伴った振幅の位相がどのようにして必然的に内部リスクの短期的な集積へとつながっていくのかだけが問題なのではない。むしろ、最近の金融戦略に見られる保証の論理は、システム全体に関わるリスクを保護すると同時にリスクを強化し、リスクを生みだすと同時にリスクを覆い隠してきた。リスクを投下資本のなかに組み込み、これをさまざまな方法で商品化して販売することで、銀行は支払能力の再生産というリスクを抱えたビジネスをはじめようとしている。[30] これと同じく、デリバティブ取引のダイナミクスと金融証券化の連鎖――これらは資本主義的もしくは金融経済的合理性を体現している――においても、リスクはリスクによって保証されている。つまり、リスクは売りに出され、それによって拡散し、これまでとは異なる時間の領域に割り振られることになる。こうして、リスクへの準備を強化する直接的な誘因が与えられた。さらに、価格リスクが価格リスクの分散を通して「ヘッジ」され、投機的取引が投機的取引によって「ヘッジ」されるならば、つまり、リスクを保証するために新たなリスク市場が誕生するならば、結果的に現在のリスクは未来のリスクと、未来のリスクはさらにそのさきの未来のリスクと差引勘定されることになる。現在の市場は無限にくり返されるリスクの先取りによって規定されており、市場の変動はこうした複合的な未来にかかっているだけでなく、これらの未来のそのさきにもかかっているのである。

このプロセスの消尽点は、未来のそのさきにやってくる未来のなかにある。しかし、まさに、これを通して、異なるパースペクティブのあいだに、すなわち、(想定可能な)リスクと(予測のつかない)不確実性のあいだに見られる明確なちがいは考慮すべきもの、もしくは危険なものとなる。というのも、このオペレーションに際しては、また、このシステム内部の論理においては、未来すなわち無限にして無尽蔵のリソースとしての時間が前提となっているからである。リスク移転が効果を発揮できるのは、まだ到来していない未来がたえずそのさきの未来へとつながり、この時間的な拡張が無限に続いていく場合だけである。そして、効率的市場の合理的な判断によれば、考えうるリスク・カスケードの枠組みは以下の条件が満たされる場合にのみ維持される。つまり、現在のリスクは過去のリスク確率から、未来のある時点における現在のリスクは現在において想定される未来のリスク確率から導かれ、そのさきの未来はすべて統計処理された過去の幻影として作られ、それによって未来に関して信頼できる認識が確立されるのだという条件である。こうしてリスク確率は〈エルゴード的〉[*12]構造を獲得することになる。そして、この確率が望んでいるのは、未来に起こるすべての出来事を包含する個体群が、現在のリスク確率に類似した分散状態を示すのだということであり、さらには、この個体群のふるまいが、一個のサイコロを続けて千回投げることは千個のサイコロをいっせいに投げることと変わらないという考え方に則っているのだということである。ケインズも、これを確率の有効性を示すきわめて重要な事例として語っている。そこでは、個々のリスク・イベントは相互関係を持たないままに独立して発生し、したがって比例定数として表現されることになる。この〈本来的な〉リスクは、さまざまな共済組合や年金基金のなかで用いられているのと同様の方式で見積もられる。たとえば、火災保険組合にとっては、どこかで一件の住宅火災が起こったとしても、だからといって、それによってどこかで住宅火災が起こる確率が変わるわけではない。(31) 無限に引き延ばされた未来という条件を考えた場合、デリバティブ取引のリスク・ピラミッドのなかでは、統計的に立証された正規分布に依拠した安心弁としての再保険*13はこれからも生き残っていくだろう。そして、未来の確率がつねに現在の確率と一致する限り、いま、なにを決定し、実行するとしても、それが未来の可能性の持っている自由な裁量の余地を狭めることはないだろう。

だが、他方では、危険な決定を行なうことは時間に抵抗する行為であり、しかも、それがさらに他の危険な決定を招き入れることによってフィードバック・ループを生みだしていく。このことが理解されるならば——効率的市場理論の予測とはまったく異なり——こうした、いわば共済組合に見られるようなリスク・イベント群を平準化して扱うことが有効でないことは明らかである。自分に降りかかるリスクから自分を守ろうとすれば、他人にとってのリスクを作り出す以外に方法はないが、しかし、他人は他人で、自分を守るために、同じようにしてさらなるリスクを生みだしていく。さらに、ここでは、時間枠は有限であり、やがて、期限が切れて支払い期日となり、満期支払いが実行されるということ、そして、未来のある時点が現在となったとき、それはつねに現在から見た未来とはちがうものだということが前提となっている。つまり、経済的な時間の流れは、けっして一定でもなければ等方的[*14]でもない。経済的決定をくだす場合、それがどのような時点で行なわれるにせよ、そのときどきの状況がつねに中立的あるいは均質的だということはない。そこではたえず状況に応じた対応が必要とされるのである。未来が――リスク管理学的観点から――現在の決定の特性を明らかにするために利用されればされるほど、この戦略の成否は、いよいよ、未来がほんとうに期待通りのものなのかどうか（あるいは、未来の持つ可能性が期待通りの分散を見せるのかどうか）にかかってくる。そのとき、未来とさらにそのさきの未来は納得のいくリスクとして現われることが可能だろう。しかし、「悪魔は、未来のある時点における現在が必ずしも現在から見た未来に合致していなければならないと望んではいないのだ」[(32)]。事態はいつもわたしたちが考えているのとはちがった形となる。それはこういうことである。未来のある時点における現在が実際の現在になると同時に、かつて期待がかけられ、見込み計算されていたあの未来とのちがいが現実のものとなる。こうして、金融取引における時間の循環構造は、期待がかけられていた未来とは異なる未来が現在に回帰する事態を引き起こすのだ。エレーナ・エスポジトが断言しているように、最近の危機も含めて、このことは危機と呼ばれるあらゆる事象が起こったときに明らかとなった。つまり、すべてのリスク評価は現在における未来の評価を基礎としているが、その出発点にあるのは過去のデータの処理である。信用供与に必要とされるさまざまな要素はここから入手されたのだった。こうして、債務不履行の確率をカバーしてくれると期待される不動産価格の上昇分があらかじめ現在価格に組み入れられた。だが、その価格が下落したとき、「決定のみならず、未来を想定するにあたっても、判断を誤ったこと」に気づかざるをえなかった。「というのも、いまや、未来とは、なんらかの可能性を切り開くものではなく、ただ束縛をもたらすだけのものになったからである。つまり、わたしたちは、もはや現実とはなんの関係も持たないプロジェクト、しかも、変更のきかない、あるいは追加コストを払ってしか変更のできないプロジェクトのために支払いを続けなければならないのである(33)」。そのとき、可能性が約束された場としての未来は想像以上にコストのかかるものとなる。もしくは、未来はそもそもあっけなく消滅してしまうのである。

未来からの帰還

しかし、このことは、ただ偶然に間違いを犯し、誤った期待を抱いたことだけを意味しているのではない。それは、当然の結果として、わたしたちがありそうな未来あるいは期待できる未来とは異なる未来を生みだすことに貢献したことを意味している。つまり、わたしたちは「まえもって準備していたのとは異なる未来を利用した」のである。これは、まさに、ある有価証券が別の有価証券の保証引受けを行なうという連鎖のダイナミクスにほかならない。つまり、現在の信用が債券を通じて、また、この債券が債務者の未来における支払いやさらなるデリバティブによって保証される限り、最初の債務不履行が起こり、その結果、見込みが修正されたあとでは、流通する信用が、それでもなお未来の利益見通しを表現しているのか、あるいは、色あせ、根拠を失った約束を表現しているにすぎないのかはもはやわからなくなっている。(34) この点では、自由に利用できる資本を純粋な亡霊現象と区別することはもはやできない。永遠に続く未来に賭けながら、同時に、わたしたちはそのリソースを使いつくした。現在にいながら未来を利用したことで、自由に使えたはずの時間のストックは枯渇してしまったのだ。現在は未来に依存しているが、未来は未来で現在に依存しているので、また、未来の作用によって突き動かされた結果として現在が存在しているので、そのなかで集積された未来の力は逆説的なやり方で自己を表出した。つまり、未来の富が現在の利益のなかに具現化したのである。資金調達が連鎖的に行なわれることで、流動性の継続的な創出が保証される、あるいは、流動性創出のための〈保険がかけられる〉。だが、あちこちで保険事故すなわち債務不履行が発生すると、すぐに現在の流動性が低下することで、自由に使える未来は払拭してしまい、現在が持っている可能性の余地さえもが食いつくされてしまう。こうして、わたしたちの意のままになる時間あるいは未来はじつにあっけなく減少するのだ。未来の出来事がもたらす結果に対する保険あるいは「金融証券化《セキュリタイゼーション》」は防ぎようのない偶発事故となって回帰した。そして、未来を制御し、植民地化あるいは脱未来化するためのテクノロジーは、ついには、わたしたちのいる、いま、この場所で、未来を予見しえない出来事に変えてしまったのである。[35] これはきわめて異常な亡霊現象といえるだろう。というのも、資本の亡霊が、たえず自分自身の未来から舞い戻ってくるのである。

この資金調達システムの内部では、また、時間が無限に供給されるという条件のもとでは、金融証書化の論理とこれに結びついた資本主義的プロセスは、不確実性から計算可能な確率へと向かう持続的な変化をあてにしている。だが、システムを全体として眺めてみれば、これとは反対のダイナミクスが視野に入ってくる。そこでは、未来のある時点における現在は見通しがたいものとして現われてくる。というのも、未来のある時点における現在は目前の現在において先取りを行なう——さらには、その先取りを先取りする——ことで生みだされたものだからである。リスク管理はきわめてハイリスクなものとなり、二〇世紀の金融経済的な建築様式である資本主義が推し進めてきた一連のイノベーションは実質的に「完全な失敗」だったことが明らかとなった。[36] それにもかかわらず、ここには金融経済システムの論理と資本主義市場のプレイ方法が根本的な形で顔をのぞかせている。経済的合理性が、不確実な未来に直面してくだした決定をたんなるリスクに変える、すなわち、自己言及システムの予測可能な組織的自己行為に変えるという戦略に従うとき、[37] このリスク・マネージメント自体がシステム全体におよぶリスクに転じ、機能全体のなかに未知の可能性が占める割合を高めるのである。

ここに露呈しているのは、リスク否定はリスク肯定を意味し、リスク肯定はリスク否定を意味するという偽善的なパフォーマンスである。システムの内在的なオペレーションがリスクと不確実性の区別をぼやかしてしまったが、それによって、かえってこの区別の有効性を明らかにしたのだ。不確実性すなわち潜在的な未来は、そこではたんなる期待と見込みの対象ではない。むしろ、それは目前の現在に働きかけて進むべきコースを指図する。この未来の不確実性は、いま、まさに、ここに干渉してくるのである。こうした条件のもとでは、おそらく、内生的な市場のプロセスは非効率的でねじ曲がった展開を示し、そこではノーマルな展開とトラウマ的な展開が同じような割合で出現することを認めざるをえないだろう。経済理論は、自分が漠然とした見通しを片手に不快な気分で行動しており、自分に期待できるのはせいぜい「不正確な事柄に関する学問」でしかないことを認めている。とすれば、炯眼の株式仲買人やトレーダーたちがときおりストイックな瞑想エクササイズに手をだしてみたり、セネカの『道徳書簡集』を推薦し合ったりするのも驚くには値しないだろう。[38]

これによって、いわゆるリスクには特別なイベント・フォーマットが付与されることになる。もし、一般的にリスクを経験的な空間と期待の地平とのあいだで起こる混乱状態だと理解するならば、あるいは、ブルーメンベルクの言葉を借りて「時間崩壊を体験する機会」[39]として理解しようとするならば、金融経済の危機が持つダイナミクスは異なる時間秩序を排斥することを通して構造化されることになる。金融市場は現世における不死を求め、金融市場の主体たちはみずからの有限性を乗り越えることを夢見ている。また、資本自体も、時間の持つ捉えどころのない力に打ち勝ち、自由な未来へと向かう途中にある障害を取り除いてしまいたいと望んでいる。これに対して、クレマティスティク的な努力は、固定された期間や決められた期日、満期支払いといった有限な歴史的時間に悩まされているのだ。経済的時間は際限がなく、空疎で不確かであり、先取り的で抽象的である。これに対して、歴史的時間は満たされており、具体的で明確、不可逆的で有限である。したがって、歴史的時間の浮き沈みが経済的時間のレジームと一致することはない。だが、資本主義のプロセスは、時間を有限性から解き放つことを要求し、しかも、この要求は有限な事物や生物にまでおよんでいる。そこに現われているのは未来の重圧である。未来という権力が差し迫り、現在に固執し、これまで生きてこられた時間とこれから生きることとの可能な時間を担保に、表舞台に姿を現わすのだ。時間の力が経済行為やイベントの連鎖をどのようにコード化し、そのダイナミクスをどう調整するのかという問題だけが決定的なのではない。そのダイナミクスが、限られた存続期間あるいは有限性を内在させている時間モデルのなかにどのようにして巻き込まれていくのかという問題もまた重要なのである。

オイコディツェーの終焉

同時に、これによって先送りされていたオイコディツェーの終焉がはっきりと告知されることになる。これまで長年に渡って、個人の当てにならないふるまいを分別あるものに戻すことが重要視されてきた。だが、いまや、市場の王座についた金融市場が、その合理的な決定プロセスによって、システマチックに非合理を生みだすふるまいをしていることを認めなければならない。道徳哲学と宇宙論というオイコディツェーの二重の出自が、政治経済学の学問的な自己理解ばかりでなく、社会的調和の《形相《エイドス》》としての市場イメージを動機づけている。このことは自己正当化のサイクルを生みだしたが、このサイクルを通して市場形態が理論的に正当化され、市場に関する理論的な知識が規範として特権化された。この、流動的で、自身のなかに基礎をおく理論構造は、自己調整的で、自己を最適化し、最後にはストレスなく機能する市場ダイナミクスという仮定に、あるいは、まさに「純粋な経済理論は、あらゆる点で物理数学的科学に似た科学である」(40)という主張に集約することができる。この理論構造は、いまなお政治経済学の心のなかに、あの古い伝説を思い起こさせるものだ。それは、〈純粋な〉経済的ファクトがある、そのファクトは論理的に構成されたシステムに従っている、このシステムは効率的に機能する、そして、こうしたことはすべて単純な需要から出発して、市場、取引、貨幣経済をへて、世界規模の金融〈秩序〉へと突き進んでいく進化のプロセスに則っているのだ、という伝説である。政治経済学には——ありきたりの競争騒ぎから現在の金融経済的システムにいたる——経済の出来事に関する特別な学問だという自負があるが、もし政治経済学が実際にはこうした出来事を生みださなかったのだとすれば、政治経済学はただのイデオロギーにすぎないといえるだろう。

だが、人間の健全な理性、というよりも、むしろ実務的といえる理性さえもが、成長が雇用を生みだし、民営化によって供給水準が改善される、また、市場はフェアな競争のうえに成り立っており、競争が豊かさの成果を広く分配するといったことを疑いはじめていたことを考えれば、この伝説のねばり腰にはなおのこと驚かされる。マルクスあるいはマックス・ウェーバー以来、資本主義プロセスにおける合理的な非合理性という謎が政治経済学批判を活性化してきた。オイコディツェーの終焉が求めているのは経済学の質的な変化だけではない。古い神の摂理へと傾いていく傾向から経済学を解き放ち、開かれた歴史の領域へと引き渡すことも求められているのである。これを経済の脱理論化と名づけてもよいだろう。その結果、経済活動は、もはや均質的な秩序のシステムとしてではなく、多様な文化的テクノロジーの複合体として出現することになる。そこでは、これらのテクノロジーを用いて不確実性を制御し、危険を先取りし、コミュニケーションを組織し、人びとと物品との関係を解明し、権力の持っている利点や利益の見通しを確保しようとする試みが展開される。また、これとともに、持続的なシステム理念の形成から、成立条件や起源、現実における実践に見られる不均質性へと視線を転換させるリアリズムが呼びだされる。資本主義は社会に対する神の摂理の顕現でもないし、資本主義が歴史哲学的使命を引き受けることもない。どのような方法であれ、一貫して自分自身に忠実であり続けようなどと資本主義は考えない。資本主義は、それ自体として、けっして疲れ果てることもなければ、どのような形であれ、自然な最期を迎えることもない。しかし、だからといって、自然発生的で一般的な富の分配を保証することもないだろう。資本主義は、自分から動いて資金調達をすることもない。だが、社会的・政治的活動を通して資本主義が生みだされ、支えられ、維持されている以上、資本主義の活動範囲の客観的かつ規範的な限界がどこにあるのか、その答えが問われることになる。市場を危機と崩壊から守ることはできないが、市場への依存度を低下させることはできる。消費財、資産価格、労働力、健康、教育あるいは天然資源をただひとつの同じ市場論理に従って分け合うことはできないし、すべてを（脱）規制化する市場メカニズムによって、これらをひとしく〈資本化する〉こともできない。最近の金融業界は、社会化を通して生き残りをはかるというもっともな道を熱心に模索している。はからずもそこで明らかとなったのは、貨幣、資本、流動性さえもが、個人的な目的のために個人が所有する個人の財産というだけでなく、すべての人間に関わり、影響をおよぼす公共財だということである。経済的な決定プロセスの引き起こした結果自体が、経済的決定にはどこまで権限があるのか、その限界を告げていたのである。

市場と資本は、さまざまな経済の力からなる統一性のある集合体を形作っているだけではない。むしろ、それは凝縮された社会的・政治的権力であり、この権力が社会領域に見られる依存構造を調整するためのコードを定めるのである。たとえば、新スコラ主義の経済観からすると、自由主義と資本主義の結びつきはこれまでと変わることなく、ということは本来の〈西洋形而上学[41]〉として維持されなければならない。これに対して、経済学の世俗化にとって問題となるのは、神のいない経済、神の摂理の働かない市場、予定調和の存在しない経済システムを考えることである[42]。いわゆる自由主義はけっして制約のない自由ではなく、神の摂理に縛られていたが、このことを利用して、自由主義は規範的な特権を、つまり、自分で規範を定めることのできる特権を要求した。そのため、この政治的問題は、国家の絶対命令か自由市場かという二者択一ではなく、経済的な不可知論をめぐるものとなった。この不可知論は、政治経済学の政治的な性格をその救済史的基礎原理のなかだけに認めており、市場を通じて実践理性が実現されるとは信じていなかったのである。

決定に関わらなかった人間にも資本主義経済の危険な《リスカント》決定プロセスの結果を感じ取ることができるというのは資本主義経済の特性のひとつである。また、リスクを危険《ゲファーレン》*15から区別するのは、危険《ゲファーレン》は自分の行為や自分の怠慢に起因するものではないという考え方である。その結果、経済のシステム・リスクとそこから想定される損害は、このシステムに依存していながら、なにひとつ決定することのできない人びとにとって、決定的な危険《ゲファーレン》へと姿を変えることとなった。システムが正常に機能しているなかで、人びとが巻き込まれたリスクは、ここで合理的な予測の境界を踏み越えていく。こうした行動を取る社会が「自分自身に対する不安」(43)を抱くようになったとしても不思議ではないだろう。〈金融化〉のプロセスは、社会の再生産を資本の再生産形式に結びつけた。これとともに、一種の大がかりな実験のなかで、社会的・政治的秩序を経済の危機的状況に適合させようとする試みが行なわれた。まさにそれが理由となって、組織的な金融化の約束によって人びとが「不誠実な未来（*perfidious future*）」（ケインズ）の効力に呪縛されたのだと考えることもできるだろう。自動的に作動する安全のメカニズムが危険《ゲファーレン》に対する盲目状態を生みだし、リスクの商品化によって損害のコストは限りなく高騰した。あるいは、そもそも支払い不能となったのである。

危険《ゲファーレン》をリスクに変え、偶然を制御することで現代の福祉社会が出現したのだとすれば、いまや、偶然や危険《ゲファール》といった制御のきかない出来事の嵐が、《テュケー（tychē）》[*16]あるいはアルカイックな姿の偶然、すなわち、変則的で形が定まらず、無‐知に覆われた偶然として、この社会の中心に回帰したのである。少なくとも、わたしたちの知る限りでは、金融市場における競争的ふるまいがそのままで自動的に公益をもたらすわけではない。興味深いビジネス・モデルが有益な社会的プログラムというわけでもない。また、現代の国民経済は、これからも引き続き、次のような問題に直面したままだろう。すなわち、国民経済は資本主義の機能に関する考え方とその構造を支えるための資金調達ができるのか、もしできるとすれば、どのくらいの期間それが可能なのかという問題である。金融資本においては、資本の特性こそが一般的であり、資本が統一的な権力として社会における生のプロセスを規定するのだとすれば、現代的な条件のもとで、古い統治権のなかにあった気まぐれや危険性《ゲフェーアリヒカイト》が資本とともに舞い戻ってきたのである。こうして不確かさは秘儀となった。なんの制約を受けることもなければ、法律によって縛られることもないという点で、この不確かさがくだす決定はどれも宿命的なものとなる。これが、金融経済が痙攣を起こしている現代という時代、資本主義的なコズモポリスの状況を特徴づけている。それは、不鮮明で荒々しい断裂帯であり、わたしたちの社会はこの断裂帯のなかへとみずからを融資してきたのである。

日本語版へのあとがき

予測と挫折

――あるいは不思議なことに経済学のなかに神の存在証明が生き残っているということ

二〇〇七年においてなお、世界規模の金融システムは十分すぎるほどの安定性、強靭な健康を保っており、全体としてみればそこには輝かしい展望のあることが証明された。EUはまさに国際金融市場のために最後の障壁を撤廃し、アメリカの発券銀行[*1]は自国の不動産危機が阻止されたと宣言した。また、二〇〇八年の秋においてなお、財界の首脳たちは、あの投資銀行の破綻、すなわちリーマン・ブラザーズの破綻は起こらないだろうと確信していたのである。それだけに、八〇年代以降、一九八七年の株価大暴落[*2]にはじまり、二〇〇〇年のいわゆるドットコム・バブルにおよび、とりわけ日本の「失われた二〇年」へとつながっていった危機やクラッシュが次つぎと起こったことには驚かされる。日本においても、金融市場の規制緩和、経済成長、安価な信用、増大していく債務、株式もしくは不動産ブームの共演が転換点へと到達したが、これに続いて一九九〇年には株式市場の崩壊、「価格破壊」、景気後退そして持続的なデフレーションが起こったのだ。

最近の金融の出来事においては、連続して起こる危機と構造的な不安定性が悩みの種となったのは明らかであり、これらは疑惑の念を倍加させるきっかけとなった。というのも、二〇〇八年九月一五日のリーマン・ブラザーズの破綻は経済学の主流におけるモデル構築のなかに組み込まれていなかった。そのため、疑いの目を向ける専門家たちによって、即座に時代の断絶、「ハルマゲドン」、「世紀のカタストロフ」、「大地震」、「分水嶺」、近現代経済史における「最大のメロドラマ」、経済学の教義と自由主義学説の崩壊と受けとめられた。(1) これに対して、その後の数年間は、中央銀行による低金利政策とこれを背景としたマネー創造によって、また、金融業界の再編・統合と豊富な流動性資金供給によって金融システムの修復が図られたが、おそらくはこれが次のクラッシュを引き起こす要因となることも考えられるだろう。これと同時に現われたのが、判断の過ちと予測の失敗をひっくるめて、金融経済学の正統性と自由主義の市場理論を弁明しようとする知的な努力であった。そこでは、理論の提供する基準に従わず、それにもかかわらず提示された予測の「理性」にしがみつき、結局はデータと多数派の意見に従ってしまったとして、個々の経済主体の行動が咎められた。あるいは、ノーベル経済学賞を受賞したロバート・ルーカスのように、マクロ経済学が危機は起こらないなどと予言したことは一度としてない、ただそれが起こらない場合になにが待ち受けているのかを予言したにすぎないのだという主張の影にすっかり身を隠してしまった。(2)

この間、正統派マクロ経済学のモデル構築を疑う悪魔の弁護人が散見されたことはたしかだが、しかし、経済予測を求める根強い要求から出されたのは、あらゆる失敗や反論を乗り越えて、経済学の理論構築の本質的な中心部を参照せよという指示であったと思われる。その中心部にあるのは教義の本質であるが、これを弁護することは実態と信念のあいだに横たわる拭いがたい矛盾を招き、また、方法と論理に関する懸念を後戻りさせる結果となった。経済学の科学主義的な自己理解を考慮に入れるならば、そして、遅くとも一九六〇年代以降、ミクロ経済学者と金融理論家たちのほとんど全員が多少とも決定論的なモデル、経済分析の中心点となった(そして、順次ノーベル賞を受賞していった)モデルの開発に血道をあげていたことを心にとどめるならば、このことも理解できないことはない。これらの――「効率的市場仮説」から「動学的確率的一般均衡モデル[*3](*dynamic stochastic general equilibrium models*)」にいたる――モデルは、市場の変化とそれがもたらす結果は予測することが可能であるということを、また、これによって過去、現在、未来のプロセスにおける価格変動とリスク分散に関する展望を獲得することができるということを想定している。そこで行なわれたのは、不完全な知識と予期せぬ出来事のプロフィールを無意味化し、約分可能なものとするモデル、あるいは、ただ無害なだけのモデルの世界を生み出す作業であった。予測可能なシステムのふるまいについて問いかけられることで、自由主義経済学の強靭さと自己理解が危機にさらされていることは明らかである。

それにしても、こうした理論の形姿が持っている特殊性とはなんなのだろうか？　そのステータスと首尾一貫性をどのように評価することができるのだろうか？　それは経済プロセスに関する知の機能に対してどのような情報を与えてくれるのだろうか？　根拠のない予測はみずからの堅固さをどのようにして弁明するのだろうか？

このような構図が生まれてくる第一歩は一七世紀以降の政治経済学の誕生とともに踏み出され、経済概念をこの世界の状況に適用することで前進していった。古代のオイコノミアーはすぐれた家政と綿密な管理技術を簡潔に描き出すものであったが、それがキリスト教に受容されたとき、オイコノミアーは神の救済計画が現世で実現すること、そして、だれもが平等に救済の約束に与かることができることを意味する言葉となった。キリスト教神学では、経済概念《エコノミー》は——なによりもジョルジョ・アガンベンが明らかにしたように(3)——神の世界支配の次元を含んでおり、それは神の作用と統治を意味している。遅くとも中世以降、経済は神の摂理を要請する世界秩序の姿をとって登場してくることになったのである。

したがって、経済概念を政治・経済状況へと転用することによって達成されたのは神学的な秩序の形姿を世俗化することだけではなかった。むしろ、これとは逆の運動が起こったのである。すなわち、経済的なものをこの世俗世界に投入することに先立って、世俗的－古代的な概念内容が神学のなかに埋め込まれたのだった。そして、一七世紀以来の経済の「世俗化」によって、世界の成り行き自体が神の摂理の持つ法則性にしたがって構造化されたのである。そのとき、たとえば神義論に対する啓蒙主義の取り組みが問題としたのは、どのようにしたらこの世界の悪を付随効果として、つまり、副行的損害もしくは全体としてみれば賢明な「宇宙の構造と経綸《エコノミー》」のなかに現われた偶然の働きにすぎないものとして正当化できるのかということだけではなかった。ライプニッツが語っているように、多様きわまりない世界の出来事が予定された調和ばかりでなく、神の摂理をも証言するものなのだということがほんとうに証明されるのであれば、宇宙は全体として普遍的な秩序の問題に対する解答として姿を現わすはずである。世界の実現は「賞賛すべき経綸」だけでなく、神の摂理の諸力を合理的秩序のフォーマットに結びつけるものとして、《成し遂げること（*efficere*）》の持つ二重の意味にもしたがっている。[4] 表面的な失敗や災難に直面して、この神義論は神の合理性の弁明を求めて躍起になっているが、そのコアの部分では、この神学的議論は合理的《エコノーミッシュ》に批准されるのだ。この現象世界の堅固さとそこに隠された法則性を定めるのは神の経綸なのである。

経済一般にみられるこうした神の摂理の導きは、近現代経済の中にもとくにはっきりと見て取ることができる。たとえば、重農主義者の経済学は、「神によって整えられた」、あの「自然で、変わることがなく、本質的な」世界秩序を社会支配のために転用し、財の分配と幸福の問題のなかにいわば自然法則と「自然の秩序」に関する予測が働いているのを見出す学説として理解されたのだった。[5] そして、まさに誕生まもない自由主義は――アダム・スミスのように――みずからが社会的・道徳的生活における普遍的な「自然の経綸」の典型、つまり、「すべてを統御する神の摂理」の機関として機能するものであり、最後には「美しく、すばらしいシステム」と「人類の至福」をもたらす「自然の経綸」なのだと主張した。(6) 市場の法則という考え方、「見えざる手」という神の摂理の働きのなかに自然神学の継続の跡をたどることができ、それによって近代政治経済学がどのようにして神の摂理の典型例としてこの世界に登場したのかを証明することができたのである。いまや市場は、自然法則が道徳的生活においても有効であることを保証することとなった。というのも、市場の出来事が一部の人間の欲求によって形成されるのだとすれば、市場の出来事そのものは、個々人の背後で――個々人にはそんな意図はないのだが――有益な全体目的を生み出す変圧器としての機能を発揮している。まさにそれによって――とアダム・スミスは記している――個々人が「実際に社会の利益を増やそうと意識して行動するよりも、むしろ、まさに自分自身の利益だけを追い求めることの方がはるかに効果的な場合がしばしばである(7)」。

今日にいたるまで、市場と価格システムの直接的あるいは間接的な正当化として機能してきたものを彩ってきたのがこうした神学的・道徳哲学的な考え方であった。これは、現代自由主義の提示するもっとも重要な秩序の形姿であり、社会理論の領域におけるコロンブスの卵にほかならない。すなわち、市場とは道徳哲学的な諸問題の経済的解決であることが明らかとなり、市場は――かつてミルトン・フリードマンが語ったように――いわば「哲学の王者たち」と賢明な「立法者たち」を時代遅れなものとしてしまうのである。[8] こうして、すでにかなり以前から、自由主義学説の神学的予断、つまり、自由主義に見られる市場理論の「形而上学的な威厳」と「理神論的な神学」の継承が指摘されてきている。[9] 現代における市場の主体は神の摂理の考え方、道徳哲学、自然法則の重なり合いのなかで形成された。そして、アダム・スミスから現代の市場モデルにいたるまで、市場は調整、法則性、社会的理性の舞台であり、システマチックな上演形式を求めるのだという自由主義の不死身の確信がまるで赤い糸のように長く伸びている。市場とそのプレイヤーたちは自然発生的な秩序とこの世界における神の摂理の保証人として登場するのである。

したがって、このタイプの市場モデルにおいては、これより少し前の神義論に見られる取り組み方に類似した議論のパターンが認められるのも当然といえるだろう。自由主義的な市場理論は神の存在証明のロジックにしたがっているのである。つまり、フリードリヒ・ハイエクによれば、市場のプロセスが示す全体性に関する知は、あれこれの観察者の考えに依拠しているのではなく、「謙虚さの教訓」を与えてくれる「市場秩序の卓越性」自体のなかにしかない。[10] これと同様に、神義論における問題とは、現実の世界に見られる混乱状況が、神の完全なる洞察力のなかで予見可能な秩序へと変化する限られた現世的なパースペクティブと知から生まれた結果だということを実証することにある。現代の経済的教理神学のコアを規定するのは「オイコディツェー」――すなわち、あらゆる悪とカタストロフは賢明なシステム装置と一体的に出現するのだと考える教理である。そうだとすれば、おそらく最近の科学史が犯したかなり深刻な選択ミスのひとつと向き合う必要があるだろう。そこで問われるのは、もっとも新しい金融危機が一七五五年のリスボン大地震と同じような影響力を持つことが可能だったのかどうかである。当時、神義論はその土台を揺るがす衝撃をうけ、まるでパングロスを思わせる姿でしか、つまり、嘲笑の的としてしか生き延びることができなかったのだ。

これと同じことは起こらず、二〇〇八年の知的な贖罪の勤行は忘れ去られてしまった。だが、だからこそ三つの問題が未解決のまま残されることになった。第一に、経済の予測はいまなお不規則性と不確かな未来を排除したモデルと理論によって不確かな未来に関する知を創造するという厄介な課題を抱えている。まさに経済理論が、自分から予測を求める声を発するモデルを用いることによって、経済理論はその対象をとらえることに失敗するのである。すでに一九二〇年代に、のちにゲーム理論の共同創始者となるオスカー・モルゲンシュテルンは課題のおかれた状況を突きとめていた。そこでは、統計を濫用することで誤った予測が生み出されたのである。しかし、それ以上に、モルゲンシュテルンは、経済予測は二重の意味で——すなわち技術的また理論的に——不可能であると主張したのだった。というのも、なによりも経済の出来事が頻度の分析によって一定の確率を予想することのできる統計学の方法にしたがうことはない（それが行なわれるのは、たとえば自動車事故、住宅火災、病気などの保険を目的とした場合である。こうしたケースでは、個々の出来事がそれぞれ無関係に起こり、したがって一定の比例数として記述することができる）。しかし、それとはちがって、価格や価格変動のような経済の出来事は時系列的にたがいに結びついている。変化は変化を引き起こし、経済の時系列は停滞することもなければ等方的でもない。経済の出来事は適応反応を誘発する。統計分析は——モルゲンシュテルンが書いているように——経済の出来事の持つ経験的な「時間の質」を捉えることができず、予測にとっては文字どおり「用なし」なのである。

他方、経済の予測はある理論的なパラドックスに苦しめられる。たとえば、一定の確率に基づいてどこかの市場で価格の下落が予想されるとしよう。そのとき、まさに予測を行なう知が反響を呼び起こす。その結果、予想された事態は（供給と需要の変化によって）起こらないことになる。あるいは、さらに悪い結果も想定される。すなわち、この予想は——金融市場に見られるように——買いのカスケードを生み出し、システムの不安定化をもたらすのである。天文学や気象学とちがって、経済予測は経済の出来事によってフィードバックを受け、予測をすることでいやおうなく無効を宣告される。それはみずからの土台を破壊し、原理においてみずからの真理の的をはずしてしまうのだ。さまざまな経済の機関が行なおうとしている予測は——とモルゲンシュテルンは結論づけている——先の見通しを持たない「ディレッタンティズム」にすぎず、自信にあふれた予測などは諦めるべきなのである。(11)

第二に、このことが意味しているのは、市場の出来事もまた歴史という愉快ならざる領域のなかに自己を再発見するということである。したがって、そこにある種の規則性が認められるとしても、それを自然法則の表出であると勘違いしてはならない。資本主義の適応要素と併せて短期的な景気循環の背後に長期波動を発見したニコライ・コンドラチェフは、こうした短期的局面からプロセスの展開を予測しようとする解釈に対して、はやくから根本的な留保を見せていた。どのような景気循環も「新たな具体的–歴史的条件のもとで、また、生産力の発展における新たな地平において発生する」とコンドラチェフは記している。つまり、歴史が繰り返されることはけっしてないのだ。(12) そこで経済の出来事が必要とするのは、自由主義の市場理論が持っている神の摂理の約束から解放され、歴史に内在する場に専念するというパースペクティブである。資本主義のダイナミクスが自然発生的な秩序や調整の形姿へ立ち戻ることで把握されることはないだろう。それはただ不確実性、不安定性、そして時間の悪魔的な力を一瞥するだけで理解できるのである。

第三に、したがって経済分析は、理想的な市場という予定調和の考え方には限られた説明価値しかなく、もともと予言的な能力など少しも持ち合わせていないのだということを認めなければならないだろう。まさにいま「荒れ狂う」金融市場と呼ばれているものが、効率、完全な競争あるいは調整力のある価格メカニズムが出来事の進行を指図するような舞台を提供することはない。それどころか、この市場は法的かつ行政上の規制によって圧縮されたコングロマリットを相手にしなければならないのである。これらの規制は多様なタイプの国家的、国際的あるいはプライベート組織の協力のもとで適用され、市場参加者の制限、金融資本の集中、特例規定、排除条項、相互依存関係に関する規定からなる緊密なネットワークを作り出した。他のケースと同様に、ここでも市場が規制されるべきかどうかは問題とならない。問題となるのは、この規則のシステムがどのような方法で、なにを目的として、誰の利益のために機能するのかという点だけなのだ。経済分野における唯一確実な予測とは予測は失敗するということである。それでも、内発的で自然な秩序に固執した予測を行なったために次のような狂いが生じた。つまり、経済学においては、どの利益が、どのような理由で、いかなる抵抗に抗って優先されるのかがつねに問題となるが、そうしたことへの視点が遮断されてしまったのである。また、これは一見すると説得力のある市場メカニズムを盾にとった政治的決定に対する推定無罪の取り消しとも結びついている。経済・金融・財政政策は訴訟政策上の責任を免除されてきたのだ。この市場に忠実な決定論は、たとえば国民総生産に対する国家支出の割合と経済成長、価格水準と通貨の流通量、競争と公益、賃金の放棄と雇用のあいだの機械的な関係を想定している。だが、よくあるように、この決定論へと逃げ込んだところで、そこに体現されている潜在的な決定能力の持つ影響力が隠ぺいされるだけである。オイコディツェー、すなわち均衡の自動作用を拒絶することによって経済学は激戦の場となるが、経済学とはこれまでもたえずそうした戦場であったし、そこでは経済学の認識方法が、決定された政治的目標設定やその優先性から切り離されることはない。というのも、自由主義的な市場理論は資本家の利益、金融のレジームそしてその富の防衛政策の連合体にほかならないからである。

訳者あとがき

1

本書はヨーゼフ・フォーグル（Joseph Vogl）の *Das Gespenst des Kapitals* (diaphanes, Zürich 2010) の全訳である。なお、翻訳にあたっては、本書の英語版 *The Specter of Capital* (translated by Joachim Redner and Robert Savage, Stanford University Press, Stanford 2015) も参照した。さらに、日本語版の出版にあたって、著者によってあらたに書き下ろされた「日本語版へのあとがき　予測と挫折——あるいは不思議なことに経済学のなかに神の存在証明が生き残っているということ」を付け加えることができた。山のような原稿依頼を抱えながらの著者の好意、また、翻訳作業全体をつうじて訳者からのさまざまな問い合わせに迅速かつ的確に答えていただいたことに心よりの謝意を表したい。

本書についてはあとで少しだけ踏み込んだ話をするつもりなので、ここでは、本書が実質的な日本デビューとなる著者についての簡単な紹介からはじめたい。

著者は一九五七年、ドイツのバイエルン州生まれ。ミュンヘン・ルートヴィヒ・マクシミリアン大学（ミュンヘン大学）で文学、思想などを学び、一九九〇年にミュンヘン大学より現代ドイツ文学の研究に対して博士号を授与された。一九九八年にヴァイマル・バウハウス大学教授に就任、メディア研究を担当する。二〇〇一年にはミュンヘン大学で教授資格を取得。二〇〇六年からは、文学・文化・メディア研究の教授としてベルリン・ヴィルヘルム・フォン・フンボルト大学（ベルリン大学）で教鞭をとっている。その間、訪問教授として、二〇〇七年にはカリフォルニア大学（バークレー）、二〇一〇年にはインディアナ大学に滞在。また、二〇〇七年からはプリンストン大学の終身訪問教授を務めている。ベルリン大学では、大学院生を中心に、多数の学生に対して熱心な指導にあたっている。その他、詳細は略すが、ドイツ内外のさまざまな研究・教育機関において研究・教育プロジェクトの責任者として、あるいは比較文学、文化研究、メディア史などの専門ジャーナルの編集などでも中心的な役割をはたしている。主な研究分野は、知の歴史と理論、金融・権力・リスクの現代史、ディスクールとメディア理論、一八世紀から二〇世紀の文学史である。著作あるいは学術的活動は膨大な数にのぼる。二〇一七年時点で単著が六冊、共著・編著などが三四冊、学術論文が一二六点、その他の論文や書評、対談、インタビューあるいはメディア出演などが二〇〇を超えている。また、ニュー・ジャーマンシネマで世界的に知られた映画監督のアレクサンダー・クルーゲとのさまざまなメディアを通しての対話でも知られている。ちなみに、テレビの連続企画として、多彩なテーマをめぐってクルーゲと交わした対談は、*Soll und Haben* (diaphanes, 2009) として出版されていることを付け加えておきたい。

広範囲におよぶ関心領域を持つ著者の活動を絞り込むのはなかなかむずかしい。また、メディア論関係の著述も多いが、ここでは、フランツ・カフカを扱って、その世界から響きだす「暴力」の音色を解明しようとする *Ort der Gewalt* (diaphanes, 1990)、「ためらい」をキーワードとしてそれが「行為・行動」の歴史のなかで果たしてきた役割を多角的に論じる *Über das Zaudern* (diaphanes, 2007)、金融資本主義社会における国家と市場の関係から「主権」、「統治」について論及した *Der Souveränitätseffekt* (diaphanes, 2015) の単著三作をあげておきたい。さらに、著者が積極的に取り組んできた翻訳について触れておくと、クロード・レヴィ＝ストロースの『はるかなる視線』(邦題・以下同)、ジャン＝フランソワ・リオタールの『文の抗争』、ジル・ドゥルーズの『差異と反復』や『フランシス・ベーコン　感覚の論理学』、ドゥルーズ／フェリックス・ガタリの『哲学とは何か』のドイツ語翻訳などがとくに重要だろう。

なお、日本とは馴染みが薄いと述べたが、経歴紹介の最後に少しだけ日本との関係についても語っておきたい。じつは、訳者が統括責任者として関わった文部科学省私立大学学術研究高度化推進事業・学術フロンティア『表象文化に関する融合研究』プロジェクトの「民族イメージ研究」グループ(訳者がセクション・リーダーを兼任)の共同研究者として、二〇〇一年と二〇〇四年に来日し、訳者の本務校である慶應義塾大学・日吉キャンパスで研究発表を行なっている。このうち二〇〇四年の発表はのちに論文としてまとめられ、訳者の編集による『民族の表象　歴史・民族・国家』(慶應義塾大学出版会、二〇〇六年)に「資本と人種」のタイトルで収められている。また、二〇一三年には東京都主催の「文化の力・東京会議二〇一三」に講演者として招かれて、「主権効果」と題した基調講演を行い、経済学者の岩井克人氏らとともにパネルディスカッションにも参加している。

2

さて、『資本の亡霊』である。序文のなかで著者が述べているように、本書の目的は、「一八世紀から現在にまでいたる経済学的な知のあり方のいくつかの局面をカバーしながら（…）一見すると前代未聞としか思えない出来事をめぐって」論考を進めることにある。しかし、だからといって、本書は「現代経済システムの改造に求められる処方箋」ではない。それにもかかわらず、いや、だからこそというべきだろうが、本書は経済や金融に関心を持つ読者を超えて、刊行以来、ドイツを中心に、こうした学術系の著作としては驚異的ともいえる幅広い読者を数多く獲得してきた。それは、本書がすでに八ヶ国語に翻訳されていることからも窺うことができる。

つまり、本書の大きな特徴は、文学、思想、歴史あるいはメディア論といった、いわゆる人文系領域を本来のフィールドとする著者が経済、金融の領域に大胆に切り込んだことにあると、とりあえずはいえるだろう。だが、それ以上に、本書が多くの読者の関心を呼び寄せた大きな理由は、「経済・金融」を手がかりとして、一八世紀はおろか、はるか古代にまで遡りつつ、歴史のなかでくり広げられ、積み上げられてきた「世界」理解あるいは「人間」理解の知的営為があらためて正面から問い直されていることにあると思う。経済・金融の領域にとどまらず、少なくともヨーロッパの歴史観、世界観、人間観という基本的かつ堅固な枠組みを議論の軸におき、経済、金融に関わる考え方や出来事、歴史を視野に収めつつ、著者は、「グローバル化」が喧伝されて久しい現代から未来にまで関心の触手を伸ばしている。おそらく、こうした営為は、立場や見解のちがいを超えて、わたしたちが、いま、もっとも切実に求めていることであり、同時に、わたしたち自身が、いま、避けて通ることのできない課題として考えるべきことなのではないだろうか。

著者は、論考を進めるにあたって、キーワード、キーコンセプトを提示する。ひとつは「不安定性・不確実性」であり、いまひとつは「オイコディツェー」である。

「不安定性・不確実性」については、リーマン・ショックが典型的な事例であろうが、現代国際金融市場を震源地とするバブルと大暴落がすぐに思い浮かぶ。しかし、これはきわめて限定的な場を映しだす風景の一コマにすぎない。たとえば、貨幣を手がかりとして、著者は取引、流通、市場、価値あるいは「経済的人間」に代表される人間のあり方、共同体や社会、国家や統治の問題などに、さらには、経済学の成り立ちからその変容や課題、現実との関係性へと筆を進めていく。その議論の中心におかれているのが、経済・金融の不安定性・不確実性である。歴史を振り返れば、アダム・スミスをはじめとするヨーロッパ思想・文化にくり返し現われる「見えざる手」、すなわち、神の摂理・神の配剤というキリスト教的世界観は、人間や社会の安定性・確実性を土台において保証するものであった。ライプニッツの最善説などがその典型だろう。だが、いささか荒っぽくまとめれば、この（幻想かもしれない）土台がぐらつきはじめたとき、科学的思考に基づく学問体系が、これに代わって不安定性に箍をはめる役割を担うことになった。おそらく、そのとき「統治」と「自由」のどちらを主体とするのかが問題となる。しかし、いずれにせよ、この新たな箍がふたたび機能不全を起こしているのが現代である。しかも、本書に登場するマルクス、ケインズ、フリードマン、ミンスキー、シン、ソロスといった経済の理論家たちにとどまらず、マンデルブロやプリゴジンらの問題認識から透けて見える不安定で不確実な状況は、経済現象にとどまらず、広く科学や学問のあり方、政治や宗教、民族問題の錯綜化・複雑化から地球規模での気候変動などにまでおよんでいる。

それでは、翻って、かつての社会、世界には不安定化をもたらす要素は存在しなかったのか、存在したとすれば、そうした要素はどのように位置づけられ、意味を与えられ、了解され、対処されてきたのか。それが、経済や金融に、あるいは、それをめぐる知的な営為にどのような影響をおよぼしたのか—古代ギリシアから中世ヨーロッパにつながり、資本主義の世界化にまでいたる大きな歴史の流れのなかで、経済学に代表される人間の知は、これにどのように向き合ってきたのか、また、このさき、どのように向き合おうとしているのか。ここに著者の最大の関心があるのだと思う。

この問題意識は、訳者が専門とするヨーロッパの「ユダヤ人問題」の歴史的展開とも深い共通性もしくは類似性を持っていることを指摘しておきたい。ただし、ここでいう「ユダヤ人問題」とは、一九世紀ヨーロッパが直面したユダヤ人解放の賛否をめぐる議論という狭義の意味ではない。紀元後ほどなくイスラエルの地を失って世界に離散したユダヤ人がヨーロッパに流入したときに、ホスト社会としてのヨーロッパが突きつけられた課題、すなわち、キリスト教ヨーロッパというある種の安定的な枠組みのなかに入り込んできた異教徒・異分子としての不安定要素たるユダヤ人をどのように受け入れるのかという意味での「ユダヤ人問題」である。その後、二千年近くにわたって、不安定をもたらし、不確実性を高める要素としてのユダヤ人を眼前におきながら、ヨーロッパはさまざまな解決方法を模索してきた、というよりも解決を先延ばしにしてきたといってよい。そうした「ユダヤ人問題」の歴史が、本書に描かれるヨーロッパの経済・金融をめぐる議論の歴史、現実の歴史と二重写しになる。さらには、ユダヤ人のステレオタイプ化、あるいは、それを利用したポピュリズム的な問題処理の仕方にまでつながる要素を本書から読み取ることもできるだろう。

3

そして、この不安定性・不確実性という問題意識と密接に結びついているのが「オイコディツェー」である。これは著者の造語であり、一般に「神義論」あるいは「弁神論」と訳されるドイツ語の「テオディツェー」(Theodizee) に由来する。そこで、ここでは「オイコディツェー」の背景としての「テオディツェー」について触れておきたい。

「テオディツェー」という言葉は、神を意味するギリシア語の「テーオス」(Theós) という語と正義を意味する「ディケー」(dikē) という語からライプニッツが作りだしたものだとされており、一七一〇年に出版された『神の善意・人間の自由・悪の起源についての神義論(弁神論)の試み』のタイトルとして世に登場した。(1) ライプニッツは本文では一度もこの言葉の意味や由来については述べていないが、ひとことでいえば、神が創造したこの世における悪の存在をどのように理解すればよいのかという問題である。旧約聖書の「ヨブ記」を中心に、神義論について語る並木浩一によれば、「人間は神を気にする限り、神義論的な問いから無縁には生きられない。人間を取り巻く世界は問題に満ちているからである。神が世界を創造したのであれば、何故この世界には悪と苦難が許容されているのだろうか。神の存在と行動とは、この世界の現実と矛盾していないだろうか。このように人は問わざるを得ない。これを問うことは、ほとんど人間の根源的な知的欲求であるといってよいだろう」[2]。

だが、これをもう少し詳しく見れば、この言葉にはふたつの側面がある。ライプニッツの訳者である佐々木能章の解説を引用すれば、「一つは『弁神論』という表題が示すように、神の正義に関わるもので、神はなぜこの世に悪をもたらしたのか、言い方を換えるなら、神が万能であるなら、世界をもっと善いものとして創造することができたのではないか、という問いである」。もうひとつは「悪の存在との関わりで、はたして人間には自由があるのか、という問いである。人間に自由がなければ罪を犯しても罰することはできず、むしろ人間にそうさせている神が責任を負うことになる。反対にもし人間が自由な意志によって罪を犯すとするなら、そのような人間を造った神の責任が問われるし、神は万能な存在でもないことになる」[3]。あるいは、道徳的な悪や物理的な悪がこの世に存在するという非難から神を擁護するという狭義の神義論すなわち弁神論と、神を考える、つまり神の理念と悪の存在の両立を思弁的に説明しようとする広義の神義論のふたつの側面である。

用語的にはライプニッツを嚆矢とするにしても、神義論・弁神論的な問い自体の歴史は古く、旧約聖書の「ヨブ記」、悪を人間の堕罪によって世界に導きいれられた「善の欠如」と見なすアウグスティヌスから受け継がれたトマス・アクィナスなどスコラ哲学における議論、ライプニッツをへて、本書にも登場するカント、そして、世界各地の宗教の比較を通じて弁神論を類型化したマックス・ウェーバーなど、現代にいたるまで、さまざまな論考が提示されてきた。これに、そもそも神が人間によって義とされる必要性はないとして、神義論・弁神論的な問題設定自体を批判するルターや、神の正義を論じながら、実際にはこれを語る論者の正当性を主張しているにすぎないとして弁神論を「人義論」（Anthropodizee）と呼ぶカール・バルトなどを加えてもよいだろう。[4]

ここで、これらの論考を取り上げてその詳細を扱うことはできないが、本書の「オイコディツェー」がおもに依拠しているカントの弁神論[5]について若干の整理をしておきたい。

カントによれば、弁神論とは「理性が世界のうちに見出される反目的的なものを根拠として行なう起訴から、世界創造者の最高の叡智を弁護することである」。この「反目的的なもの」こそが「悪」であるが、ライプニッツの場合は、これを、①「形而上学的悪」すなわち被造物の制限性もしくは不完全性、②「物理的（自然的）悪」すなわち苦痛（不幸、不運など）、③「道徳的悪」すなわち犯罪行為に分類している。これに対して、カントは、①「知恵によっては目的としても手段としても許容されえず望まれえない、絶対的に反目的的なもの」すなわち「本来の悪（罪）として道徳的に反目的的なもの」、②「目的としては意志の知恵と両立しないが、手段としてはそれと両立する条件付きで反目的的なもの」すなわち「自然的に反目的的なもの」を挙げ、このふたつの「悪」については罪とこれに対する罰との関係性において合目的性があるとしている。すると、この合目的性からは「この世界で正義が行なわれるかという問い」が生じてくる。それが、③「世界における反目的性」すなわち「世界における罪と罰の不均衡」である。そして、この三つの「反目的性」が「抗議」として現れるときに、これに対応する「世界創造者の最高知性の性質」は、①「（道徳的悪に対する）立法者（創造者）としての世界創造者の神聖性」、②「（人間の害悪と苦のコントラストにおける）統治者（保持者）としての世界創造者の善性」、③「（罪と罰の不均衡という害悪状態との比較における）裁判者としての世界創造者の正義」である。こうした関係性に立つ問題について、「われわれが世界において目的に反すると判定するものが実はそうではないのか」、「目的に反するものが存在するとしても、それは事実なのではなく、事物の本性から発する不可避的な帰結であると判定されるべきであるのか」、「それは少なくとも万物の最高創造者の事実としてではなく、単になにほどかは責任を負わせうる（…）人間（…）の事実と見られねばならないのか」のいずれかを証明することが弁神論の課題とされている。

ヨブの誠実さを強調するカント自身の結論は措くとして、このように考えるならば、本書にくり返し登場する「オイコディツェー」という言葉を通して、著者が第一章で語っているように、「市場とは模範的な舞台であり、それゆえに社会的理性の展示場でもあるという確信」、「市場の出来事は首尾一貫したシステマチックな表現形式によってアピールするものだという確信」の揺らぎの問題のなかに、かつて神義論・弁神論が対峙した問題状況の回帰を見出すことができる。そして、カントが設定した三つの問いの証明と同様の営為が経済・金融の世界にも求められている。その意味では、「オイコディツェー」とは「オイコノミアー」と「ディケー」から合成された現代的神義論、すなわち「経済神義論」と捉えることができるだろう。

ところで、本書の最終章では「オイコディツェーの終焉」が語られているが、しかし、本当に「オイコディツェーの終焉」を断定することができるのだろうか。これについては、あらたに付け加えられた「日本語版へのあとがき」の副題が語っているように、著者自身が経済のなかにはなおも「神の存在証明」が生き残っていることを認識している。この不可思議な事態に関して、モルゲンシュテルンなどに触れつつ、著者は、経済とはつねに新たな地平で出来事が生じてくる激戦の場なのだと記している。つまり、もはや経済学は「オイコディツェー」あるいは「神の摂理の約束」に頼ることはできないということである。この指摘に対して、それでは現代の経済学はどのように答えることができるのか——著者の暗黙の問いかけに触発されて、ここではもう一歩踏み込んで「オイコディッツェーの終焉」について考えてみたい。

いささか突飛な流れかもしれないが、たとえばキリスト教の審判論の影響を受けていると指摘される復古神道の提唱者・平田篤胤を思い出してみよう。平田神道については、菅野覚明が次のような興味深い指摘を行なっている。すなわち、篤胤の師である本居宣長によれば、一体化・合体化して国を産んだ伊邪那岐・伊邪那美の二神のうち、伊邪那美神が穢れた黄泉国に入ることで分離・分裂が起こり、この世は未完成のまま、人間も死後にその黄泉国に行くことになったのだという。[6]これを認めない篤胤の考え方に触れつつ、菅野はこう記している。「第一に、黄泉国を激しく憎む伊邪那岐神の心情はこの世界のあらゆるものに共通の心情であり（…）伊邪那岐が〔伊邪那美を〕黄泉国へ行かせるはずがない。第二に、二神の根本意志は、産霊神によって与えられた「この国土を愛し幸ふ」ことに尽きており、変わらずにこの国を愛している伊邪那美神が、人間を黄泉国に引き入れるはずがない（…）篤胤学の方法は、この『はずがない』という論法で死後霊魂が黄泉国へいくとする説を否定する」。[7]ここで注目したいのは、篤胤学の「はずがない」という論法である。平田神道における一神教的性格をめぐる議論は別として、[8]一神教における神の特性、つまり人間から見た神理解の中にはたしかに「はずがない」もしくは「はずだ」という意識が働いている。超越的で完全無欠な神が「そんなことをするはずがない」あるいは「このようにするはずだ」という意識である。悪の極大化へと向かうことが救済へと向かう道と同義である終末論的歴史観にしても、本書で取り上げられる神義論やオイコディッツェーにしても、その基層部には「究極的には神が悪を認めるはずがない」「神によって、最後には最善なる世界が実現するはずだ」との期待や確信がある。そうした期待や確信をなお人間が持ち続けているのだとすれば、一見すると、もはや神の「見えざる手」も神義論的な神の審判論からも遠く離れたかに見える現代の資本主義経済・金融の世界にしても、だが、その背後にはなお「見えざる手」や「神の審判」が出番を待っているのではないか。それは、救済に向かおうとしてあせるあまりに、天使たちに黄金の鎖でしばりつけられて時機を待たされるメシア、ドイツ系ユダヤ人の詩人ハイネが描きだす若きメシア像(9)にも似た幻想かもしれない。だが、神義論あるいはオイコディッツェーの内包する強靭な生命力、粘り腰を考えるとき、良い悪いは別として、新たな「オイコディッツェーの出現」の可能性を否定することもできないだろう。少なくとも、不透明感と閉塞感に包まれているように見える現在の世界、不安定性と不確実性に悩むこの世界の現在と未来を総合的に考えようとすれば、その終焉と新たな出現の可能性も含めて、著者がたてる問いに対する証明を行なおうとする営為が持っている射程は広くかつ深いといえるのではないだろうか。

4

著者から本書を贈られて、すでに長い時間がたってしまった。翻訳自体の企画は早くからあったが、訳者の怠慢はもちろんのこと、言い訳を承知で記せば、本務校において降りかかるさまざまな公務に時間を奪われて、翻訳作業は遅々として進まなかった。そうした業務から解放されて、ようやく本格的にこれに取り組み、なんとか現在の形にたどり着くことができた。とはいえ、著者と同じく訳者もまた経済・金融の専門家ではない。それだけに、読者よりの温かいご批評、ご教示をいただければ幸甚である。

翻訳にあたっては、著者をはじめ、多くの方々に助けていただいた。なによりも、訳者の質問や相談、要望にこころよく応じてくれた著者にあらためて感謝の意を表したい。また、慶應義塾大学経済学部の池田幸弘氏、新島進氏、根岸宗一郎氏、理工学部の荒金直人氏、ドゥルーズ研究者の西川耕平氏には、経済・金融理論やその歴史について、古代ギリシア語やラテン語について、あるいはドゥルーズやガタリなどの現代思想の理解について貴重な指摘や助言をいただいた。現代の金融に関する知識、情報あるいは用語については、アナリストとしての経験も豊かな西村崇氏（ＳＭＢＣ日興証券）にご教示いただいた。とくに、経済学史・経済思想史を専門とする池田氏は、多忙を極める経済学部長という要職にありながら、原書まで取り寄せて、丁寧な訳文のチェックをしてくださった。感謝の言葉もない気持ちである。また、ご協力いただいた各氏に対しても、心よりのお礼を申し上げたい。そして、本書の企画からはじまって、刊行にいたるまで、辛抱強く訳者のわがままにつき合ってくださった法政大学出版局の前田晃一氏と、私事で恐縮であるが易きに流れかかる訳者の背中を支えてくれた家人にも感謝したい。

二〇一八年十一月

羽田　功

註

（1）この書の邦訳については以下を参照されたい。『弁神論――神の善意、人間の自由、悪の起源（上・下）』佐々木能章訳、『ライプニッツ著作集』全十巻、一九九一年、工作舎、第六巻、第七巻『宗教哲学――弁神論』（上・下）。なお、語の由来についてはたとえば以下を参照。ライプニッツ『弁神論』の訳者による「解説」（『ライプニッツ著作集』第七巻、二九四頁）、横田理博『比較思想の観点としての「神義論」』（『比較思想研究』二六号、一九九九年、六〇頁）、並木浩一『「ヨブ記」論集成』（工作舎、二〇〇三年、一一三頁）。

（2）「旧約聖書の思想的構造」『岩波講座 東洋思想』第一巻「ユダヤ思想Ⅰ」、岩波書店、一九八八年、六〇頁。

（3）ライプニッツ『弁神論（下）』「解説」、二九九頁。

（4）以下を参照。並木浩一『「ヨブ記」論集成』工作舎、二〇〇三年、一一三―一三五頁。

（5）以下を参照。イマヌエル・カント「弁神論の哲学的試みの失敗」福谷茂訳、『カント全集一三　批判期論集』岩波書店、二〇〇二年。

（6）以下を参照。菅野覚明『神道の逆襲』、講談社現代新書、二〇〇四年、二三五―二四二頁

（7）以下を参照。菅野、前掲書、二五六―二五八頁。なお、引用文中の〔〕は訳者の挿入による。

（8）以下を参照。菅野、前掲書、二六二頁。相良亨「日本の思想史における平田篤胤」（『日本の名著24 平田篤胤』責任編集・相良亨、中央公論社、一九七二年、一三―一六頁）。オースルフ・ランデ「近代神道における一神教」（『一神教学際研究4』、二〇〇八年、一―一〇頁）。

（9）ハインリヒ・ハイネ『ルートヴィヒ・ベルネ回想録』木庭宏訳、『ハイネ散文作品集　第三巻』責任編集／木庭宏、一九九二年、松籟社、一二三―一二五頁。

著　者

ヨーゼフ・フォーグル（Joseph Vogl）

1957年ドイツのバイエルン州生まれ。ミュンヘン大学で文学、思想などを学び、1990年にミュンヘン大学より現代ドイツ文学研究で博士号、2001年にミュンヘン大学で教授資格を取得。2006年から、ベルリン・ヴィルヘルム・フォン・フンボルト大学哲学部教授。主な研究分野は、知の歴史と理論、金融・権力・リスクの現代史、ディスクールとメディア理論、18世紀から20世紀の文学史。映画監督のアレクサンダー・クルーゲとのさまざまなメディアを通しての対話でも知られている。主な著作に、フランツ・カフカを扱って、その世界から響きだす「暴力」の音色を解明しようとする *Ort der Gewalt* (diaphanes, 1990)、「ためらい」をキーワードとしてそれが「行為・行動」の歴史のなかで果たしてきた役割を多角的に論じる *Über das Zaudern* (diaphanes, 2007)、金融資本主義社会における国家と市場の関係から「主権」、「統治」について論及した *Der Souveränitätseffekt* (diaphanes, 2015) などがある。クロード・レヴィ＝ストロースの『はるかなる視線』、ジャン＝フランソワ・リオタールの『文の抗争』、ジル・ドゥルーズの『差異と反復』や『フランシス・ベーコン　感覚の論理学』、ドゥルーズ／フェリックス・ガタリの『哲学とは何か』のドイツ語翻訳者でもある。

訳　者

羽田 功（はだ・いさお）

1954年生まれ。慶應義塾大学経済学部教授。専門は「ユダヤ人問題」。著書に、『禁忌の構造——フランツ・カフカとユダヤ人のプラハ』（林道舎、1989年）、『洗礼か死か——ルター・十字軍・ユダヤ人』（林道舎、1993年）、『雷文化論』（共著、慶應義塾大学出版会、2007年）、『ユダヤ人と国民国家——「政教分離」を再考する』（共著、岩波書店、2008年）など、翻訳に、エードゥアルト・フックス『ユダヤ人カリカチュア——風刺画に描かれた「ユダヤ人」』（柏書房、1993年）など、編著に、フォーグルが「資本と人種」を寄稿した『民族の表象』（慶應義塾大学出版会、2006年）がある。

《叢書・ウニベルシタス　1089》
資本の亡霊

2018年12月25日　初版第1刷発行

ヨーゼフ・フォーグル
羽田 功 訳
発行所　一般財団法人　法政大学出版局
〒102-0071 東京都千代田区富士見 2-17-1
電話03(5214)5540 振替00160-6-95814
組版：HUP　印刷：三和印刷　製本：積信堂

Printed in Japan

ISBN978-4-588-01089-7

図版出典

図 1. James Gillray, *Political Ravishment, or The Lady of Threadneedle Street in Danger!*, 22.5.1797 (aus: Eva Schumann-Bacia, *Die Bank von England und ihr Architekt John Soane*, Zürich u.a. 1989,39)〔ジェイムズ・ギルレイ「政治的強姦あるいは危機に陥ったスレッドニードル街のレディ」1797年5月22日〕.

図 2. James Gillray, *Midas, Transmuting all into ~~Gold~~ Paper*, 1797 (aus: James Gillray, *Meisterwerke der Karikatur*. Ausstellungskatalog, hg. v. Herwig Guratzsch, Hannover 1986, Katalog-Nr. 98)〔ジェイムズ・ギルレイ「ミダース　すべてを~~金~~紙切れに変えてしまう」1797年〕.

図 3. Die Black-Scholes Formel (www.wiwi.uni-frankfurt.de/~doerner/kap3.pdf)〔ブラック－ショールズ微分方程式〕.

図 4. Eine der von Fischer Black generierten Tabellen (aus: Donald MacKenzie, *An Engine, Not a Camera. How Financial Models Shape Markets*, Cambridge/MA u.a. 2006, 161)〔フィッシャー・ブラックによって作られた表のひとつ〕.

図 5. Frontispiz des *Fortunatus*, Augsburg 1509 (hg. v. Hans-Gert Roloff, Stuttgart 1996, 3)〔『フォルトゥナートゥス』の扉〕.

参考文献

〔訳註：原書では、原著者が参照した文献で、版数が出版年の前に上付き数字で記されている場合があるが、邦訳書では記さない。その邦訳書の出版年は訳者が実際に参照した版の年を記す。〕

Acheson, A.L.K. u.a. (Hg.): *Bretton Woods Revisited. Evaluations of the International Monetary Fund and the International Bank for Reconstruction and Development*, Toronto 1972.

Addison, Joseph: *The Spectator*, hg. v. Donald F. Bond, Oxford 1965.

Agamben, Giorgio: *Herrschaft und Herrlichkeit. Zur theologischen Genealogie von Ökonomie und Regierung,* Frankfurt/M. 2010〔ジョルジョ・アガンベン『王国と栄光――オイコノミアと統治の神学的系譜学のために』高桑和巳訳、青土社、2010年〕.

Aglietta, Michel: *La crise. Pourquoi est-on arrivé là? Comment en sortir?*, Paris 2008.

Aglietta, Michel/Rigot, Sandra: *Crise et rénovation de la finance,* Paris 2009.

Ahmad, Syed: »Adam Smith's Four Invisible Hands«, in: *History of Political Economy* 22:1, 1990, 137–144.

Alighieri, Dante: *Die göttliche Komödie,* Frankfurt/M. 1974〔ダンテ・アリギエーリ『筑摩世界文学大系 11　ダンテ　神曲　新生』野上素一訳、筑摩書房、1979年、5–333頁〕.

Alliez, Éric: »The Accident of Time: An Aristotelian Study«, in: *Capital Times. Tales from the Conquest of Time*, Minneapolis 1996, 1–24.

Altdorfer, Stefan (Hg.): *History of Financial Disasters, 1763–1995*, Bd. 3, London 2006.

Anderson, Jenny: »S.E.C. Moves to Ban Edge Held by Fast Traders«, in: *New York Times*, 18.9.2008, 1, 3.

Andriopoulos, Stefan: »The Invisible Hand: Supernatural Agency in Political Economy and the Gothic Novel«, in: *ELH* 66, 1999, 739–758.

[Anonym]: *Fortunatus*, hg. v. H.-G. Roloff, Stuttgart 21996.

[Anonym]: *Examen comparatif des deux mondes. Proposés pour liquider la dette, les quittances, ou les assignats*, Paris 1790.

[Anonym]: *Geschichte der Bank von England von ihrer Entstehung bis auf den heutigen*

Tag, Bremen 1797.

[Anonym]: »Über den neuesten Finanzzustand Frankreichs«, in: *Berlinische Monatsschrift* 16, 1790, 5–44.

[Anonym]: »Entwurf der Ephemeriden der Menschheit«, in: *Ephemeriden der Menschheit oder Bibliothek der Sittenlehre und der Politik* 1 (1776), 1–12.

Aristoteles: *Politik*, übersetzt und erläutert von Eckart Schütrumpf, Berlin 1991〔アリストテレス『アリストテレス全集 15　政治学　経済学』山本光雄・村川堅太郎訳、岩波書店、1969 年〕.

—— : *Nikomachische Ethik*, übersetzt von Olof Gigon, München ²1995〔同『アリストテレス全集 13　ニコマコス倫理学』加藤信朗訳、岩波書店、1973 年〕.

Arrow, Kenneth J.: *General Equilibrium*, Oxford 1983.

Arrow, Kenneth J./Hahn, F.H.: *General Competitive Analysis*, San Francisco 1971〔ケネス・J・アロー／F・H・ハーン『一般均衡分析』福岡正夫・川又邦雄訳、岩波書店、1976 年〕.

Attali, Jacques: *La Crise et après?*, Paris 2009〔ジャック・アタリ『金融危機後の世界』林昌宏訳、閏月社、2009 年〕.

Austin, Michael/Vidal-Naquet, Pierre: *Économies et societés en Grèce ancienne*, Paris 1972.

Bachelier, Louis: *Théorie de la spéculation. Annales scientifiques de l'École Normale Supérieure*, Sér. 3, Bd. 17, 1900.

Baecker, Dirk: *Womit handeln Banken? Eine Untersuchung zur Risikoverarbeitung in der Wirtschaft*, Frankfurt/M. 1991.

—————: P*ostheroisches Management. Ein Vademecum,* Berlin 1994.

Balzac, Honore de: »Das Bankhaus Nucingen«, in: Ders.: *Das Bankhaus Nucingen. Erzählungen,* Zürich 1977, 7–98〔オノレ・ド・バルザック「ニュシンゲン銀行――偽装倒産物語」吉田典子訳：『バルザック「人間喜劇」コレクション第 7 巻　金融小説名篇集』吉田典子・宮下志郎訳、藤原書店、1999 年、97–202 頁〕.

—— : »Gobseck«, in: Ders.: *Das Bankhaus Nucingen. Erzählungen*, Zürich 1977, 99–178〔「ゴプセック――高利貸し観察記」吉田典子訳：同、7–95 頁〕.

Batthyany, Philip: *Zwang als Grundübel der Gesellschaft?*, Tübingen 2007.

Baudrillard, Jean: *Der symbolische Tausch und der Tod,* München 1991〔ジャン・ボードリヤール『象徴交換と死』今村仁司・塚原史訳、ちくま学芸文庫、2007 年〕.

Becker, Gary S.: *Der ökonomische Ansatz zur Erklärung menschlichen Verhaltens,* Tübingen 1982.

—— : *A Treatise on the Family,* Cambridge/MA u.a. 21993.

—— : *The Essence of Becker*, hg. v. R. Ferrero u. P.S. Schwartz, Stanford 1995.

Bellofiore, Riccardo/Ferri, Piero (Hg.): *Financial Keynesianism and Market Instability. The Economic Legacy of Hyman Minsky*, Bd. 1, Cheltenham u.a. 2001.

Benveniste, Emile: *Indoeuropäische Institutionen. Wortschatz, Geschichte, Funktionen*, Frankfurt/M. u.a. 1993〔エミール・バンヴェニスト『インド＝ヨーロッパ諸制度語彙集 I　経済・親族・社会』前田耕作監修／蔵持不三也ほか訳、言叢社、1986 年〕.

Berthoud, Arnaud: *Aristote et l'Argent*, Paris 1981.

——: *Essais de Philosophie économique. Platon, Aristote, Hobbes, A. Smith, Marx*, Villeneuve-d'Ascq 2002.

Beutelmeier, Werner/Seidel, Conrad: *Die Marke Ich. So entwickeln Sie Ihre persönliche Erfolgsstrategie!*, Wien u.a. 1999.

Black, Fischer/Scholes, Myron: »The Pricing of Options and Corporate Liabilities«, in: *Journal of Political Economy* 81, May/June 1973, 637–654.

Block, Fred L.: *The Origins of International Economic Disorder. A Study of United States International Monetary Policy from World War II to the Present*, Berkeley u.a. 1977.

Blumenberg, Hans: *Lebenszeit und Weltzeit*, Frankfurt/M. 1986.

Bolkenstein, H.: *Economic Life in Greece's Golden Age*, Leiden 1958.

Boltanski, Luc/Chiapello, Eve: *Der neue Geist des Kapitalismus*, Konstanz 2003〔リュック・ボルタンスキー／エヴ・シャペロ『資本主義の新たな精神（上・下)』三浦直希ほか訳、ナカニシヤ出版、2013 年〕.

Bolz, Norbert: »Agenda Freiheit«, in: *Merkur* 736/737, September/Oktober 2010, 884–892.

Borchardt, Julian: *Das Papiergeld in der Revolution 1797–1920*, Berlin 1921.

Bourdieu, Pierre: *Die verborgenen Mechanismen der Macht*, Hamburg 2005.

Braudel, Fernand: *Sozialgeschichte des 15.–18. Jahrhunderts*, Bd. 1: *Der Alltag*, Bd. 2: *Der Handel*, München 1986〔フェルナン・ブローデル『物質文明・経済・資本主義 15–18 世紀 I-1　日常性の構造 1』村上光彦訳、みすず書房、1990 年；『物質文明・経済・資本主義 15–18 世紀 I-2　日常性の構造 2』村上光彦訳、みすず書房、1993 年；『物質文明・経済・資本主義 15–18 世紀 II-1　交換のはたらき 1』山本淳一訳、みすず書房、1990 年；『物質文明・経済・資本主義 15–18 世紀 II-2　交換のはたらき 2』山本淳一訳、みすず書房、1992 年〕.

Brenner, Robert: *Boom & Bubble. Die USA in der Weltwirtschaft*, Hamburg 2003〔ロバート・ブレナー『ブームとバブル——世界経済のなかのアメリカ』石倉雅男・渡辺雅男訳、こぶし書房、2005 年〕.

Bridges, William: *Ich & Co. Wie man sich auf dem Arbeitsmarkt behauptet*, Hamburg 1996.

Bröckling, Ulrich: »Totale Mobilmachung. Menschenführung im Qualitäts- und

Selbstmanagement« in: Ulrich Bröckling/Susanne Krasmann/Thomas Lemke (Hg.): *Gouvernementalität der Gegenwart. Studien zur Ökonomisierung des Sozialen,* Frankfurt/M. 2000, 138–167.

Bryan, Dick/Rafferty, Michael: *Capitalism with Derivatives. A Political Economy of Financial Derivatives, Capital, and Class*, New York 2006.

Burke, Edmund: *Betrachtungen über die französische Revolution,* Bd. 2, Berlin 1793〔エドマンド・バーク『エドマンド・バーク著作集 3　フランス革命の省察』半沢孝麿訳、みすず書房、1978 年〕.

—— : *Discours sur la monnaie de papier et sur le système des assignats de France,* Paris, September 1790.

Büsch, Johann Georg: *Abhandlung von dem Geldumlauf in anhaltender Rücksicht auf die Staatswirtschaft und Handlung*, Bd. 1, Hamburg u.a. 1780.

Cassidy, John: *How Markets Fail. The Logic of Economic Calamities*, New York 2009.

Cesarano, Filippo: *Monetary Theory and Bretton Woods. The Construction of an International Monetary Order*, Cambridge/MA 2006.

Chancellor, Edward: *Devil Take the Hindmost. A History of Financial Speculation,* New York 2000〔エドワード・チャンセラー『バブルの歴史——チューリップ恐慌からインターネット投機へ』山岡洋一郎訳、日経 BP 社、2010 年〕.

Condorcet, Marie Jean Antoine: *Nouvelles réflexions sur le projet de payer la dette exigible en papier forcé*, o.O. o.J.

—— : *Sur la proposition d'acquitter la dette exigible en assignats*, Paris 1790.

Cowart, David: »Anxieties of Obsolescence: DeLillo's Cosmopolis«, in: Peter Freese/Charles B. Harris (Hg.): *The Holodeck in the Garden: Science and Technology in Contemporary American Fiction*, Normal/IL. 2004, 179–191.

Crespo, Richard F.: »The Ontology of ›the Economic‹: an Aristotelian Analysis«, in: *Cambridge Journal of Economics* 30, 2006, 767–781.

Davidson, Paul: »Risk and Uncertainty«, in: Robert Skidelsky/Christian Westerlind Wigstrom (Hg.): *The Economic Crisis and the State of Economics*, New York 2010, 13–29.

Defoe, Daniel: *The Chimera: Or, The French Way of Paying National Debts Laid open*, London 1720.

—— : »An Essay on Publick Credit« (1710), in: *Political and Economic Writings,* hg. v. W.R. Owens u. P.N. Furbank, Bd. 6: *Finance*, hg. v. John McVeagh, London 2000, 49–62.

Deleuze, Gilles: »Begehren und Lust«, in: Friedrich Balke/Joseph Vogl (Hg.): *Gilles Deleuze – Fluchtlinien der Philosophie*, München 1996, 230–240〔ジル・ドゥルーズ「欲望と快楽」小沢秋広訳、『狂人の二つの体制 1975–1982』宇野邦一ほ

か訳、河出書房新社、2004年、171–185頁〕.
——: *Differenz und Wiederholung,* München 1992〔ジル・ドゥルーズ『差異と反復（上・下）』財津理訳、河出文庫、2007年〕.
——: »Sehen und Sprechen. Erfahrungen, Aussagen – Erinnerung an ein Denkexperiment«, in: *Lettre International* 32, 1996, 86–87〔ジル・ドゥルーズ「フーコーと監獄」笹田恭史訳、『狂人の二つの体制 1983–1995』宇野邦一ほか訳、河出書房新社、2004年、115–128頁〕.
Deleuze, Gilles/Guattari, Felix: *Anti-Ödipus. Kapitalismus und Schizophrenie I,* Frankfurt/M. 1974〔ジル・ドゥルーズ／フェリックス・ガタリ『アンチ・オイディプス——資本主義と分裂症（上・下）』宇野邦一訳、河出文庫、2006年〕.
——: *Tausend Plateaus. Kapitalismus und Schizophrenie,* Berlin 1992〔ジル・ドゥルーズ／フェリックス・ガタリ『千のプラトー——資本主義と分裂症（上・中・下）』宇野邦一ほか訳、河出文庫、2010年〕.
Derrida, Jacques: *Marx' Gespenster. Der verschuldete Staat, die Trauerarbeit und die neue Internationale,* Frankfurt/M. 2004〔ジャック・デリダ『マルクスの亡霊たち——負債状況＝国家、喪の作業、新しいインターナショナル』増田一夫訳、藤原書店、2007年〕.
Diagnostic and Statistical Manual of Mental Disorders (DSM-IV-TR), hg. v. American Psychiatric Association, Washington ^{4}2000.
Dockès, Pierre: »L'esprit du capitalisme, son histoire et sa crise«, in: Pierre Dockès u.a.: *Jours de colère. L'esprit du capitalisme,* Paris 2009, 97–130.
Duby, Georges: *Guerriers et paysans,* Paris 1973.
Dumont, Louis: *Homo aequalis. Genèse et épanouissement de l'idéologie économique,* Paris 1977.
Dunbar, Nicholas: *Inventing Money. The Story of Long-Term Capital Management and the Legends Behind it,* Chichester 2000〔ニコラス・ダンバー『LTCM伝説——怪物ヘッジファンドの栄光と挫折』グローバル・サイバー・インベストメント訳、東洋経済新報社、2001年〕.
Edwards, Robert B./Magee, John: *Technical Analysis of Stock Trends* (1947), Springfield ^{9}1961〔ロベルト・B・エドワーズ／ジョン・マギー／W・H・C・バセット『マーケットのテクニカル百科（入門篇）』長尾慎太郎監修／関本博英訳、パンローリング株式会社、2004年〕.
Eichengreen, Barry: *Vom Goldstandard zum Euro. Die Geschichte des internationalen Währungssystems,* Berlin 2000〔バリー・アイケングリーン『グローバル資本と国際通貨システム』、高屋定美訳、ミネルヴァ書房、1999年〕.
Eichengreen, Barry: *Global Imbalances and the Lessons of Bretton Woods,* Cambridge/MA 2007〔バリー・アイケングリーン『グローバル・インバランス——歴

史からの教訓』畑瀬真理子・松林洋一訳、東洋経済新報社、2010 年〕.
Epstein, Gerald (Hg.): *Financialization and the World Economy*, Cheltenham 2005.
Esposito, Elena: *Die Zukunft der Futures. Die Zeit des Geldes in Finanzwelt und Gesellschaft*, Heidelberg 2010.
Fama, Eugene /Miller, Merton H.: *The Theory of Finance*, Hinsdale/Il. 1972.
Finley, M.I.: *The Ancient Economy*, Berkeley u.a. 1973.
Fisher, Franklin M.: *Disequilibrium Foundations of Equilibrium Economics*, Cambridge/MA u.a. 1983.
Flichy, Patrice: »The Birth of Long Distance Communication. Semaphore Telegraphs in Europe (1790–1840)«, in: *Réseaux* 1/1, 1993, 81–101.
Foucault, Michel: *Geschichte der Gouvernementalität II. Die Geburt der Biopolitik. Vorlesungen am Collège de France 1978–1979*, Frankfurt/M. 2004〔ミシェル・フーコー『ミシェル・フーコー講義集成Ⅷ　生政治の誕生（コレージュ・ド・フランス講義 1978–79）』慎改康之訳、筑摩書房、2008 年〕.
Forbonnais, Francois Véron de: *Observations succintes sur l'Emission de deux milliards d'Assignats territoriaux, avec un cours forcé de monnaie,* o.O. o.J.
Fox, Justin: *The Myth of the Rational Market. A History of Risk, Reward, and Delusion on Wall Street*, New York 2009〔ジャスティン・フォックス『合理的市場という神話——リスク、報酬、幻想をめぐるウォール街の歴史』遠藤真美訳、東洋経済新報社、2010 年〕.
Franklin, Benjamin: »Advice to a Young Tradesman. Written from an Old One (12 July 1748)«, in: *The Autobiography and Other Writings on Politics, Economics, and Virtue*, hg. v. A. Houston, Cambridge/MA u.a. 2004, 200–202〔ベンジャミン・フランクリン『若き商人への手紙』ハイブロー武蔵訳、総合法令出版、2004 年〕.
—— : »Guter Rat an einen jungen Handwerker«, in: *Nachgelassene Schriften und Correspondenz*, Bd. 5, übers. von Gottlob Heinrich Adolf Wagner, Weimar 1819, 72–73〔同〕.
Friedman, Milton: *Essays in Positive Economics*, Chicago u.a. 1966.
—— : »The Need for Futures Markets in Currencies«, in: *The Futures Market in Foreign Currencies. Papers by Milton Friedman [and others] Prepared for the International Monetary Market of the Chicago Mercantile Exchange*, Chicago 1972, 6–12.
—— : *Capitalism and Freedom*, Chicago ²1982〔ミルトン・フリードマン『資本主義と自由』村井章子訳、日経 BP 社、2008 年〕.
—— : »The Economics of Free Speech«, in: *The Essence of Friedman*, hg.v. K.K. Leube, Stanford 1987, 9–17.
—— : »The Methodology of Positive Economics«, in: *The Essence of Friedman*, hg. v.

K.K. Leube, Stanford 1987, 153–184〔ミルトン・フリードマン『実証的経済学の方法と展開』佐藤隆三・長谷川啓之訳、富士書房、1977 年、3–46 頁〕.

—— : »Should There Be an Independent Monetary Authority? «, in: *The Essence of Friedman*, hg. v. K. K. Leube, Stanford 1987, 429–445.

Friedman, Milton/Roosa, Robert V.: *The Balance of Payments: Free Versus Fixed Exchange Rates*, Washington 1967.

Fukuyama, Francis: *Das Ende der Geschichte. Wo stehen wir?*, München 1992〔フランシス・フクヤマ『歴史の終わり（上） 歴史の「終点」に立つ最後の人間』;『歴史の終わり（下）「歴史の終わり」後の「新しい歴史」の始まり』渡部昇一訳、三笠書房、2005 年〕.

Galiani, Ferdinando: *De la monnaie* (1751), hg. v. G.-H. Bousquet u.J. Crisafulli, Paris 1955〔フェルディナンド・ガリアーニ『貨幣論』黒須純一郎訳、京都大学学術出版会、2017 年〕.

—— : *Dialogues sur le commerce des bleds,* London 1770.

Galsworthy, John: *Die Forsyte-Sage*, Bd. 2: *In den Schlingen des Gesetzes*, Leipzig u.a. 1985〔ジョン・ゴールズワージー『フォーサイト家物語　第 2 巻』臼田昭・石田英二・井上宗次訳、角川書店、1962 年〕.

Gehlen, Arnold: »Ende der Geschichte?«, in: *Einblicke*, Frankfurt/M. 1975, 115–133.

Gentz, Friedrich: »Über die österreichische Bank«, in: *Schriften*, Bd. 3/2, hg. v. G. Schlesier, Mannheim 1839, 283–299.

Glassman, James/Hassett, Kevin: *Dow 36,000,* New York 2000.

Gleick, James: *Chaos. Making a New Science,* London 1987.

Goede, Marieke de: *Virtue, Fortune, and Faith. A Genealogy of Finance*, Minneapolis u.a. 2005.

Goethe, Johann Wolfgang von: *Wilhelm Meisters Lehrjahre,* in: *Werke*, Bd. 7, hg. v. E. Trunz, München [13]1981〔ヨハン・ヴォルフガング・フォン・ゲーテ「ヴィルヘルム・マイスターの修行時代」前田敬作・今村孝訳、『ゲーテ全集 7』、潮出版社、1993 年〕.

Hafner, Wolfgang: »Ein vergessener genialer Wurf zur Bewertung von Optionen. Vinzenz Bronzin nahm die nobelpreiswürdige Black-Scholes-Formel vorweg«, in: *NZZ*, 8.10.2005, »Fokus der Wissenschaft«.

Harvey, David: *The Condition of Postmodernity. An Enquiry into the Origins of Cultural Change*, Oxford 1989〔デヴィッド・ハーヴェイ『ポストモダニティの条件』吉原直樹監訳、青木書店、1999 年〕.

—— : *A Brief History of Neoliberalism*, Oxford 2005〔デヴィッド・ハーヴェイ『新自由主義——その歴史的展開と現在』渡辺治監修／森田成也ほか訳、作品社、2007 年〕.

Hayek, Friedrich August von: »Economics and Knowledge«, in: *Economica*, New Series 4/13, Februar 1934, 33–54.

——: *The Trend of Economic Thinking. Essays on Political Economists and Economic History*, hg. v. W.W. Bartley III u. Stephen Kresge (*Collected Works of F.A. Hayek*, Bd. 3), Indianapolis 1991〔フリードリヒ・アウグスト・フォン・ハイエク「経済学的考え方の動向」森田雅憲訳、『ハイエク全集II－6』春秋社、2009年〕.

——: *Der Wettbewerb als Entdeckungsverfahren*, Kieler Vorträge gehalten am Institut für Weltwirtschaft an der Universität Kiel, Neue Folge 56, Kiel 1968.

Hicks, John: *Critical Essays in Monetary Theory*, Oxford 1967〔ジョン・ヒックス『貨幣理論』江沢太一・鬼木甫訳、東洋経済新報社、1974年〕.

Heffernan, Nick: »›Money Is Talking to Itself‹: Finance Capitalism in the Fiction of Don DeLillo from *Players* to *Cosmopolis*«, in: *Critical Engagements: A Journal of Theory and Criticism* 1/2, 2007, 53–78.

Hegel, Georg Wilhelm Friedrich: *Differenz des Fichteschen und Schellingschen Systems der Philosophie, in: Werke*, Bd. 2, hg. v. E. Moldenhauer und K.M. Michel, Frankfurt/M. 1986, 7–138〔ゲオルク・ヴィルヘルム・フリードリヒ・ヘーゲル「フィヒテとシェリングと哲学体系の差異」、『ヘーゲル初期哲学論集』村上恭一訳、平凡社ライブラリー、2013年、11–313頁〕.

——: *Vorlesungen über Ästhetik III*, in: *Werke*, Bd. 15, Frankfurt/M. 1970〔ゲオルク・ヴィルヘルム・フリードリヒ・ヘーゲル『美学講義（中）』長谷川宏訳、作品社、1996年〕.

Heidenreich, Ralf/Heidenreich, Stefan: *Mehr Geld*, Berlin 2008.

Helvetius, Claude Adrien: *De l'esprit*, Paris 1758.

Henochsberg, Michael: *La Place du Marché. Essai*, Paris 2001.

Hilferding, Rudolf: *Das Finanzkapital. Eine Studie über die jüngste Entwicklung des Kapitalismus*, Berlin ²1955.

Hirschman, Albert O.: *Leidenschaften und Interessen. Politische Begründungen des Kapitalismus vor seinem Sieg*, Frankfurt/M. 1980〔アルバート・O・ハーシュマン『情念の政治経済学』佐々木毅・旦祐介訳、法政大学出版局、1985年〕.

Hobbes, Thomas: *Vom Menschen. Vom Bürger. Elemente der Philosophie II/III*, hg. v. Günther Gawlick, Hamburg ²1967〔トマス・ホッブズ『哲学原論——自然法および国家法の原理』伊藤宏之・渡辺秀和訳、柏書房、2012年〕.

Houtman-De Smendt, Helma/Wee, Hermann van der: »Die Geschichte des modernen Geld- und Finanzwesens Europas in der Neuzeit«, in: *Europäische Bankengeschichte*, hg. v. Hans Pohl, Frankfurt/M. 1993, 156–163.

Hume, David: *Nationalökonomische Abhandlungen*, Leipzig 1877〔デイヴィッド・ヒューム『ヒューム政治経済論集』田中敏弘訳、御茶の水書房、1983年〕.

Hutter, Michael: *The Emergence of Bank Notes in the 17th Century* (Typoskript).

Iselin, Isaak: *Versuch über gesellige Ordnung*, Basel 1772.

D'Ivernois, Francois: *Geschichte der französischen Finanzadministration im Jahr 1796*, übers. und bis Ende April 1797 fortgeführt v. F. Gentz, Berlin 1797.

Jaeger, Burkhard: *Humankapital und Unternehmenskultur. Ordnungspolitik für Unternehmen*, Wiesbaden 2004.

Jameson, Fredric: »Culture and Finance Capital«, in: *Critical Inquiry* 24/1, 1997, 246–265.

Johansen, Robert/Swigart, Rob: *Upsizing the Individual in the Downsized Organization. Managing in the Wake of Reengineering, Globalization, and Overwhelming Technological Change*, Reding/Mass. u.a. 1994.

Kant, Immanuel: *Anthropologie in pragmatischer Hinsicht*, in: *Werke*, hg. v. Wilhelm Weischedel, Wiesbaden 1964ff., Bd. 6〔イマヌエル・カント「実用的見地における人間学」渋谷治美訳、『カント全集 15　人間学』岩波書店、2003 年〕.

——: »Idee zu einer allgemeinen Geschichte in weltbürgerlicher Absicht«, in: *Werke*, hg. v. W. Weischedel, Wiesbaden 1964ff., Bd. 6, 31–50〔イマヌエル・カント「世界市民的意図における普遍史のための理念（1784 年）」小倉志祥訳、『カント全集・第 13 巻　歴史哲学論集』、理想社、1988 年、13–48 頁〕.

——: *Kritik der Urteilskraft, in: Werke*, hg. v. W. Weischedel, Wiesbaden 1964ff, Bd. 5〔イマヌエル・カント「判断力批判　上」牧野英二訳、『カント全集 8　判断力批判　上』岩波書店、1999 年〕.

——: »Der Streit der Fakultäten«, in: *Werke*, hg. v. W. Weischedel, Wiesbaden 1964ff., Bd. 6, 265–393〔イマヌエル・カント「諸学部の争い」角忍・竹山重光訳、『カント全集 18　諸学部の争い　遺稿集』、岩波書店、2002 年、1–156 頁〕.

——: »Über das Misslingen aller philosophischen Versuche in der Theodizee«, in: *Werke*, hg. v. W. Weischedel, Wiesbaden 1964ff., Bd. 6, 103–124〔イマヌエル・カント「弁神論の哲学的試みの失敗」福谷茂訳、『カント全集 13　批判期論集』岩波書店、2002 年、173–195 頁〕.

——: »Zum ewigen Frieden«, in: *Werke*, hg. v. W. Weischedel, Wiesbaden 1964ff., Bd. 6, 191–251〔イマヌエル・カント「永遠平和のために（1795 年）」小倉志祥訳、『カント全集・第 13 巻　歴史哲学論集』、理想社、1988 年、211–280 頁〕.

Kelsey, David: »The Economics of Chaos or the Chaos of Economics«, in: *Oxford Economic Papers*, New Series 40/1, März 1988, 1–31.

Keynes, John Maynard: *A Treatise on Probability*, London 1921〔ジョン・メイナード・ケインズ『ケインズ全集・第 8 巻　確率論』佐藤隆三訳、東洋経済新

報社、2010年〕.

—— : *Allgemeine Theorie der Beschäftigung, des Zinses und des Geldes*, Berlin 61983〔ジョン・メイナード・ケインズ『ケインズ全集・第7巻　雇用・利子および貨幣の一般理論』塩野谷祐一訳、東洋経済新報社、1983年〕.

Knorringa, H.: *Emporos. Data on Trade and Trader in Greek Literature from Homer to Aristotle*, Paris u.a. 1926.

Korani, Janos: *Anti-Equilibrium. On Economic Systems Theory and the Tasks of Research*, Amsterdam u.a. 1971.

Koslowski, Peter: »Haus und Geld. Zur aristotelischen Unterscheidung von Politik, Ökonomik und Chrematistik«, in: *Philosophisches Jahrbuch* 86, 1979, 60–83.

Krippner, Greta: *The Fictitious Economy: Financialization, the State, and Contemporary Capitalism*, Diss. Madison 2003.

Krugman, Paul: *The Accidental Theorist*, New York 1998〔ポール・クルーグマン『グローバル経済を動かす愚かな人々』三上義一訳、早川書房、2008年〕.

—— : »How Did Economists Get It So Wrong«, *New York Times*, 2.9.2009, http://www.nytimes.com/2009/09/06/magazine/06Economic-t.html (Zugriff: 25.11.2010).

Kurtzman, Joel: *The Death of Money. How the Electronic Economy Has Destabilized the World's Markets and Created Financial Chaos*, New York 1993〔ジョエル・クルツマン『デス・オブ・マネー』山岡洋一訳、講談社、1993年〕.

Kurz, Mordecai: *Endogenous Uncertainty and Rational Belief Equilibrium: A Unified Theory of Market Volatility*, Stanford University, 14. Juli 1999 (http://www.stanford.edu/~mordecai/OnLinePdf/13.UnifiedView_1999.pdf).

Langenohl, Andreas: *Finanzmarkt und Temporalität. Imaginäre Zeit und kulturelle Repräsentation der Gesellschaft*, Stuttgart 2007.

—— : »Die Sinndimension der Markt-Zeit. Zum Verhältnis zwischen der Operationsweise von Finanzmärkten und ihren (Selbst-)Darstellungen«, in: Langenohl, Andreas/Schmidt-Beck, Kerstin (Hg.): *Die Markt-Zeit in der Finanzwirtschaft. Soziale, kulturelle und ökonomische Dimensionen*, Marburg 2007, S. 7–36.

Latour, Bruno/Lépinay, Vincent: *Die Ökonomie als Wissenschaft der leidenschaftlichen Interessen*, Frankfurt/M. 2010.

Lavoisier, Antoine Laurent de: *Réflexions sur les Assignats et sur la liquidation de la dette exigible ou arrièrée*, o.O. o.J.

Legendre, Pierre: *Le désir politique de dieu. Éude sur les montages de l'État et du Droit, Leçons VII*, Paris 1988.

LeGoff, Jacques: *Wucherzins und Höllenqualen. Ökonomie und Religion im Mittelalter*, Stuttgart 1988〔ジャック・ル・ゴッフ『中世の高利貸——金も命も』渡辺

香根夫訳、法政大学出版局、1990年〕.

Lewinsohn, R./Pick, F.: *La bourse. Les diverses formes de la spéculation dans les grandes bourses mondiales*, Paris 1938.

LiPuma, Edward/Lee, Benjamin: *Financial Derivatives and the Globalization of Risk*, Durham u.a. 2004.

Luhmann, Niklas: *Die Wirtschaft der Gesellschaft*, Frankfurt/M. 1994〔ニクラス・ルーマン『社会の経済』春日淳一訳、文眞堂、1991年〕.

MacKay, Charles: *Extraordinary Popular Delusions, and the Madness of Crwods* (1841/1852), New York 1980〔チャールズ・マッケイ『狂気とバブル――なぜ人は集団になると愚行に走るのか』塩野美佳・宮口尚子訳、パンローリング株式会社、2004年〕.

MacKenzie, Donald: *An Engine, Not a Camera. How Financial Models Shape Markets*, Cambridge/MA u.a. 2006.

Malkiel, Burton G.: *A Random Walk Down Wall Street*, New York 2003〔バートン・マルキール『ウォール街のランダム・ウォーカー――株式投資の不滅の真理』井手正介訳、日本経済新聞出版社、2008年〕.

Mandelbrot, Benoit: »Paretian Distribution and Income Maximization«, in: *Quarterly Journal of Economics* 76, Februar 1962, 57–85.

—— : »Statistical Methodology for Non-periodic Cycles«, in: *Annals of Economic and Social Measurement* 1, Juli 1972, 259–290.

—— : »The Variation of Certain Speculative Prices«, in: *The Journal of Business* 36/4, Oktober 1963, 394–419.

—— : »The Variation of Some Other Speculative Prices«, in: *The Journal of Business* 40/4, Januar 1967, 393–413.

Mandelbrot, Benoit B./Hudson, Richard L.: *Fraktale und Finanzen. Märkte zwischen Risiko, Rendite und Ruin*, München ³2009〔ベノワ・B・マンデルブロ／リチャード・L・ハドソン『禁断の市場――フラクタルでみるリスクとリターン』高安秀樹監訳／雨宮絵里ほか訳、東洋経済新報社、2008年〕.

Mandeville, Bernard: *Die Bienenfabel oder Private Laster, öffentliche Vorteile*, Frankfurt/M. 1980〔バーナード・マンデヴィル『蜂の寓話――私悪すなわち公益』泉谷治訳、法政大学出版局、1991年〕.

Marazzi, Christian: *Capital and Language. From the New Economy to the War Economy*, Cambridge/MA 2008〔クリスティアン・マラッツィ『資本と言語――ニューエコノミーのサイクルと危機』水嶋一憲監修、柱本元彦訳、人文書院、2010年〕.

Martin, Randy: »The Twin Towers of Financialization: Entanglements of Political and Cultural Economies«, in: *The Global South* 3/1, Frühjahr 2009, 108–125.

Marx, Karl: *Das Kapital*, Bd. 1, in: *MEW*, Berlin 1956ff., Bd. 23〔カール・マルクス『資本論　第1巻a』、『資本論　第1巻b』社会科学研究所監修／資本論翻訳委員会訳、新日本出版社、1998年〕.

—— : *Das Kapital*, Bd. 3, in: *MEW*, Berlin 1956ff., Bd. 25〔カール・マルクス『資本論　第3巻b』社会科学研究所監修／資本論翻訳委員会訳、新日本出版社、1998年〕.

Marx, Karl/Engels, Friedrich: *Manifest der Kommunistischen Partei*, in: *MEW*, Berlin 1956ff., Bd. 4, 458–493〔カール・マルクス／フリードリヒ・エンゲルス「共産党宣言」、『マルクス＝エンゲルス全集・第4巻』大内兵衛・細川嘉六監訳／石堂清倫ほか訳、大月書店、1980年、473–508頁〕.

Matala de Mazza, Ethel: *Der verfasste Körper. Zum Projekt einer organischen Gemeinschaft in der Politischen Romantik,* Freiburg i.Br. 1999.

McCullogh, John R.: *The Principles of Political Economy,* Edinburgh 1825.

Merton, Robert C.: *Theory of Rational Option Pricing,* Cambridge/MA 1971.

—— : *Continuous-Time Finance*, Cambridge/MA 1990.

—— : »Application of Option-Pricing Theory: Twenty-Five Years Later«, in: *American Economic Review* 88/3, Juni 1998, 323–349.

Mill, John Stuart: *Grundsätze der politischen Ökonomie*, Bd. 2, Jena 1921〔ジョン・スチュアート・ミル『経済学原理　(3)』末永茂喜訳、岩波文庫、1969年〕.

Miller, Merton H.: *Merton Miller on Derivatives*, New York 1997〔マートン・ミラー『デリバティブとは何か』齋藤治彦訳、東洋経済新報社、2001年〕.

Minsky, Hyman P.: *Financial Instability Revisited: The Economics of Disaster. Prepared for the Steering Committee for the Fundamental Reappraisal of the Discount Mechanism Appointed by the Board of Governors of the Federal Reserve System,* Washington 1970.

—— : *The Financial Instability Hypothesis. A Restatement,* London 1978.

—— : »The Financial Instability Hypothesis: Capitalist Process and the Behaviour of the Economy«, in: Charles P. Kindleberger/Jean-Pierre Lafargue (Hg.): *Financial Crises. Theory, History, and Policy*, Cambridge/ MA u.a. 1982, 13–39.

—— : *Can 'It' Happen Again ? – Essays on Instability and Finance*, Armonk 1982〔ハイマン・ミンスキー『投資と金融——資本主義経済の不安定性』岩佐代市訳、日本経済評論社、1988年〕.

—— : *Stabilizing an Unstable Economy,* New Haven u.a. 1986〔ハイマン・ミンスキー『金融不安定性の経済学——歴史・理論・政策』吉野紀ほか訳、多賀出版、1989年〕.

—— : *John Maynard Keynes. Finanzierungsprozess, Investition und Instabilität des Kapitalismus*, Marburg 1990〔ハイマン・ミンスキー『ケインズ理論とは何か

——市場経済の金融的不安定性』堀内昭義訳、岩波書店、1999年〕.
Mirowski, Philip: *More Heat than Light. Economics as Social Physics. Physics as Nature's Economics*, Cambridge/MA u.a. 1989.
—— : »The Rise and Fall of the Concept of Equilibrium in Economic Analysis«, in: *Recherches Économiques de Louvain* 55/4, 1989, 447–470.
—— : »From Mandelbrot to Chaos in Economic Theory«, in: *Southern Economic Journal* 57/2, Oktober 1990, 289–307.
—— : *Machine Dreams. Economics Becomes a Cyborg Science,* Cambridge/MA u.a. 2002.
Mises, Ludwig van: *Human Action. A Treatise on Economics*, New Haven 1949〔ルートヴィヒ・フォン・ミーゼス『ヒューマンアクション』村田稔雄訳、春秋社、1991年〕.
Montesquieu, Charles-Louis de: *Vom Geist der Gesetze,* Bd. 2, hg. v. Ernst Forthoff, Tübingen ²1992〔シャルル＝ルイ・ド・モンテスキュー『法の精神　中巻』野田良之ほか訳、岩波書店、1987年〕.
Morini-Comby, Jean: *Les Assignats. Révolution et inflation*, Paris 1925.
Müller, Adam: *Versuche einer neuen Theorie des Geldes mit besonderer Rücksicht auf Großbritannien*, Leipzig u. Altenberg 1816.
—— : »Londoner Bank«, in: *Allgemeine deutsche Realenzyklopädie für die gebildeten Stände (Conversations-Lexikon)*, Bd. 6, Leipzig ⁷1827, 656–661.
—— : *Elemente der Staatskunst*, Bd. 1 & 2, hg. v. J. Baxa, Leipzig 1922.
—— : »Zeitgemäße Betrachtungen über den Geldumlauf« (1816), in: *Ausgewählte Abhandlungen*, hg. v. J. Baxa, Jena 1931, 50–60.
Munk, Karl: *Zur Geschichte und Theorie der Banknote mit besonderer Rücksicht auf die Lehren der klassischen Nationalökonomie,* Bern 1896.
Murphy, John J.: *Intermarket Technical Analysis. Trading Strategies for the Global Stock, Bond, Commodity, and Currency Markets*, New York u.a. 1991.
Nagler, Friedrich: *Timing-Probleme am Aktienmarkt. Ein Vergleich von Strategien der Random Walk Hypothese, der Formelanlageplanung und der technischen Analyse*, Köln 1979.
Neves, João César das: »Aquinas and Aristotle's Distinction of Wealth«, in: *History of Political Economy* 32/3, 2000, 649–657.
Newman, W.L.: T*he Politics of Aristotle,* Bd. 1: *Introduction to the Politics*, Salem/NH 1887 (Reprint: Salem/NH 1985).
Niethammer, Lutz: *Posthistoire. Ist die Geschichte zu Ende?*, Reinbek 1989.
Niehans, Jürg: *A History of Economic Theory. Classic Contributions.1729–1980,* Baltimore u.a. 1990.

North, Micheal (Hg.): *Kredit im spätmittelalterlichen und frühneuzeitlichen Europa,* Köln u.a. 1991.

Northrop, F.S.C. : »The Impossibility of a Theoretical Science of Economic Dynamics«, in: *The Quarterly Journal of Economics* 56/1, November 1941, 1–17.

Orléan, André: *Le pouvoir de la finance*, Paris 1999〔アンドレ・オルレアン『金融の権力』坂口明義・清水和巳訳、藤原書店、2001 年〕.

—— : *De l'euphorie à la panique: Penser la crise financière*, Paris 2009.

Osborne, M.F.: *The Stock Market and Finance from a Physicist's Viewpoint*, Bd. 1: *Market Making and Random Walks in Security Data*, Temple Hills/Madison 1977.

Parsons, Talcott: *Zur Theorie der sozialen Interaktionsmedien*, hg. v. S. Jensen, Opladen 1980.

Pellegrin, Pierre: »Monnaie et Chrématistique. Remarques sur le movement et le contenu de deux textes d'Aristote á l'occasion d'un livre recent«, in: *Revue Philosophique de la France et de l'étranger*, 1982/4, 631–644.

Perrot, Jean-Claude: *Une histoire intellectuelle de l'économie politique (XVIIe–XVIIIe siècles)*, Paris 1992.

Petersen, Per Serritslev: »Don DeLillo's *Cosmopolis* and the Dialectics of Complexity and Simplicity in Postmodern American Philosophy and Culture«, in: *American Studies in Scandinavia* 37/2, 2005, 70–84.

Petty, William: *The Economic Writings*, Bd. 2, Cambridge/MA 1899〔ウィリアム・ペティ『ペティの「貨幣小論」(1695 年)』松川七郎訳、『経済学の諸問題——久留間鮫造教授還暦記念論文集』森戸辰男・大内兵衛編、法政大学出版局、1955 年〕.

Pies, Ingo/Leschke, Martin (Hg.): *Beckers ökonomischer Imperialismus,* Tübingen 1998.

Pinto, Isaak: *Traité des fonds de commerce, ou jeu d'actions*, London ^{2}1772.

Pirenne, Henri: *Sozial- und Wirtschaftsgeschichte Europas im Mittelalter,* Bern 1947〔アンリ・ピレンヌ『中世ヨーロッパ社会經濟史』増田四郎ほか訳、一條書店、1956 年〕.

—— : *Les Villes au Moyen Âge. Essai d'histoire économique et sociale,* Paris 1992〔アンリ・ピレンヌ『中世都市——社会経済史的試論』佐々木克巳訳、創文社、1970 年〕.

Platon: *Nomoi*, in: *Sämtliche Werke*, hg. v. Ursula Wolf, Bd. 4, Reinbek 1994〔プラトン『プラトン全集 13　ミノス　法律』森雄一ほか訳、岩波書店、1987 年、31–788 頁〕.

—— : *Politeia*, in: *Sämtliche Werke*, hg. v. Ursula Wolf, Bd. 2, Reinbek 1994〔プラトン『プラトン全集 11　クレイトポン　国家』藤沢令夫ほか訳、岩波書店、1976 年、17–773 頁〕.

Polanyi, Karl: *The Great Transformation. Politische und ökonomische Ursprünge von Gesellschaften und Wirtschaftssystemen*, Frankfurt/M. 1978〔カール・ポラニー『新訳　大転換――市場社会の形成と崩壊』野口建彦・栖原学訳、東洋経済新報社、2009年〕.

——: *Ökonomie und Gesellschaft*, Frankfurt/M. 1979.

Pongratz, Hans J./Vos, G. Gunter: »Der Arbeitskraftunternehmer. Eine neue Grundform der Ware Arbeitskraft?« In: *Kölner Zeitschrift für Soziologie und Sozialpsychologie* 50, 1998, 131–158.

Pribram, Karl: *Geschichte des ökonomischen Denkens*, Frankfurt/M. 1992.

Prigogine, Ilya: *From Being to Becoming. Time and Complexity in the Physical Sciences*, San Francisco 1980〔イリヤ・プリゴジン『存在から発展へ――物理科学における時間と多様性』小出昭一郎訳、みすず書房、1984年〕.

Prigogine, Ilya/Stengers, Isabelle: *Order out of Chaos. Man's New Dialogue with Nature*, Toronto u.a. 1984〔イリヤ・プリゴジン／イザベル・スタンジェール『混沌からの秩序』伏見庸治・伏見譲・松枝秀明訳、みすず書房、1987年〕.

Proudhon, Pierre-Joseph: *Manuel du spéculateur à la Bourse*, Paris [3]1857.

Pufendorf, Samuel: *Die Gemeinschaftspflichten des Naturrechts. Ausgewählte Stücke aus »De officio Hominis et Civis«* (1673), Frankfurt/M. 1943〔ザムエル・プーフェンドルフ『自然法にもとづく人間と市民の義務』前田俊文訳、京都大学学術出版会、2016年〕.

Redish, Angela: »Anchors Aweigh: The Transition from Commodity Money to Fiat Money in Western Economies«, in: *The Canadian Journal of Economics* 26/4, November 1993, 777–795.

Reichert, Ramón: *Das Wissen der Börse. Medien und Praktiken des Finanzmarktes*, Bielefeld 2009.

Reitemeier, Johann Friedrich: *Neues System des Papiergeldes und des Geldwesens beim Gebrauch des Papiergeldes in zwey Abhandlungen*, Kiel 1814.

Riboud, Michelle: *Accumulation du capital humaine*, Paris 1978.

Ricardo, David: *Die Grundsätze der politischen Ökonomie oder der Staatswirtschaft und der Besteuerung*, Weimar 1821〔デイヴィッド・リカードウ「経済および課税の原理」堀経夫訳、『リカードウ全集 I』、雄松堂、1972年〕.

Rifkin, Jeremy: *Access. Das Verschwinden des Eigentums. Warum wir weniger besitzen und mehr ausgeben werden*, Frankfurt/M. u.a. 2000〔ジェレミー・リフキン『エイジ・オブ・アクセス』渡辺康雄訳、集英社、2001年〕.

Rist, Charles: *Geschichte der Geld- und Kredittheorien von John Law bis heute*, Bern 1947.

Rosanvallon, Pierre: *Le libéralisme économique. Histoire de l'idée de marché*, Paris 1989

〔ピエール・ロザンヴァロン『ユートピア的資本主義——市場思想から見た現代』長谷俊雄訳、国文社、1990年〕.
Rose, Nikolas: »Tod des Sozialen? Eine Neubestimmung der Grenzen des Regierens«, in: Ulrich Bröckling/Susanne Krasmann/Thomas Lemke (Hg.): *Gouvernementalität der Gegenwart. Studien zur Ökonomisierung des Sozialen*, Frankfurt/M. 2000, 72–109.
Rotman, Brian: *Die Null und das Nichts. Eine Semiotik des Nullpunkts*, Berlin 2000〔ブライアン・ロトマン『ゼロの記号論——無が意味するもの』西野嘉章訳、岩波書店、1991年〕.
Sambucus, Joannes: *Emblemata et aliquot nummi operis*, Antwerpen 1566 (Nachdruck Hildesheim u.a. 2002).
Samuelsen, Paul A.: »Proof That Properly Anticipated Prices Fluctuate Randomly« (1965), in: *Collected Papers of Paul A. Samuelson*, Bd. 3, Cambridge/MA u.a. 1972, 782–790.
Sapir, Jacques: *Les trous noirs de la science économique. Essay sur l'impossibilité de penser le temps et l'argent*, Paris 2000.
Schneider, Manfred: *Das Attentat. Kritik der paranoischen Vernunft*, Berlin 2010.
Schuhmann-Bacia, Eva: *Die Bank von England und ihr Architekt John Soane*, Zürich 1989.
Schultz, Theodore W.: *In Menschen investieren. Die Ökonomik der Bevölkerungsqualität*, Tübingen 1986〔セオドア・シュルツ『「人間資本」の経済学』伊藤長正・大坪檀訳、日本経済新聞社、1985年〕.
Schumpeter, Joseph Alois: *Kapitalismus, Sozialismus und Demokratie*, Tübingen [6]1950〔ヨーゼフ・シュンペーター『資本主義、社会主義、民主主義Ⅰ』大野一訳、日経BP社、2016年〕.
——: *Geschichte der ökonomischen Analyse*, Göttingen 1965〔J・A・シュンペーター『経済分析の歴史（上）』東畑精一・福岡正夫訳、岩波書店、2005年〕.
Sen, Amartya: »Rational Fools: A Critique of the Behavioral Foundations of Economic Theory«, in: Tracy B. Strong (Hg.): *The Self and the Political Order*, New York 1992, 120–142〔アマルティア・セン『合理的な愚か者——経済学＝倫理学的研究』大庭健・川本隆史訳、勁草書房、1989年、120–167頁〕.
Sennett, Richard: *Der flexible Mensch. Die Kultur des neuen Kapitalismus*, Berlin 1998〔リチャード・セネット『不安な経済／漂流する個人——新しい資本主義の労働・消費文化』森田典正訳、大月書店、2008年〕.
Shackle, George L.S.: »The Science of Imprecision«, in: *Epistemics & Economics. A Critique of Economic Doctrines*, Cambridge/MA 1972, 359–363.
Shakespeare, William: *Der Kaufmann von Venedig*, in: *Gesamtwerk*, Bd. 2, hg. v. L.L.

Schücking, Augsburg 1995〔ウィリアム・シェイクスピア「ヴェニスの商人」菅泰男訳、『シェイクスピア全集1　喜劇Ⅰ』、筑摩書房、1970年、261–318頁〕.

Shen, Ping: »Empirical and Theoretical Evidence of Economic Chaos«, in: *System Dynamics Review* 4/1–2, 1988, 81–108.

Shiller, Robert J.: *The New Financial Order. Risk in the 21st Century*, Princeton 2003〔ロバート・J・シラー『新しい金融秩序——来るべき巨大リスクに備える』（新装版）田村勝省訳、日本経済新聞出版社、2014年〕.

——: *Irrational Exuberance*, Princeton ²2005〔ロバート・J・シラー『投機バブル　根拠なき熱狂——アメリカ株式市場、暴落の必然』植草一秀訳、ダイヤモンド社、2001年〕.

Shin, Hyun Song: *Risk and Liquidity*, Oxford u.a. 2010〔ヒュン・ソン・シン『リスクと流動性——金融安定性の新しい経済学』大橋和彦・服部正純訳、東洋経済新報社、2015年〕.

Skidelsky, Robert: *Keynes. The Return of the Master*, New York 2009〔ロバート・スキデルスキー『なにがケインズを復活させたのか？——ポスト市場原理主義の経済学』山岡洋一訳、日本経済新聞出版社、2010年〕.

Sloterdijk, Peter: *Im Weltinnenraum des Kapitals. Für eine philosophische Theorie der Globalisierung*, Frankfurt/M. 2005.

Smith, Adam: *Der Wohlstand der Nationen. Eine Untersuchung seiner Ursachen und seiner Natur*, hg. v. H. C. Recktenwald, München 1978〔アダム・スミス『国富論』大河内一男訳、中央公論社、1988年〕.

——: *Theorie der ethischen Gefühle*, hg. v. W. Eckstein, Hamburg 1994〔アダム・スミス『道徳感情論（下）』水田洋訳、岩波文庫、2003年〕.

Soden, Julius Graf von: *Die National-Oekonomie. Ein philosophischer Versuch, über die Quellen des Nazional-Reichthums, und über die Mittel zu dessen Beförderung*, Bd. 3, Leipzig 1808.

Soros, George: *Die Krise des globalen Kapitalismus. Offene Gesellschaft in Gefahr*, Berlin ⁴1999〔ジョージ・ソロス『グローバル資本主義の危機——「開かれた社会」を求めて』大原進訳、日本経済新聞社、1999年〕.

——: *Open Society. Reforming Global Capitalism*, New York 2000〔ジョージ・ソロス『ソロスの資本主義改革論——オープンソサエティを求めて』山田侑平・藤井清美訳、日本経済新聞社、2001年〕.

Stäheli, Urs: *Spektakuläre Spekulation. Das Populäre der Ökonomie*, Frankfurt/M. 2007.

Strobl, Thomas: *Minsky'sche Momente*, Januar 2008 (http://www.weissgarnix.de/2008/01/01/minsky/).

Taleb, Nassim Nicholas: *The Black Swan. The Impact of the Highly Improbable*, New York 2007〔ナシーム・ニコラス・タレブ『ブラック・スワン——不確実性とリスクの本質（上・下）』望月衛訳、ダイヤモンド社、2009 年〕.

—— : *Narren des Zufalls. Die verborgene Rolle des Glücks an den Finanzmärkten und im Rest des Lebens*, Weinheim 2008〔ナシーム・ニコラス・タレブ『まぐれ——投資家はなぜ、運を実力と勘違いするのか』望月衛訳、ダイヤモンド社、2010 年〕.

Tanner, Jakob: »›Kultur‹ in den Wirtschaftswissenschaften und kulturwissenschaftliche Interpretationen ökonomischen Handelns«, in: *Handbuch der Kulturwissenschaften. Themen und Tendenzen*, Bd. 3, hg. v. F. Jaeger u. J. Rüsen, Stuttgart u.a. 2004, 105–224.

Tarde, Gabriel: *Psychologie économique*, Bd. 1, Paris 1902.

Thornton, Henry: *Der Papier-Credit von Großbritannien. Nach seinen Wirkungen untersucht*, Halle 1803.

Tilly, Richard: *Geld und Kredit in der Wirtschaftsgeschichte*, Stuttgart 2003.

Turgot, Anne-Robert Jacques: »Reflexions sur la formation et la distribution des richesses«, in: *Écrits économiques*, Paris 1970, 121–188〔チュルゴオ『富に関する省察』永田清譯註、岩波文庫、1951 年〕.

Varsava, Jerry A.: »The Saturated Self: Don DeLillo on the Problem of Rogue-Capitalism«, in: *Contemporary Literature* 46/1, 2005, 78–107.

Vega, Joseph de la: *Die Verwirrung der Verwirrungen* (1688), hg. v. Otto Pringsheim, Breslau 1919.

Vernon, John: *Money and Fiction. Literary Realism in the Nineteenth and Early Twentieth Century*, Ithaca u. London 1984.

Vogl, Joseph: »Kreisläufe«, in: Anja Lauper (Hg.), *Transfusionen. Blutbilder und Biopolitik in der Neuzeit*, Berlin u.a. 2005, 99–118.

—— : *Kalkül und Leidenschaft. Poetik des ökonomischen Menschen*, Zürich, Berlin ^{3}2009.

Wailes, Stephan L.: »Potency in *Fortunatus*«, in: *The German Quarterly* 59, 1986, 5–18.

Walras, Léon: *Éléments d'économie politique pure ou Théorie de la richesse sociale*, Paris u.a. 1900〔レオン・ワルラス『純粋経済学要論——社会的富の理論』久武雅夫訳、岩波書店、1983 年〕.

Weber, Max: *Börsenwesen. Schriften und Reden 1893–1898*, hg. v. Knut Borchardt, in: *Gesamtausgabe*, Abt. I, Bd. 5/1, hg. v. Horst Baier u.a., Tübingen 1999〔マックス・ウェーバー『取引所』中村貞二・柴田固弘訳、未來社、1968 年〕.

Weber, Samuel: *Geld ist Zeit. Gedanken zu Kredit und Krise*, Zürich, Berlin 2009.

Weissenfeld, Horst und Stefan: *Im Rausch der Spekulation. Geschichten von Spiel und Spekulation aus vier Jahrhunderten*, Rosenheim 1999.
Will, Georg Andreas: *Versuch über die Physiokratie*, Nürnberg 1782.
Wise, M. Norton: »Work and Waste. Political Economy and Natural Philosophy in Nineteenth Century Britain«, in: *History of Science* 27,1989, 263–301, 391–449.
Worden, Skip: »Aristotle's Natural Wealth: The Role of Limitation in Thwarting Misordered Concupiscence«, in: *Journal of Business Ethics* 84, 2009, 209–219.

原註

第１章　ブラック・スワン

(1)　Don DeLillo: *Cosmopolis*, New York 2003；ドイツ語版：*Cosmopolis*, München 2005, 21（以下、引用は頁数も含めてドイツ語版によるが、一部訳し直した箇所がある）〔ドン・デリーロ『コズモポリス』上岡伸雄訳、新潮文庫、2013年、22頁。以下、本文中で頁数が（　）で記されているのはドイツ語版の頁数で、／の後に漢数字でこの邦訳書の頁数を示す〕；Honoré de Balzac: »Das Bankhaus Nucingen«, in: *Das Bankhaus Nucingen. Erzählungen,* Zürich 1977, 8〔オノレ・ド・バルザック「ニュシンゲン銀行――偽装倒産物語」、『金融小説名篇集』吉田典子・宮下志郎訳、藤原書店、1999年、99頁〕；ders., »Gobseck«, in: ebd.,147, 155〔オノレ・ド・バルザック「ゴプセック――高利貸し観察記」、同、63頁、72頁〕；Karl Marx: *Das Kapital*, Bd. 3, in: *MEW*, Berlin 1956ff., Bd. 25, 505〔カール・マルクス『資本論　第3巻b』社会科学研究所監修／資本論翻訳委員会訳、新日本出版社、1998年、848頁〕；Edward Chancellor: *Devil take the Hindmost. A History of Financial Speculation*, New York 2000, 187, 188, 265〔エドワード・チャンセラー『バブルの歴史――チューリップ恐慌からインターネット投機へ』山岡洋一郎訳、日経BP社、2010年、299頁、300頁、419頁〕；*Süddeutsche Zeitung* 11.5.2010, 3.――以下も参照のこと。David Cowart: »Anxieties of Obsolescence: DeLillo's *Cosmopolis*«, in: Peter Freese/Charles B. Harris (Hg.): *The Holodeck in the Garden: Science and Technology in Contemporary American Fiction*, Normal /Il., 2004, 179–191; Nick Heffernan: »Money Is Talking To Itself: Finance Capitalism in the Fiction of Don DeLillo from *Players* to *Cosmopolis*«, in: *Critical Engagements: A Journal of Theory and Criticism* 1/2, 2007, 53–78; Per Serritslev Petersen: »Don DeLillo's *Cosmopolis* and the Dialectics of Complexity and Simplicity in Postmodern American Philosophy and Culture«, in: *American Studies in Scandinavia* 37/2, 2005, 70–84; Jerry A. Varsava: »The Saturated Self: Don DeLillo on the Problem of Rogue-Capitalism«, in: *Contemporary Literature* 46/1, 2005, 78–107.

(2)　Karl Marx/Friedrich Engels: *Manifest der Kommunistischen Partei,* in: *MEW*, Bd. 4, 459–493〔カール・マルクス／フリードリヒ・エンゲルス「共産党宣言」、『マルクス＝エンゲルス全集・第4巻』大内兵衛・細川嘉六監訳／石堂清倫ほか訳、大月書店、1980年、473–508頁〕；Joseph Schumpeter: *Kapitalismus, Sozi-*

alismus und Demokratie, Tübingen [6]1950, 136–138〔ヨーゼフ・シュンペーター『資本主義、社会主義、民主主義 I』大野一訳、日経 BP 社、2016 年、210–213 頁〕; Jean Baudrillard : *Der symbolische Tausch und der Tod,* München 1991, 15–68〔ジャン・ボードリヤール『象徴交換と死』今村仁司・塚原史訳、ちくま学芸文庫、2007 年、24–93 頁〕; Luc Boltanski/Eve Chiapello: *Der neue Geist des Kapitalismus,* Konstanz 2003, 39, 79ff., 404ff.〔リュック・ボルタンスキー／エヴ・シャペロ『資本主義の新たな精神（上）』三浦直希ほか訳、ナカニシヤ出版、2013 年、39–40 頁、78 頁以下：『同（下）』三浦直希ほか訳、ナカニシヤ出版、2013 年、117 頁以下〕; Jeremy Rifkin: Access. *Das Verschwinden des Eigentums. Warum wir weniger besitzen und mehr ausgeben werden,* Frankfurt/M. u.a., 2000, 44–76〔ジェレミー・リフキン『エイジ・オブ・アクセス』渡辺康雄訳、集英社、2001 年、46–80 頁〕.

(3) Stefan Altdorfer (Hg.): *History of Financial Disasters, 1763–1995,* Bd. 3, London 2006, 276–277.

(4) Georg Wilhelm Friedrich Hegel: *Vorlesungen über Ästhetik III,* in: *Werke,* Bd. 15, Frankfurt/M. 1970, 340–341, 364, 378, 384〔ゲオルク・ヴィルヘルム・フリードリヒ・ヘーゲル『ヘーゲル美学講義（下）』長谷川宏訳、作品社、1996 年、277–278 頁、298 頁、309–310 頁。、315–316 頁〕.

(5) DeLillo: *Cosmopolis,* 66, 162, 203〔デリーロ『コズモポリス』、95 頁、219 頁、284–286 頁〕. ――アモク（*amok*）、ファビョン（*hwa-byung*）、恐怖病（*susto*）についての精神医学的分類については以下を参照のこと。*Diagnostic and Statistical Manual of Mental Disorders (DSM-IV-TR),* hg. v. American Psychiatric Association, Washington [4]2000, (Appendix I: Outline for Cultural Formulation and Glossary of Culture-Bound Syndromes).

(6) Joel Kurtzman: *The Death of Money. How the Electric Economy Has Destablized the World's Markets and Created Financial Chaos,* New York 1993, 17〔ジョエル・クルツマン『デス・オブ・マネー』山岡洋一訳、講談社、1993 年、15 頁〕; Rifkin: *Access,* 51〔リフキン『エイジ・オブ・アクセス』、54 頁〕.

(7) トレーダーにして数学者であるナシーム・ニコラス・タレブの以下の著作を参照のこと。Nassim Nikolas Tareb: *Narren des Zufalls. Die verborgene Rolle des Glücks an den Finanzmärkten und im Rest des Lebens,* Weinheim 2008, 160〔ナシーム・ニコラス・タレブ『まぐれ――投資家はなぜ、運を実力と勘違いするのか』望月衛訳、ダイヤモンド社、2010 年、141 頁〕.

(8) Nassim Nikolas Tareb: *The Black Swan. The Impact of the Highly Improbable,* New York 2007, XVII–XVIII〔ナシーム・ニコラス・タレブ『ブラック・スワン――不確実性とリスクの本質（上）』望月衛訳、ダイヤモンド社、2009 年、3–6 頁〕.

(9) Jacques Attali: *La Crise et aprè?*, Paris 2009, 53〔ジャック・アタリ『金融危機後の世界』林昌宏訳、閏月社、2009年、76頁〕.

(10) 引用は以下による。Justin Fox: *The Myth of The Rational Market. A History of Risk, Reward, and Delusion on Wall Street,* New York 2009, VII-VIII〔ジャスティン・フォックス『合理的市場という神話——リスク、報酬、幻想をめぐるウォール街の歴史』遠藤真美訳、東洋経済新報社、2010年、vii–ix頁〕.

(11) 1987年のクラッシュのあと、価格変動が正規分布する世界ではこのような出来事が起こる確率はおよそ10^{-160}だと計算された。それゆえ、投資家たちは、こうした出来事が再発するにしても数十億年×十億年さきの未来のことだと考えることができたのである。以下を参照のこと。Fox: *The Myth of the Rational Market*, 233〔フォックス『合理的市場という神話』、299頁〕. 併せて以下も参照されたい：Paul Krugman: *The Accidental Theorist*, New York 1998, 158〔ポール・クルーグマン『グローバル経済を動かす愚かな人々』三上義一訳、早川書房、2008年、218–219頁〕; Robert Brenner: *Boom & Bubble. Die USA in der Weltwirtschaft,* Hamburg 2003, 308〔ロバート・ブレナー『ブームとバブル——世界経済のなかのアメリカ』石倉雅男・渡辺雅男訳、こぶし書房、2005年、355–56頁〕.

(12) 以下を参照のこと。Paul Krugman: »How Did Economists Get It So Wrong«, in: *New York Times,* 2.9.2009.

(13) Daniel Defoe: »The Anatomy of Exchange Alley« (1719), in: *Political and Economic Writtings of Daniel Defoe*, Bd.6: *Finance*, hg. v. John McVeagh, London 2000, 129–156; Charles MacKey: *Extraordinary Popular Delusions, and the Madness of Crowds* (1842/1852), New York 1980〔チャールズ・マッケイ『狂気とバブル——なぜ人は集団になると愚行に走るのか』塩野美佳・宮口尚子訳、パンローリング株式会社、2004年〕; Robert J. Shiller: *Irrational Exuberance*, Princeton [2]2005〔ロバート・J・シラー『投機バブル　根拠なき熱狂——アメリカ株式市場、暴落の必然』植草一秀訳、ダイヤモンド社、2001年〕——以下も参照のこと。Urs Stäheli: *Spektakuläre Spekulation. Das Populäre der Ökonomie*, Frankfurt/M. 2007.

(14) M.F. Osborne: *The Stock Market and Finance from a Physicist's Viewpoint*, Bd. 1: *Market Making and Random Walks in Security Data,* Temple Hills/Madison 1977, 4, 22, passim.

(15) Michel Henochsberg: *La place du marché. Essai*, Paris 2001, 212–215.

(16) Robert B. Edwards/John Magee: *Technical Analysis of Stock Trends* (1947), Springfield [9]1961, 1–11〔ロベルト・B・エドワーズ／ジョン・マギー／W・H・C・バセット『マーケットのテクニカル百科（入門編）』長尾慎太郎監修／関本博英訳、パンローリング株式会社、2004年、49–61頁〕.

（17）引用は以下による。Benoit. B. Mandelbrot/Richard L. Hudson: *Fraktale und Finanzen. Märkte zwischen Risiko, Rendite und Ruin*, München [3]2009, 373〔ベノワ・B・マンデルブロ／リチャード・L・ハドソン『禁断の市場――フラクタルでみるリスクとリターン』高安秀樹監訳／雨宮絵里ほか訳、東洋経済新報社、2008年、361頁〕.

（18）Immanuel Kant: »Über das Misslingen aller philosophischen Versuche in der Theodizee«, in: *Werke*, hg. v. Wilhelm Weischedel, Wiesbaden 1964ff., Bd. 6, 105〔イマヌエル・カント「弁神論の哲学的試みの失敗」福谷茂訳、『カント全集13 批判期論集』岩波書店、2002年、175頁〕.

第2章　市場の牧歌 I

（1）Thomas Hobbes: *Vom Menschen. Vom Bürger. Elemente der Philosophie II/III*, hg. v. Günter Galwick, Hamburug [2]1967, 67–68〔トマス・ホッブズ『哲学原論 自然法および国家法の原理』伊藤宏之・渡辺秀和訳、柏書房、2012年、743頁〕.

（2）Peter Sloterdijk: *Im Weltinnenraum des Kapitals. Für eine philosophische Theorie Der Globalisierung*, Frankfurt/M. 2005, 79.

（3）以下を参照のこと。Immanuel Kant: »Idee zu einer allgemeinen Geschichte in weltbürgerlicher Absicht«, in: *Werke*, Bd. 6, 37; »Zum ewigen Frieden«, ebd., 244〔カント「世界市民的意図における普遍史のための理念（1784年）」小倉志祥訳、『カント全集・第13巻　歴史哲学論集』、理想社、1988年、20頁；「永遠平和のために（1795年）」小倉志祥訳、同、249頁〕; Samuel Pufendorf : *Die Gemeinschaftspflichten des Naturrechts, Ausgewählte Stücke aus »De offico Hominis et Civis«* (1673), Frankufurt /M. 1943, 9ff.〔ザムエル・プーフェンドルフ『自然法にもとづく人間と市民の義務』前田俊文訳、京都大学学術出版会、2016年、14頁以下〕.

（4）Bernard Mandevlle: *Die Bienenfabel oder Private Laster, öffentliche Vorteile,* Frankfurt/M. 1980, 147ff.〔訳註：この引用文は153にある。バーナード・マンデヴィル『蜂の寓話――私悪すなわち公益』泉谷治訳、法政大学出版局、1991年、100頁〕.

（5）以下も参照のこと。Albert O. Hirschman: *Leidenschaften und Interessen. Politische Begründungen des Kapitalismus vor seinem Sieg*, Frankfurt/M. 1980, 23–57〔アルバート・O・ハーシュマン『情念の政治経済学』佐々木毅・旦祐介訳、法政大学出版局、1985年、12–47頁〕; Michel Foucault: *Geschichte der Gouvernementalität II, Die Geburt der Biopolitik. Vorlesungen am Collège de France 1978–1979,* Frankfurt/M. 2004, 73ff., 367ff.〔ミシェル・フーコー『ミシェル・フーコー講義集成Ⅷ　生政治の誕生（コレージュ・ド・フランス講義 1978–79）』慎改康

之訳、筑摩書房、2008年、53頁以下、329頁以下〕.

(6)　Claude Adrien Helvetius: *De l'esprit,* Paris 1758, 53: »Si l'univers physique est soumis aux loix du movement, l'univers moral ne l'est pas moins à celle de l'interest«.

(7)　Johannes Sambucus: *Emblemata et aliquot nummi operis*, Antwerpen 1566（復刻版：Hildesheim u.a. 2002), 139（Jason Papadimas の示唆に感謝する).

(8)　Amartya Sen: »Rational Fools: A Critique of the Behavioral Foundations of Economic Theory«, in: Tracy B. Strong (Hg.): *The Self and the Political Order,* New York 1992, 121〔アマルティア・セン「合理的な愚か者」、『合理的な愚か者——経済学＝倫理学的研究』大庭健・川本隆史訳、勁草書房、1989年、127–128頁〕.

(9)　Immanuel Kant: »Anthropologie in pragmatischer Hinsicht«, in: *Werke*, Bd. 6, 415〔イマヌエル・カント「実用的見地における人間学」渋谷治美訳、『カント全集15　人間学』、岩波書店、2003年、32頁〕.

(10)　たとえば以下を参照のこと。Isaak Iselin: *Versuch über gesellige Ordnung*, Basel 1772, 63: これによれば、神の摂理は、「公共の富がさまざまな利益をめぐる戦いから生まれる」ように事物を配列しているのである。

(11)　Adam Smith: *Der Wohlstand der Nationen. Eine Untersuchung seiner Ursachen und seiner Natur*, hg. v. H.C. Recktenwald, München 1978, 371, 17〔アダム・スミス『国富論』大河内一男監訳、中央公論社、1988年、706頁、27頁〕.

(12)　Joseph Granvill: *The Vanity of Dogmatizing: or Confidence in Opinions. Manifsted in a Discourse of the Shortness and Uncertainty of our Knowledge, and its Causes; With some Reflections on Peripateticism; and an Apology for Philosophy,* London 1661, 180; 引用は以下による。Stefan Andriopoulos: »The Invisible Hand: Supernatural Agency in Political Economy and the Gothic Novels«, in: *ELH* 66, 1999, 741（以下の考察はこの論文を参考にしている).

(13)　Adam Smith: »The Principles Which Lead and Direct Philosophical Enquires: Illustrated by the History of Astronomy«, in: *The Early Writtings*, London 1967, 48–49〔アダム・スミス「哲学的研究を導き指導する諸原理——天文学の歴史によって例証される天文学史」、アダム・スミスの会監修『アダム・スミス哲学論文集』水田洋ほか訳、名古屋大学出版会、1993年、31頁〕；引用は以下による。Andriopoulos: »The Invisible Hand«, 740；以下も参照のこと。Syed Ahmad: »Adam Smith's Four Invisible Hands«, in: History of Political Economy 22:1, 1990, 137–144.——「見えざる手」の神学的起源と神意主義的な考え方については以下を参照のこと。Giorgio Agamben: *Herrschaft und Herrlichkeit. Zur theologischen Genealogie von Ökonomie und Regierung*, Frankfurt/M. 2010, 332–342〔ジョルジョ・アガンベン『王国と栄光——オイコノミアと統治の神学的系譜学のために』高桑和巳訳、青土社、2010年、518–535頁〕.

(14) Adam Smith: *Theorie der ethischen Gefühle*, hg. v. W. Eckstein, Hamburg 1994, 316–317〔アダム・スミス『道徳感情論（下）』水田洋訳、岩波文庫、2003年、23–24頁〕.

(15) Johann Wolfgang von Goethe: *Wilhelm Meisters Lehrjahre*, in: *Werke*, Bd. 7. hg. v. E. Trunz, München 131981, 388–393〔ヨハン・ヴォルフガング・フォン・ゲーテ「ヴィルヘルム・マイスターの修行時代」前田敬作・今村孝訳、『ゲーテ全集7』潮出版社、1993年、340–345頁〕.

(16) Julius Graf von Soden: *Die National-Oeconomie. Ein philosophischer Versuch, über die Quellen des National-Reichthums, und über die Mittel zu dessen Beförderung*, Bd. 3, Leipzig 1808, 6; Johann Georg Büsch: *Abhandlung von dem Geldumlauf in anhaltender Rücksicht auf die Staatswirtschaft und Handlung*, Bd. 1, Hamburg u.a. 1780, 173.

(17) Charles-Louis de Montesquieu: *Vom Geist der Gesetze*, Bd. 2, hg. v. Ernst Forthoff, Tübingen 21992, 2〔シャルル＝ルイ・ド・モンテスキュー『法の精神（中）』野田良之ほか訳、岩波書店、1987年、138頁〕——以下のマルクスの言葉も参照のこと。»In der sanftigen politischen Ökonomie herrschte von jeher die Idylle«（「以前から牧歌は穏やかな政治経済学を支配してきた」(*Das Kapital*, Bd. 1, in: *MEW*, Bd. 23, 742〔カール・マルクス『資本論　第1巻b』社会科学研究所監修／資本論翻訳委員会訳、新日本出版社、1998年、1217頁〕.

(18) Milton Friedman: »Free To Choose«, 引用は以下による。Pierre Rosanvallon: *Le libéralisme économique, Histoire de l'idée de marché*, Paris 1989, V〔ピエール・ロザンヴァロン『ユートピア的資本主義——市場思想から見た現代』長谷俊雄訳、国文社、1990年、8頁〕; Friedman: *Capitalism and Freedam*, Chicago 21982, 13, 133〔ミルトン・フリードマン『資本主義と自由』村井章子訳、日経BP社、2008年、49頁、249頁〕.

(19) François Quesnay: »Droit naturel«〔フランソワ・ケネー「自然権」、島津亮二・菱山泉訳、『ケネー全集・第3巻』有斐閣、1952年、52–81頁〕,（以下の言及による：Louis Dumont: *Homo aqualis. Genèse et épanouissement de l'déologie èconomique*, Paris 1977, 53）; Georg Andreas Will: *Versuch über die Physiokratie*, Nürnberg 1782, 3.

(20) Foucault: *Geschichte der Gouvernementalität II*, 94–95〔フーコー『生政治の誕生』、74–76頁〕.

(21) Ferdinando Galiani: *De la monnaie* (1751), hg. v. G.-H. Bousquet u. J. Crisafulli, Paris 1955, 65〔フェルディナンド・ガリアーニ『貨幣論』黒須純一郎訳、京都大学学術出版会、2017年、71–72頁〕; ders.: *Dialogues sur le commerce des bleds*, London 1770, 145, 235–236.

(22) Anne-Robert Jacques Turgot: »Réflexions sut la formation et la distribution

des richesses«, in: *Écrits économiques*, Paris 1970, 123ff.〔チュルゴオ『富に関する省察』永田清譯註、岩波書店、1951年、49頁以下〕; David Hume: *Nationalökonomische Abhandlungen*, Leipzig 1877, 44〔デイヴィッド・ヒューム『ヒューム政治経済論集』田中敏弘訳、御茶の水書房、1983年、66–67頁〕; Galiani: *Dialogues*, 145.

(23) Horst Claus Recktenwald: »Würdigung des Werks«, in: Smith: *Wohlstand der Nationen*, LVI; Friedrich August von Hayek: *The Trend of Economic Thinking. Essays on Political and Economic History, in: Collected Works of F. A. Hayek*, Bd. 3, Indianapolis 1991, 120〔フリードリヒ・アウグスト・フォン・ハイエク「経済学的考え方の動向」森田雅憲訳、『ハイエク全集II－6』春秋社、2009年。ただし部分訳であるため、該当頁は訳出されていない〕.

(24) Smith: *Wohlstand der Nationen*, 51〔スミス『国富論』、99頁〕.

(25) Jean-Claude Perrot: *Une histoire intellectuelle de l'économie politique (XVIIe–XVIIe siècles)*, Paris 1992, 245; Kenneth J. Arrow: *General Equilibrium*, Oxford 1983, 107–132.――分析方法と政治経済学の理解のためには以下を参照のこと。M. Norton Wise: »Work and Waste. Political Economy and Natural Philosophy in Nineteenth Century Britain (I)«, in: *History of Science* 27, 1989, 274–275.

(26) Rosanvallon: *Libéralisme Économique*, 41, 70〔ロザンヴァロン『ユートピア的資本主義』48頁、81頁〕.

第3章　資本の時代

(1) 以下の参照のこと。Karl Pribram: *Geschichte des ökonomischen Denkens*, Frankfurt/M. 1992, 1137–1143, 1148–1152; Philip Mirowski: »The Rise and Fall of the Concept of Equilibrium in Economic Analysis«, in: *Recherches Économiques de Louvain* 55/4, 1989, 447–468.

(2) Kenneth J. Arrow/F.H. Hahn: *General Competitive Analysis*, San Francisco 1971, VI–VII〔ケネス・J・アロー／F・H・ハーン『一般均衡分析』福岡正夫・川又邦雄訳、岩波書店、1976年、viii–x頁〕; Milton Friedman: »The Methodology of Positive Economics«, in: *The Essence of Friedman*, hg. v. Kurt K. Leube, Stanford 1987, 154–156〔ミルトン・フリードマン『実証的経済学の方法と展開』佐藤隆三・長谷川啓之訳、富士書房、1977年、3–7頁〕.――経済的言説における〈経済〉については以下を参照のこと。Jakob Tanner: »›Kultur‹ in den Wirtschaftswissenschaften und kulturwissenscahftliche Interpretationen ökonomischen Handelns«, in: *Handbuch der Kulturwissenschaften. Themen und Tendenzen*, Bd. 3, hg. v. Friedrich Jaeger u. Jörn Rüsen, Stuttgart u.a. 2004, 203, 220.

(3) Andreas Langenohl: *Finanzmarkt und Temporalität. Imaginäre Zeit und kultu-*

relle Repräsentation der Gesellschaft, Stuttgart 2007, 82–86.

(4) Immanuel Kant: »Der Streit der Fakultäten«, in: *Werke*, Bd. 6, 351〔カント「諸学部の争い」、『カント全集 18 諸学部の争い 遺稿集』角忍・竹山重光訳、岩波書店、2002 年、109 頁〕.

(5) 以下を参照のこと。Friedrich A. von Hayek: *Der Wettbewerb als Entdeckungsverfahren*, Kieler Vorträge gehalten am Institut für Weltwirtschaft an der Universität Kiel, *Neue Folge* 56, Kiel 1968.――ハイエクのカタラクシー（Katallaxie. 交換、通商、共同体への受け入れを意味するギリシア語の katallatein に由来）概念については以下を参照のこと。Philipp Batthyány: *Zwang als Grundübel der Gesellschaft?*, Tübingen 2007, 32–34.

(6) ここはリカード派の以下の著作によっている：James R. MacCullogh: *The Principles of Political Econony*, Edinburgh 1825, 引用は以下による。Wise: »Work and Waste (I)«, 277.

(7) 以下を参照のこと。Foucault: *Geschichte der Gouvernementalität II*, 170–174〔フーコー『生政治の誕生』、145–149 頁〕；（特にフライブルグ学派の）経済理論とフッサールの直観的変形との関係についても同書に言及されている：ebd., 172–173〔フーコー『生政治の誕生』、147–148 頁〕.

(8) Friedman: »The Methodology of Positive Economics«, 154〔フリードマン『実証的経済学の方法と展開』、3–4 頁〕.

(9) 一般的な議論として以下も参照のこと。Philip Microwski: *More Heat than Light. Economics as Social Physics. Physics as Nature's Economics,* Cambridge/MA u.a. 2002; Wise: »Work and Waste (I-II)«, in: History of Science 27, 1989, 263–301, 392–449; Fox: *The Myth of the Rational Market*, 6–10〔フォックス『合理的市場という神話』、9–14 頁〕; Pribram: *Geschichte des ökonomischen Denkens*, 521–531, 535–541, 576–586; Osborne: *The Stock Market from a Physicist's Viewpoint*, passim; Joseph Vogl: »Kreisläufe«, in: Anja Lauper (Hg.): *Transfusionen. Blutbilder und Biopolitik der Neuzeit*, Berlin u.a. 2005, 99–118.

(10) F.S.C. Northrop: »The Impossibility of a Theoretical Science of Economic Dynamics«, in: *The Quarterly Journal of Economics* 56/1, November 1941, 1–17; Microwski; »The Rise and Fall of The Concept of Equilibrium«, 449–452.

(11) Arrow/Hahn: *General Competitive Analysis*, V〔アロー／ハーン『一般均衡分析』、vii 頁〕; 以下も参照のこと。Franklin M. Fisher: *Disequilibrium Foundations of Equilibruim Economics*, Cambridge/MA u.a. 1983, 3–5.

(12) 以下を参照のこと。George Soros: *Die Krise des globalen Kapitalismus. Offene Gesellschaft in Gefahr*, Berlin [4]1999〔ジョージ・ソロス『グローバル資本主義の危機――「開かれた社会」を求めて』大原進訳、日本経済新聞社、1999 年〕; ロバート・シラーの言葉（引用は以下による。Fox: *The Myth of The Rational*

Market, 232〔フォックス『合理的市場という神話』、298 頁〕）; János Korani: *Anti-Equilibruim. On Economic Systems Theory and the Tasks of Research,* Amsterdam u.a. 1971, XV–XVI; Jacques Sapir: *Les trous noirrs de la science économique. Essay sur l'impossibilité de penser le temps et l'argent*, Paris 2000, 45ff.

（13） 以下を参照のこと。Henri Pirenne: *Sozial- und Wirtschaftsgeschichte Europas im Mittelalter*, Bern 1947, 117ff.〔アンリ・ピレンヌ『中世ヨーロッパ社會經濟史』益田四郎ほか訳、一條書店、1956 年、144 頁以下〕; Michael North (Hg.): *Kredit im spätmittelalterlichen und frühneuzeitlichen Europa*, Köln u.a. 1991; Michael Hutter: *The Emergence of Bank Notes in the 17th Century*（タイプ原稿）.

（14） Joseph Addison: *The Spectator*, hg. v. D.F. Bond, Oxford 1965, 14–17.

（15） 以下を参照のこと。Helma Houtman-De Smendt/Hermann van der Wee: »Die Geschichte des modernen Geld- und Finanzwesens Europas in der Neuzeit«, in: *Europäische Bankengeschichte*, hg. v. Hans Pohl, Frankfurt/M. 1993, 156–163; Eva Schumann-Bacia: *Die Bank von England und ihr Architekt John Soane*, Zürich 1989, 29–31.

（16） [Anonym]: »Entwurf der Ephemeriden der Menschheit«, in: *Ephemeriden der Menschheit oder Biliothek der Sittenlehre und der Politik* 1 (1776), 2; 以下も参照のこと。William Petty: *The Economic Writtings*, Bd. 2, Cambridge/MA 1899, 446〔ウイリアム・ペティ「ペティの「貨幣小論（1695 年）」」松川七郎訳、『経済学の諸問題――久留間鮫造教授還暦記念論集』森戸辰男・大内兵衛編、法政大学出版局、1958 年、115–116 頁〕.

（17） Daniel Defoe: »An Essay on Public Credit« (1710), in: *Political and Economic Writtings*, hg. v. W.R. Owens u. P.N. Furbank, Bd. 6; *Finance*, hg. v. John MacVeagh, London 2000, 53–56.――啓蒙主義の貨幣理論における貨幣記号、潜在的価値、循環、均衡の関係については以下を参照のこと。Joseph Vogl: *Kalkül und Leidenschaft. Poetik des ökonomischen Menschen*, Berlin u.a. ^{3}2009, 120–123, 224–233（以下の記述の多くはこの著作によっている）.

（18） [Anonym]: *Geschichte der Bank von England von ihrer Entstehung bis auf den heutigen Tag,* Bremen 1797, 1, 43, 48, 80; David Ricardo: *Die Grundsätze der politischen Ökonomie oder der Staatswirtschaft und der Besteuerung,* Weimar 1821, 503（ジャン＝バティスト・セイに関するリカードの註も含む）〔デイヴィッド・リカードウ「経済および課税の原理」、『リカードウ全集 I』堀経夫訳、雄松堂、1972 年、427–428 頁 〕; Henry Thornton: *Der Papier-Credit von Großbritannien. Nach seinen Wirkungen untersucht*, Halle 1803, 511.

（19） Joseph Alois Schumpeter: *Geschichte der ökonomischen Analyse*, Göttingen 1965, 406〔J・A・シュンペーター『経済分析の歴史（上）』東畑精一・福岡正夫訳、岩波書店、2005 年、580 頁〕.

(20) Adam Müller: *Elemente der Staatskunst,* Bd. 1, hg. v. J. Baxa, Leipzig 1922, 434–435.——以下も参照のこと。Adam Müller: »Londoner Bank«, in: *Allgemeine deutsche Realenzyklopädie für die gebildeten Stände (Conversations-Lexikon),* Bd. 6, Leipzig [7]1827, 656–661.

(21) のちにナポレオンの助言者となる銀行家モリアン伯爵の言葉。引用は以下による。Charles Rist: *Geschichte der Geld- und Kredittheorien von John Law bis heute*, Bern 1947, 71.

(22) [Anonym]: »Über den neuesten Finanzzustand Frankreichs«, in: *Berlinische Monatsschrift* 16, 1790, 8; 以下も参照のこと。[Anonym]: *Examen comparatif des deux mondes. Proposés pour liquider la dette, les quittances, ou les assignats*, Paris 1790, 16; Marie Jean Antoine Condorcet: *Sur la proposition d'acquitter la dette exigible en assignats*, Paris 1790, 13f.; Edmund Burke: *Discours sur la monnaie de papier et sur le système des assignats de France*, Paris, September 1790, 4, 11; François d'Ivernois: *Geschichte der französischen Finanzadministration im Jahr 1796*, F. Gentz により 1797年4月末までドイツ語への翻訳が続けられた, Berlin 1797, XIII.

(23) 以下を参照のこと。François Véron de Forbonnais: *Observation succintes sur l'Emission de deux milliards d'Assignats territoriaux, avec un cours force de monnaie,* o.O. o.J., 1; Burke: *Discours sur la monnaie de papier*, 4f.; Antoine Laurent de Lavoisier: *Réflexions sur les Assignats et sur la liquidation de la dette exigible ou arrièrée,* o.O. o.J., 11f.——貨幣数量説にもとづいたこの貨幣政策については以下を参照：Julian Borchardt: *Das Papiergeld in der Revolution 1797–1920*, Berlin 1921, 20.

(24) 1798年11月、アッシニア紙幣発行について行ったスピーチで金融専門家のド・セルノン男爵が語った言葉。引用は以下による。Jean Morini-Comby: *Les Assignats. Révolution et inflation*, Paris 1925, 16f..; 以下も参照のこと。Marie Jean Antoine Condorce: *Nouvelles réflexions sur le projet de payer la dette exigible en papier forcé*, o.O. o.J., 1ff.

(25) Edmund Burke: *Betrachtungen über die französische Revolution*, Bd. 2, Berlin 1793, 37ff.〔エドマンド・バーク『エドマンド・バーク著作集3　フランス革命の省察』半沢孝麿訳、みすず書房、1978年、240頁以下〕; Condorce: *Sur la proposition*, 31ff.; d'Ivernois: *Geschichte der französischen Finanzadministration*, XX.

(26) Thornton: *Der Papier-Credit*, 149.

(27) Karl Munk: *Zur Geschichte und Theorie der Banknote mit besonderer Rücksicht auf die Lehren der klassischen Nationalökonomie*, Bern 1896, 44ff.

(28) Johann Friedrich Reitemeier: *Neues System des Papiergeldes und des Geldwesens beim Gebrauch des Papiergeldes in zwey Abhandlungen*, Kiel 1814, 34f.

(29) Friedrich Gentz: »Über die österreichische Bank«, in: *Schriften*, Bd. 3/2, hg. v. G. Schlesier, Mannheim 1839, 297; Thornton: *Der Papier-Credit*, 121.——最初の信

用理論の誕生については以下を参照のこと。Rist: *Geschichte der Geld- und Kredittheorien*, 346; ソーントンによって強調されている貨幣理論の「新時代」については以下を参照のこと。Hayek: *Trend of Economic Thinking*, 321.

(30) Adam Müller: *Versuche einer neuen Theorie des Geldes mit besonderer Rücksicht auf Großbritannien*, Leipzig u. Altenberg 1816, 87.――以下も参照のこと。Talcott Parsons: *Zur Theorie der sozialen Interaktionsmedien*, hg. v. S. Jensen, Opladen 1980, 98ff.; Niklas Luhmann: *Die Wirtschaft der Gesellschaft*, Frankfurt/M. 1994, 134.〔ニクラス・ルーマン『社会の経済』春日淳一訳、文眞堂、1991年、131–132頁〕.

(31) Thornton: *Der Papier-Credit*, 353ff.

(32) Rist: *Geschichte der Geld- und Kredittheorien*, 85f.

(33) 以下を参照のこと。Daniel Defoe: *The Chimera: or, The French Way of Paying National Debts Laid Open*, London 1720, 6; vgl. John Vernon: *Money and Fiction. Literary Realism in the Nineteenth and Early Twentieth Century*, Ithaca u. London 1984, 17f, 37.

(34) Müller: *Elemente der Staatskunst*, Bd. 1, 353.――以下も参照のこと。Ethel Matala de Mazza: *Der verfasste Körper. Zum Projekt einer organischen Gemeinschaft in der Politischen Romantik*, Freiburg i. Br. 1999, 331–339.

(35) Marx: *Das Kapital*, Bd. 1, in: *MEW*, Bd. 23, 782, 163–167〔マルクス『資本論第1巻b』、1285–1286頁、『資本論　第1巻a』、252–260頁〕; Rudolf Hilferding: *Das Finanzkapital. Eine Studie über die jüngste Entwicklung des Kapitalismus*, Berlin [2]1955, 62–68; Fredric Jameson: »Culture and Finance Capital«, in: *Critical Inquiry* 24/1, 1997, 246–265;――16世紀オランダの国家債務のための資金調達にまで遡ることのできる債務の商品性とこれに結びついた金融工学的イノベーションについては以下を参照のこと。Altdorfer (Hg.): *History of Financial Desasters*, XXVII.

(36) Adam Müller: *Elemente der Staatskunst*, Bd. 1, 435, Bd. 2, 104–105; *Versuche einer neuen Theorie des Geldes*, 97; »Zeitgemäße Betrachtungen über den Geldumlauf (1816)«, in: *Ausgewählte Abhandlungen*, hg. v. J. Baxa, Jena 1931, 55; Thornton: *Der Papier-Credit*, 30ff.――ここで、金融資本主義を起動させる虚構的行為あるいはイネーブリング・アクションについて語ることもできるだろう。これについては以下を参照のこと。Andreas Langenohl: »Sinndimension der Markt-Zeit. Zum Verhältnis zwischen der Operationsweise von Finanzmärkten und ihren (Selbst-)Darstellungen«, in: Andreas Langenohl/Kerstin Schmidt-Beck (Hg.): *Die Markt-Zeit in der Finanzwirtschaft. Soziale, kulturelle und ökonomische Dimensionen*, Marburg 2007, 2.

(37) 時間、見込み、不確かな未来といった要素によって、古典的な均衡理論のみならず、経済的もしくは経験的知識のステータス自体がどのようにして問題化されるのか、その様態と方法については以下を参照のこと。Friedrich

A. von Hayek: »Economics and Knowledge«, in: *Economica*, New Series 4/13, Februar 1934, 33–54.

第４章　市場の牧歌 II

（1）　特にこのことは、19 世紀半ば以降に金融政策議論の展開を決定づけた銀行・通貨論争にあてはまる。以下を参照のこと。John Hicks: *Critical Essays in Monetary Theory*, Oxford 1967, VII–VIII〔ジョン・ヒックス『貨幣理論』江沢太一・鬼木甫訳、東洋経済新報社、1974 年、v–vi 頁〕.

（2）　以下の評価・判断を参照のこと。Fred I. Block: *The Origins of International Economic Disorder. A Study of United States International Monetary Policy from World War II to Present*, Berkeley u.a. 1977, 5–6.

（3）　以下を参照のこと。Chancellor: *Devil Take the Hindmost*, 236〔チャンセラー『バブルの歴史』、372 頁〕; Filippo Cesarano: *Monetary Theory and Bretton Woods. The Construction of an International Monetary Order*, Cambridge/MA 2006, X; Richard Tilly: *Geld und Kredit in der Wirtschaftsgeschichte,* Stuttgart 2003, 190; Milton Friedman in: *The Essence of Friedman*, 379, 501.

（4）　以下を参照のこと。Barry Eichengreen: *Vom Goldstandard zum Euro. Die Geschichte des Internationalen Währungssystems*, Berlin 2000, 45–46〔バリー・アイケングリーン『グローバル資本と国際通貨システム』高屋定美訳、ミネルヴァ書房、1999 年、7–9 頁〕; Angela Redish: »Anchors Aweigh: The Transition from Commodity Money to Fiat Money in Western Economics«, in: *The Canadian Journal of Economics* 26/4, November 1993, 777–795.

（5）　数多い関連文献のなかから代表的なものを挙げておく：A.L.K. Acheson u.a. (Hg.): *Bretton Woods Revisited. Evaluations of the International Monetary Fund and the International Bank for Reconstruction and Development*, Toronto 1972; Eichengreen: *Vom Goldstandard zum Euro*, 132–182〔アイケングリーン『グローバル資本と国際通貨システム』、128–190 頁〕; Eichengreen: *Global Imbalances and the Lessons of Bretton Woods,* Cambridge/MA 2007〔アイケングリーン『グローバル・インバランス——歴史からの教訓』畑瀬真理子・松林洋一訳、東洋経済新報社、2010 年〕; Block: *The Origins of International Economic Disorder*, 193–199; Richard Tilly: *Geld und Kredit in der Wirtschaftsgeschichte*, Stuttgart 2003, 186–194; Brenner: *Boom & Bubble*, 41–63〔ブレナー『ブームとバブル』、29–56 頁〕; Cesarano: *Monetary Theory.*

（6）　Friedman: *The Essence of Friedman*, 501.——この経済の「ポストモダン的断絶」については以下を参照のこと。Jean-Joseph Goux: »Spéculations fatals. La crise économique de 2008«, in: *Esprit* 350, Dezemer 2008, 45; Cesarano: *Monetary*

Theory and Bretton Woods, IX, 189; David Harvey: *The Condition of Postmodernity. An Enquiry into the Origins of Cultural Change*, Oxford 1989, 121ff.〔デイヴィッド・ハーヴェイ『ポストモダニティの条件』吉原直樹監訳、青木書店、1999 年、167 頁以下〕.

(7) Milton Friedman: »The Need for Future Market in Currencies«, in: *The Future Market in Foreign Currencies. Papers by Milton Friedman [and others] Prepared for the International Monetary Market of the Chicago Mercantile Exchange,* Chicago 1972 6–12.——以下も参照のこと。auch ders.: *Essays in Positive Economics*, Chicago u.a. 1966, 176〔ミルトン・フリードマン『実証的経済学の方法と展開』佐藤隆三・長谷川啓之訳、富士書房、1977 年、177 頁〕; *Capitalism and Freedom*, Chicago 1962, 67ff.〔ミルトン・フリードマン『資本主義と自由』村井章子訳、日経 BP 社、2008 年、138 頁以下〕; ders./Robert V. Roosa: *The Balance of Payments: Free versus Fixed Exchange Rate*, Washington 1967, 14–20; *The Essence of Freedman*, 461–498〔フリードマン『実証的経済学の方法と展開』、158–204 頁〕.

(8) Dick Bryan/ Michael Rafferty: *Capitalism with Derivatives. A Political Economy of Financial Derivatives, Capital, and Class*, New York 2006, 133.

(9) 以下を参照のこと。Edward LiPuma/ Benjamin Lee: *Financial Derivatives and the Globalization of Risk*, Durham u.a. 2004, 16, 47, 61; Donald MacKenzie: *An Engine, Not a Camera. How Financial Modes Shape Markets*, Cambridge/MA u.a. 2006, 145–150.

(10) Merton H. Miller: *Merton Miller on Derivatives*, New York 1997, IX–X, 8, 86〔マートン・ミラー『デリバティブとは何か』齋藤治彦訳、東洋経済新報社、2001 年、vii–ix 頁、10–11 頁、136–137 頁〕; Friedman: *Capitalism and Freedom*, 67ff.〔フリードマン『資本主義と自由』、138 頁以下〕; *The Essence of Friedman*, 419.

(11) Joseph de la Vega: *Die Verwirrung der Verwirrungen* (1688), hg. v. Otto Pringsheim, Breslau 1919, 23–30, 136–140; Isaak Pinto: *Traité des fonds de commerce, ou jeu d'actions*, London ^{2}1772, 282–304.——以下も参照のこと。Chancellor: *Devil Take the Hindmost*, 21〔チャンセラー『バブルの歴史』、46 頁〕; Brian Rotman: *Die Null und das Nichts. Eine Semiotik des Nullpunkts*, Berlin 2000, 150〔ブライアン・ロトマン『ゼロの記号論——無が意味するもの』西野嘉章訳、岩波書店、1991 年、176 頁〕.

(12) Pierre-Joseph Proudhon: *Manuel du spéculateur à la Bourse*, Paris ^{3}1857, 36.

(13) 以下も参照のこと。Stäheli: *Spektakuläre Spekulation*, 117–120; Marieke de Goede: *Virtue, Fortune and Faith. A Geneology of Finance*, Minneapolis u.a. 2005, 47–50; Fox: *The Myth of the Rational Market*, 39–40〔フォックス『合理的市場という神話』、51–52 頁〕; Chancellor: *Devil Take the Hindmost*, 246〔チャンセラー

『バブルの歴史』、387–388 頁〕.

(14) Max Weber: *Börsenwesen. Schriften und Reden 1893–1898*, hg. v. Knut Borchardt, in: *Gesamtausgabe*, Abt. 1, Bd. 5/1, hg. v. Horst Baier u.a., Tübingen 1999, 140〔ウェーバー『取引所』中村貞二・柴田固弘訳、未來社、1968 年、11 頁〕; 以下も参照のこと。Stäheli: *Spektakuläre Spekulation,* 110–111.

(15) Samuel Weber: *Geld ist Zeit. Gedanken zu Kredit und Krise*, Zürich, Berlin 2009.——思弁的な〈抹殺〉については以下を参照のこと。Gerog Wilhelm Friedrich Hegel: *Differenz des Fichteschen und Schellingschen Systems der Philosophie* (1801), in: *Werke*, Bd. 2, Frankfurt/M. 1986, 34〔G・W・F・ヘーゲル「フィヒテとシェリングの哲学体系の差異」、『ヘーゲル初期哲学論集』村上恭一訳、平凡社ライブラリー、2013 年、53–54 頁〕.

(16) 以下を参照のこと。Elena Esposito: *Die Zukunft der Futures. Die Zeit des Geldes in Finanzwelt und Gesellschaft*, Heidelberg 2010, 110, 172–174.——すでにマックス・ウェーバーが、先物取引のメカニズムは信用交換の論理を通して説明されなければならないと主張していた。以下を参照のこと。Weber: »Börsenwesen«, Bd. 5/1, 494–550.

(17) *Merton Miller on Derivatives*, 80–83〔マートン・ミラー『デリバティブとは何か』、127–133 頁〕.

(18) Eugene Fama/Merton H. Miller: *The Theory of Finance*, Hinsdale/Il. 1972, 335.

(19) Pierre Legendre: *Le désir politique de dieu. Étude sur les montages de l'État et du Droit, Leçons VII*, Paris 1988, 101–102; プロテスタンティズムにおける神の摂理、効率、資本主義の〈精神〉の関係については以下を参照のこと。Manfred Schneider: *Das Attentat. Kritik der paranoischen Vernunft*, Berlin 2010, 182–192.

(20) Louis Bachelier: *Théorie de la spéculation. Annales scientifiques de l'École Normale Supérieure*, Sér. 3, Bd. 17, 1900, 21–86; 以下も参照のこと。John Cassidy: *How Markets Fail. The Logic of Economic Calamities*, New York 2009, 86–90.

(21) Paul Samuelson, 引用は以下による。Burton G. Malkiel: *A Random Walk Down Wall Street*, New York 2003, 196–197〔バートン・マルキール『ウォール街のランダム・ウォーカー——株式投資の不滅の真理』井手正介訳、日本経済新聞出版社、2007 年、238 頁〕; 以下も参照のこと。Fama/Miller: *The Theory of Finance*, 339–340; Paul A. Samuelson: »Proof That Properly Anticipated Prices Fluctuate Randomly« (1965), in: *Collected Papers of Paul A. Samuelson*, Bd. 3, Cambridge/MA u.a. 1972, 782–790; Jürg Niehans: *A History of Economic Theory. Classic Contributions. 1729–1980*, Baltimore u.a. 1990, 441–442.

(22) これに関して、また、ブラック／ショールズとマートンのモデル一般に関しては以下を参照のこと。Esposito: *Die Zukunft der Futures*, 189–215; Ni-

cholas Dunbar, *Inventing Money: The Story of Long-Term Capital Management and the Legends Behind It*, Chichester 2000, passim〔ニコラス・ダンバー『LTCM伝説——怪物ヘッジファンドの栄光と挫折』グローバル・サイバー・インベストメント訳、東洋経済新報社、2001年、多数箇所〕, MacKenzie, *An Engine, Not a Camera*, 119–178; de Goede: *Virtue, Fortune, and Faith*, 125–132; 基本的文献としてはフィッシャー・ブラック／マイロン・ショールズによる以下を参照のこと。»The Pricing of Options and Corporate Liabilities«, in: *Journal of Political Economy* 81, May/June 1973, 637–654; Robert C. Merton: *Theory of Rational Option Pricing*, Cambridge/MA 1971.

(23) この点に関しては、バシュリエ（Bachelier 1900）に対する評価・判断のみならず、ボルツマンの弟子である政治算術家のヴィンチェンツォ・ブロンジンの »Theorie der Prämiengeschäft« (1908) も参考にしている；以下も参照のこと。Wolfgang Hafner: »Ein vergessener genialer Wurf zur Bewertung von Optionen. Vinzenz Bronzin nahm die nobelpreiswürdige Black-Scholes-Formel vorweg«, in: *NZZ.*, 8.10.2005, »Fokus der Wissenschaft«.

(24) Robert C. Merton: *Continuous-Time Finance*, Cambridge/MA 1990, 15.

(25) MacKenzie: *An Engine, Not a Camera*, 20, 158, 174; LiPuma u.a.: *Financial Derivatives*, 38, 60–61; Esposito: *Die Zukunft der Futures*, 136, 203; Randy Martin: »The Twin Towers of Financialisation: Entanglements of Political and Cultural Economics«, in: *The Global South* 3/1, Frühjahr 2009, 119.

(26) Patrice Flichy: »The Birth of Long Distance Communication. Semaphore Telegraphs in Europa (1790–1840)«, in: *Réseaux* 1/1, 1993, 96–100（この文献を教示してくれたAnders Engberg-Pedersonに感謝する）——一般的な文献として以下も参照のこと。Stäheli: *Spektakuläre Spekulation*, 305–363; Ramòn Reichert: *Das Wissen der Börse. Medien und Praktiken des Finanzmarktes*, Bielefeld 2009.

(27) Mandelbrot/Hudson: *Fraktale und Finanzen*, 347〔マンデルブロ／ハドソン『禁断の市場』、335頁〕.

(28) Merton: *Continuous-Time Finance*, 470; 以下も参照のこと。Reichart: *Das Wissen der Börse*, 113–114, 217.

(29) 1999年に発表されたブラック - ショールズ方程式の運命を扱ったBBCのドキュメンタリー番組のタイトル。以下を参照のこと。http://www.bbc.co.uk/science/horizon/1999/midas.shtml（2010年7月5日閲覧）.

(30) S. Ross: »Finance«, in: J. Eatwell u.a. (Hg.): *The New Palgrave Dictionary of Economics*, Bd. 2., London 1987, 332, 引用は以下による。Esposito: *Die Zukunft der Futures*, 204.

(31) 以下を参照のこと。Chancellor: *Devil Take the Hindmost*, 237–238〔チャンセラー『バブルの歴史』、373–376頁〕; Cesarano: *Monetary Theory*, 208–

209.——最近のハイ・フリークエンシー・トレーディングのなかでも議論の的となっているのがフラッシュオーダーである。これは、市場動向を探るために、より速い計算速度をもつコンピュータの優位を利用して、売買の注文とキャンセルをほとんど同時に行なうものである（以下を参照のこと。Jenny Anderson: »S.E.C. Moves to Ban Edge Held by Fast Traders«, in: *New York Times*, 18.9.2008, 1 u. 3）。

（32）フィッシャー・ブラックの言葉（引用は以下による。Dunbar: *Inventing Money*, 33〔ダンバー『LTCM伝説』、59頁〕）；91〔同、158–159頁〕も参照のこと。

（33）あるインタビューにおけるロバート・C・マートンと氏名不詳のトレーダーの発言（引用は以下による。de Goede: *Virtue, Fortune, and Faith*, 131）.

（34）ジェイムズ・ヨークの言葉（引用は以下による。James Gleick: *Chaos. Making a New Science*, London 1987, 67–68）。

（35）Robert C. Merton: »Application of Option-Pricing Theory: Twenty-Five Years Later«, in: *American Economic Review* 88/3, Juni 1998, 324, 336; Arrow: *General Equilibruim*; 以下も参照のこと。de Goede: *Virtue, Fortune, and Faith*, 140.

（36）Robert J. Shiller: *The New Financial Order. Risk in the 21st Century*, Princeton 2003, 1–2〔ロバート・シラー『新しい金融秩序——来るべき巨大リスクに備える』〈新装版〉田村勝省訳、日本経済新聞出版社、2014年、24頁〕.

（37）Ebd., 6, 16–17〔同、30–31頁、43–46頁〕.

（38）Ebd,.2–3〔同、26–27頁〕

（39）James Glassman/Kevin Hassett: *Dow 36,000*, New York 2000, 20–37.

（40）1997年に出されたクリントン政権やアラン・グリーンスパンなどの声明（引用は以下による。Chancellor: *Devil Take the Hindmost*, 230〔チャンセラー『バブルの歴史』、362頁〕）。

（41）Francis Fukuyama: *Das Ende der Geschichte. Wo stehen wir?*, München 1992, 14, 371〔フランシス・フクヤマ『歴史の終わり（上）歴史の「終点」に立つ最後の人間』渡部昇一訳、三笠書房、2005年、17頁、『同（下）「歴史の終わり」後の「新しい歴史」の始まり』、171–172頁〕；以下も参照のこと。Jacques Derrida: *Marx's Gespenster. Der verschuldete Staat, die Trauerarbeit und die neue Internationale*, Frankfurt/M. 2004, 84–85〔ジャック・デリダ『マルクスの亡霊たち——負債状況＝国家、喪の作業、新しいインターナショナル』増田一夫訳、藤原書店、2007年、132–136頁〕. ——歴史の終焉後の近代化をめぐる初期の議論が、一致して主要な経済学の均衡理論を参考にするよう指示していることはけっして偶然ではないだろう。たとえばアルノルト・ゲーレンは、アントワーヌ・オーギュスタン・クールノーが考えた「ポスト・ヒストリー」の概念とヴィルフレド・パレートが提唱した「結晶化」というコンセプトを発

掘したのは自分だと主張したが、この二人は経済の均衡プロセスを数学的に定式化し、このプロセスの社会哲学的再構築をおこなった最初の経済学者だと見なされているのである。これによって、20世紀におけるポスト・ヒストリーとしての何十年かが予測されたが、この何十年かのあいだに「不断性」と「定常的な土台のうえにたった変動」が運命づけられることとなった。しかし、歴史的時間の終焉が、たとえ明るい彩りのものだと考えられていようと、あるいは、暗い色彩のものと考えられていようと、歴史の終わりに関するさまざまな見解や、経済がどのように機能するかに関わる数多くの見方が学問史的な重複を示していることを窺わせるいくつかの徴候があることはたしかである（以下を参照のこと。Arnold Gehlen: »Ende der Geschichte?«, in: *Einblicke*, Frankfurt/M. 1975, 115–133;「歴史の終焉後の近代化」の議論と数学者・経済学者クールノーにおける「ポスト・ヒストリー」の概念については以下を参照のこと。Lutz Niethammer: *Posthistoire. Ist die Geschichte zu Ende?*, Reinbeck 1989, 25–30; クールノーとパレートおける数学的均衡モデルについては以下を参照のこと。Pribram: *Geschichte des ökonomischen Denkens*, 372–374, 576–586)。

第５章　経済的再生産と社会的再生産

(1)　以下を参照のこと。Greta Krippner; *The Fictitious Economy: Financialization, the State, and Contemporary Capitalism*, Diss. Madison 2003; Gerald Epstein (Hg.): *Financialization and the World Economy*, Cheltenham 2005; Martin: »The Twin Tower of Financialization«, 108–125.

(2)　Aristoteles: *Politik*, 1252a-1253a〔アリストテレス「政治学」山本光雄訳、『アリストテレス全集15　政治学　経済学』、岩波書店、1969年、3–8頁〕；以下も参照のこと。Aristoteles: *Politik*, Buch I. Über die Hausverwaltung und die Herrschaft des Herrn über die Sklaven, übersetzt und erläutert von E. Schütrumpf, Berlin 1991, 37ff., 171ff.

(3)　Aristoteles: *Politik*, 1256b.36–39, 1257a.15–32, 1323a.25–30〔アリストテレス「政治学」、22–23頁、23–24頁、274頁〕; *Nikomachische Ethik*, 1129a.3–1133b.28 (übersetzt von Olof Gigon, München 31995, 203–216)〔アリストテレス「ニコマコス倫理学」加藤信朗訳、『アリストテレス全集13　ニコマコス倫理学』、岩波書店、1973年、143–160頁〕. ――以下も参照のこと。Arnoud Bertoud: *Aristote et l'Argent*, Paris 1981, 35; Richard E. Crespo: »The Ontology of ›the Economic‹: an Aristotelian Analysis«, in: *Cambridge Journal of Economics* 30, 2006, 767–781; João César das Neves: »Aquinas and Aristotle's Distinction of Wealth«, in: *History of Political Economy* 32/3, 2000, 649–657; Skip Worden: »Aristotle's Natural Wealth: The Role of Limitation in Thwarting Misorderd Concupiscence«, in: *Journal*

of *Business Ethics* 84, 2009, 209–219.

(4)　Aristoteles: *Politik*, 1256b.40-1257b.40〔アリストテレス「政治学」、23–26 頁〕；以下も参照のこと。W.L. Newman: *The Politics of Aristotle*, Bd. I: *Introduction to the Politics*, Salem/NH 1887 (Reprint: Salem/NH 1985), 127ff.

(5)　Aristoteles: *Politik*, 1253b.15, 1256b.40ff., 1258a.37〔アリストテレス「政治学」、9 頁、22 頁以下、28 頁〕；以下も参照のこと。Pierre Pellegrin: »Monnaie et Chrématistique. Remarques sur le mouovement et le contenu de deux textes d'Aristote à l'occasion d'un livre recent«, in: *Revue Philosophique de la France et de l'étranger,* 1982/4, 631–644.

(6)　Aristoteles: *Nikomachische Ethik*, 1129a.31-1129b.10, 1130a.15–36〔アリストテレス「ニコマコス倫理学」、144–145 頁、148–149 頁〕; *Politik*, 1253b.31–32〔「政治学」、10 頁〕; Peter Koslowski: »Haus und Geld. Zur aristotelischen Unterscheidung von Politik, Ökonomik und Chrematistik«, in: *Philosophisches Jahrbuch* 86, 1979, 60–83; Arnaud Berthoud: *Essais de Philosophie économique. Platon, Aristote, Hobbes, A. Smith, Marx*, Villeneuve-d'Ascq 2002, 72–79.

(7)　Aristoteles: *Politik*, 1258b.4–8〔アリストテレス「政治学」、28–29 頁〕；以下も参照のこと。Platon: *Politeia*, 555e.〔プラトン「国家」、藤沢令夫訳、『プラトン全集 11　クレイトポン　国家』、岩波書店、1976 年、592 頁〕.

(8)　Berthoud: *Aristote et l'Argent*, 178.——以下も参照のこと。Gilles Deleuze: *Differenz und Wiederholung*, München 1992, 121–122〔ジル・ドゥルーズ『差異と反復（上）』財津理訳、河出文庫、2007 年、242–245 頁〕.

(9)　全体として以下も参照のこと。Éric Alliez: »The Accident of Time: An Aristotelian Study«, in: *Capital Times. Tales from the Conquest of Time*, Minneapolis 1996, 1–24, 特に 2, 11–14.

(10)　Karl Polanyi: *Ökonomie und Gesellschaft*, Frankfurt/M. 1979, 149–185.——以下も参照のこと。Platon: *Nomoi*, 704a-705b, in: *Sämtliche Werke*, hg. v. Ursula Wolf, Bd.4, Reinbek 1994, 255–256〔プラトン「法律」森雄一ほか訳、『プラトン全集 13　ミノス　法律』、岩波書店、1987 年、242–244 頁〕；Michael Austin/Pierre Vidal-Naquet: *Écomonies et societés en Grèce ancienne,* Paris 1972, 170–173; H. Bolkenstein: *Economic Life in Greece's Golden Age*, Leiden 1958, 105–106; M. I. Finley: *The Ancient Economy,* Berkeley u.a. 1973, 161–162; H. Knorringa: *Emporos. Data on Trade and Trader in Greek Litera-ture from Homer to Aristotle*, Paris u.a. 1926, 9 u. 103.

(11)　Emile Benveniste: *Indoeuropäische Institutionen. Wortschatz, Geschichte, Funktionen*, Frankfurt/M. u.a. 1993, 111–118〔エミール・バンヴェニスト『インド＝ヨーロッパ諸制度語彙集 1　経済・親族・社会』前田耕作監修・蔵持不三也ほか訳、言叢社、1986 年、133–140 頁〕. ——市場成立に関する経済史については以下を参照のこと。Karl Polanyi: *The Great Transformation. Politische und ökonomische*

Ursprünge von Gesellschaften und Wirtschaftssystemen, Frankfurt/M. 1978, 87–101〔カール・ポラニー『新訳　大転換——市場社会の形成と崩壊』野口建彦・栖原学訳、東洋経済新報社、2009 年、75–90 頁〕; Georges Duby: *Guerriers et paysans,* Paris 1973, 168; Henri Pirrenne: *Les Villes au Moyen Âge, Essai d'histoire économique et sociale*, Paris 1992, 34–37〔アンリ・ピレンヌ『中世都市——社会経済私史的試論』佐々木克巳訳、創文社、1970 年、29–32 頁〕; Henochsberg: *La Place du Marché,* 28ff.

(12) 道徳についてのヤーコプ・フォン・ヴィトリの説教の一節（引用は以下による。Jacques LeGoff: *Wucherzins und Höllenqualen. Ökonomie und Religion im Mittelalter*, Stuttgart 1988, 59-60（中世の高利貸像や高利貸法の多様性についても多数の参照箇所あり）〔ジャック・ル・ゴッフ『中世の高利貸——金も命も』渡辺香根夫訳、法政大学出版局、1990 年、68 頁〕.

(13) Dante Alighieri: *Die göttliche Komödie*, Frankfurt/M. 1974. 55 (Hölle 11, 49–50)〔ダンテ・アリギエーリ「神曲　地獄篇」野上素一訳、『筑摩世界文学大系 11　ダンテ　神曲　新生』、筑摩書房、1979 年、36–37 頁〕; William Shakespeare: *Der Kaufmann von Venedig*, in: *Gesamtwerk*, Bd. 2, hg. v. L.L. Schücking, Augsburg 1995, 489（アントーニオと最初に出会ったとき、シャイロックは自分の営む金貸業を牝羊と牡羊のあいだに生まれた子羊に喩えるが、これに対してアントーニオは「で、お前たちの金銀は牝羊と牡羊だというのか？」とやり返す。するとシャイロックは「そんなことはわかりませんがね。とにかく、さっさと子を生ませるだけのことでさ」）〔ウィリアム・シェイクスピア「ヴェニスの商人」菅泰男訳、『シェイクスピア全集 1　喜劇 1』、筑摩書房、1970 年、271–272 頁〕. ——以下も参照のこと。LeGoff: *Wucherzins*, 49〔ル・ゴッフ『中世の高利貸し』、60 頁〕; Pierre Dockès: »L'esprit du capitalisme, son histoire et sa crise«, in: Pierre Dockès u.a.: *Jours de colère. L'esprit du capitalisme,* Paris 2009, 99–101.

(14) *Fortunatus*, hg. v. H. G. Boloff, Stuttgart ²1996; 以下も参照のこと。Stephan L. Wailes: »Potency in Fortutatus«, in: *The German Quartely* 59, 1986, 5–18.——いうまでもなくここでは、それを役目として待ち受ける女性たちの〈母胎〉へと大量の金が〈放出される〉ことをとおして、何度となく結婚が行なわれるのである。

(15) Benjamin Franklin: »Advice to a Young Tradesman. Written from an Old One (12. July 1748)«, in: *The Autobiography and Other Writings on Politics, Economics, and Virtue*, hg. v. A. Houston, Cambridge/MA u.a. 2004, 200（ドイツ語訳：»Guter Rat an einen jungen Handwerker«, in: *Nachgelassene Schriften und Correspondenz,* Bd. 5, übers. von Gottlieb Heinrich Adolf Wagner, Weimar 1819, S. 72）〔ベンジャミン・フランクリン『若き商人への手紙』ハイブロー武蔵訳・解説、総合法令出版、

2004年、10–11頁〕；以下も参照のこと。Weber, *Geld ist Zeit,* 11–13.

(16) Gill Deleuze/Félix Guattari: *Anti-Ödipus, Kapitalismus und Schizophrenie I,* Frankfurt/M. 1974, 290–293, 339〔ジル・ドゥルーズ／フェリックス・ガタリ『アンチ・オイディプス――資本主義と分裂症（下）』宇野邦一訳、河出文庫、2006年、27–30頁、93–95頁〕. ――この状況はとりわけ家族の位置にあてはまる。アリストテレス的にいえば、それはもはや〈オイコノミアー的〉な再生産の社会的形式を規定するものではない。それはむしろ経済的再生産に従属する素材の形式となるのである；以下を参照のこと。ebd., 339–340〔同、93–95頁〕.

(17) Marx: *Das Kapital,* Bd. 1, in: MEW, Bd. 23, 167–169〔マルクス『資本論　第1巻a』、259–264頁〕. ――以下も参照のこと。Langenohl: *Finanzmarkt und Temporalität,* 89; Deleuze/Guattari: *Anti-Ödipus,* 291–293〔ドゥルーズ／ガタリ『アンチ・オイディプス（下）』、27–30頁〕.

(18) Marx: *Das Kapital,* Bd. 1, in: *MEW,* Bd. 23, 591, 603–604〔マルクス『資本論　第1巻b』、966–967頁、985–988頁〕. ――以下も参照のこと。Bd. 3, in: *MEW,* Bd. 25, 886–891〔マルクス『資本論　第3巻b』、1543–1552頁〕.

(19) Alexander Rüstow: in: »Compte-rendu des séances du colloque Walter Lippmann« (26.–30.8.1938), in: *Travaux du Centre International d'Études pour la Rénovation du Libéralisme,* Heft 1, Paris 1939, 83（引用は以下による。Foucault: *Geschichte der Gouvernementalität II,* 335）〔フーコー『生政治の誕生』、298頁〕; Ludwig van Mises: *Human Action. A Treatise on Economics,* New Haven 1949, 2〔ルートヴィヒ・フォン・ミーゼス『ヒューマン・アクション』村田稔雄訳、春秋社、1991年、23–24頁〕.

(20) リュストウの概念による；以下を参照のこと。Foucault: *Geschichte der Gouvernementalität II,* 210, 223–224〔フーコー『生政治』、182–183頁、195–196頁〕.

(21) Ebd., 359, 367ff.〔同319頁、329頁以下〕.

(22) Ebd., 333〔同296–297頁〕；以下も参照のこと。208, 210–211, 246, 312〔同180–181頁、182–183頁、215–216頁、276頁〕. ――以下も参照のこと。Rifkin: *Access,* 10f.〔リフキン『アクセス』、12頁以下〕.

(23) Gary S. Becker: *The Essence of Becker,* hg. v. R. Ferrero u. P.S. Schwartz, Stanford 1995, XXI; Ingo Pies/Martin Leschke (Hg.): *Beckers ökonomischer Imperialismus,* Tübingen 1998.

(24) Michelle Riboud: *Accumulation du capital humaine,* Paris 1978, 1; Burkhard Jaeger: *Humankapital und Unternehmenskultur. Ordnungspolitik für Unternehmen,* Wiesbaden 2004; Theodore W. Schultz: *In Menschen investieren. Die Ökonomik der Bevölkerungsqualität,* Tübingen 1986〔セオドア・W・シュルツ『「人間資本」の

経済学』伊藤長正・大坪檀訳、日本経済新聞社、1985年〕．――これはまた文化資本と社会資本を手がかりとしたブルデューの社会分析にとっての出発点でもある；以下を参照のこと。Pierre Bourdieu: *Die verborgenen Mechanismen der Macht*, Hamnburg 2005, 49–79.

(25) G. Günther Voß/Hans J. Pongratz: »Der Arbeitskraftunternehmer. Eine neue Grundform der Ware Arbeitskraft?«, in: *Kölner Zeitschrift für Soziologie und Sozialpsychologie* 50, 1998, 131–158; Robert Johansen/Rob Swigart: *Upsizing the Individual in the Downsized Organization. Managing in the Wake of Reengineering, Globalization, and Overwhelming Technological Change*, Reding/Mass. u.a. 1994, 21ff.――以下も参照のこと。Dirk Baecker: *Postheroisches Management. Ein Vademecum*, Berlin 1994; Richard Sennett: *Der flexible Mensch. Die Kultur des neuen Kapitalismus*, Berlin 1998〔リチャード・セネット『不安な経済／漂流する個人――新しい資本主義の労働・消費文化』森田典正訳、大月書店、2008年〕; Nikolas Rose: »Tod des Sozialen? Eine Neubestimmung der Grenzen des Regierens«, in: Ulrich Bröckling/Susanne Krasmann/Thomas Lemke (Hg.): *Gouvernementalität der Gegenwart. Studien zur Ökonomisierung des Sozialen*, Frankfurt/M. 2000, 72–109; Ulrich Bröckling: »Totale Mobilmachung. Menschenführung im Qualitätsund Selbstmanagement«, ebd., 131–167.

(26) たとえば以下を参照のこと。William Bridges: *Ich & Co. Wie man sich auf dem Arbeitsmarkt behauptet*, Hamburg 1996; Conrad Seidel/Werner Beutelmeier: *Die Marke Ich. So entwickeln Sie Ihre persönliche Erfolgsstrategie!*, Wien u.a. 1999. －以下も参照のこと。David Harvey: *A Brief History of Neoliberalism*, Oxford 2005, 4〔デヴィッド・ハーヴェイ『新自由主義――その歴史的展開と現在』渡辺治監修／森田成也・木下ちがや・大屋定晴・中村好孝訳、作品社、2007年、12頁〕.

(27) Gary S. Becker: *Der ökonomische Ansatz zur Erklärung menschlichen Verhaltens*, Tübingen 1982.――以下も参照のこと。Foucault: *Geschichte der Gouvernementalität II*, 305–314, 347–359〔フーコー『生政治の誕生』、269–279頁、308–319頁〕: Jakob Tanner: » ›Kultur‹ in den Wirtschaftswissenschaften und kulturewissenschaftliche Interpretationen menschlichen Handelns«, 207–208.

(28) Gary S. Becker; *A Treatise on the family*, Cambridge/MA u.a. ²1993, 7; 155–156頁も参照のこと．――ゴールズワージーの引用は以下によった。John Galsworthy: *Die Forsyte-Sage*, Bd. 2: *In den Schlingen des Gesetzes*, Leipzig u.a. 1985, 10〔ジョン・ゴールズワージー『フォーサイト家物語　第二巻』臼田昭・石田英二・井上宗次訳、角川文庫、1962年、89頁〕.

第 6 章　断裂帯

(1)　Gilles Deleuze: »Sehen und Sprechen. Erfahrungen, Aussagen – Erinnerungen an ein Denkexperiment«, in: *Lettre international* 32, 1996, 87〔ジル・ドゥルーズ「フーコーと監獄」笹田恭史訳、『狂人の二つの体制 1983–1995』宇野邦一ほか訳、河出書房新社、2004 年、115–128 頁。ただし、この邦訳の原典と本書の原著者が引用しているこのドイツ語訳には異同があるので、邦訳の頁とは合致していない〕; »Begehren und Lust«〔ジル・ドゥルーズ「欲望と快楽」小沢秋広訳、『狂人の二つの体制 1975–1982』宇野邦一ほか訳、河出書房新社、2004 年、176–178 頁〕, in: Friedrich Balke/Joseph Vogl (Hg.): *Gilles Deleuze – Fluchtlinien der Philosophie,* München 1996, 235; Deleuze/Guattari: *Anti-Ödipus,* 193〔ドゥルーズ／ガタリ『アンチ・オイディプス（上）』、285–286 頁〕.

(2)　Fernand Braudel: *Sozialgeschichte des 15.–18. Jahrhunderts,* München 1986, Bd. 1: *Der Alltag,* 484; Bd. 2: *Der Handel,* 438, 500–503〔フェルナン・ブローデル『物質文明・経済・資本主義 15–18 世紀 I -2　日常性の構造 2』村上光彦訳、みすず書房、1993 年、158 頁；同『物質文明・経済・資本主義 15–18 世紀 II -2　交換のはたらき 2』山本淳一訳、みすず書房、1986 年、137 頁、210–213 頁〕.

(3)　以下を参照のこと。Hayek: *The Trend of Economic Thinking,* 28; Northrop: »The immpossibility of a Theoretical Science of Economic Dymamics «, 1–10.

(4)　特に以下を参照のこと。Benoit Mandelbrot: »Paretian Distribution and Income Maximization«, in: *Quarterly Journal of Economics* 76, Februar 1962, 57–85; »The Variation of Certain Speculative Prices«, in: *The Journal of Business* 36/4, Oktober 1963, 394–419; »New Methods in Statistical Economics«, in: *Journal of Political Ecomony* 71/5, Oktober 1963,421–440; »The Variation of Some Other Speculative Prices, in: *The Journal of Business* 40/4, Januar 1967, 393–413; »Statistical Methodology for Non-periodic Cycles«, in: *Annals of Ecomonic and Social Measurement* 1, Juli 1972, 259–290.――この部分の記述は重要な点でミロウスキーの以下の著作に依拠している：Mirowski: »The Rise and Fall of the Concept of Equilibrium in Economic Analysis«; ders. :»From Mandelbrot to Chaos in Economic Theory«, in: *Southern Economic Journal* 57/2, Oktober 1990, 289–307; Reichert: *Das Wissen der Börse,* 21–46.

(5)　Mandelbrot: »The Variation of Certain Speculative Prices«, 394, 409.――以下も参照のこと。David Kelsey: »The Economics of Chaos or the Chaos of Economics«, in: *Oxford Economic Papers,* New Series 40/1, März 1988, 2; Mandelbrot/Hudson: *Fraktale und Finanzen,* 207–306〔マンデルブロ／ハドソン『禁断の市場』、201–293 頁〕.

(6)　Ilya Prigogine/Isabelle Stengers: *Order out of Chaos. Man's New Dialogue with*

Nature, Toronto u.a. 1984, 14, 140–144〔イリヤ・プリゴジン／イザベル・スタンジェール『混沌からの秩序』伏見庸治・伏見譲・松枝秀明訳、みすず書房、1987年、200–205頁〕; Ilya Prigogine: *From Being to Becoming. Time and Complexity in the Physical Sciences*, San Francisco 1980, 131–150〔イリヤ・プリゴジン『存在から発展へ——物理科学における時間と多様性』小出昭一郎訳、みすず書房、1984年、137–154頁〕. ——以下も参照のこと。Gleick: *Chaos*, 86–94; Reichert: *Das Wissen der Börse*, 36-40.

(7) Mandelbrot/Hudson: *Fraktale und Finanzen*, 209〔マンデルブロ／ハドソン『禁断の市場』、203頁〕; Mandelbrot: »The Variation of Certain Speculative Prices«, 415; »New Methods in Statistical Economics«, 434; 以下も参照のこと。Weissenfeld, Horst und Stefan: *Im Rausch der Spekulation. Geschichten von Spiel und Spekulation aus vier Jahrhunderten*, Rosenheim 1999, 666.

(8) 以下を参照のこと。Kelsey: »The Economics of Chaos«, 26.

(9) Joachim Peinke u.a.: »Turbulenzen am Finanzmarkt“ in: *Einblicke. Mitteilungsblatt der Carl von Ossietzky Universität Oldenburg* 39, 18; 引用は以下による。Reichert: *Das Wissen der Börse*, 43; 以下も参照のこと。ebd., 42.

(10) Mandelbrot: »New Methods in Statistical Economics«, 433.

(11) M・F・オズボーン、ユージン・ファーマ、ポール・コートナーといった効率的市場理論の代表者たちの言葉である。引用は以下による。Fox, *The Myth of the Rational Market*, 134-135〔フォックス『合理的市場という神話』、174頁〕; 以下も参照のこと。Mirowski: »The Rise and Fall of the Concept of Equiliblium in Economic Analysis«, 465;〈遊牧民的〉な学問タイプに関しては以下を参照のこと。Gilles Deleuze/Félix Guattari: *Tausend Plateaus. Kapitalismus und Schizophrenie*, Berlin 1992, 669–682〔ジル・ドゥルーズ／フェリックス・ガタリ『千のプラトー——資本主義と分裂症（下）』宇野邦一他訳、河出文庫、2010年、264–283頁〕.

(12) Deleuze/Guattari: *Anti-Ödipus*, 300〔ドゥルーズ／ガタリ『アンチ・オイディプス（下）』、38–39頁〕. ——以下も参照のこと。Ping Shen: »Empirical and Theoretical Evidence of Economic Chaos«, in: *System Dynamics Review* 4/1-2, 1988, 81–108:——たとえば、ここでは、市場サイクル予測のための結論は非–周期的運動の観察から導かれている。ボラティリティ・クラスター（分散不均一）と配当利回りを計算するためのいわゆるGARCHモデル（Generalized Autoregressine Conditional Heteroscedasticity）は、非決定論的なこの不均一性を決定論の流れに組み込むための一連の努力のひとつと見なされなければならない。これらのモデルでは、分散不均一は時系列的な歴史シークエンスに従うだけでなく、独自の歴史の機能ならびにランダム・エラーの歴史として計算されるのである。

(13) 第1章註11を参照のこと；Fox: *The Myth of the Rational Market*, 233〔フォックス『合理的市場という神話』、299頁〕；Mandelbrot/Hudson: *Fraktale und Finanzen,* 25–26〔マンデルブロ／ハドソン『禁断の市場』、30–32頁〕．——以下も参照のこと。R. Lewinsohn/F. Pick: *La bourse. Les diverses formes de la spéculation dans les grandes bourses mondiales*, Paris 1938, 7.

(14) Rifkin: *Access*, 44–45〔リフキン『アクセス』、46頁〕.

(15) Friedman: *Capitalism and Freedom*, 14〔フリードマン『資本主義と自由』、47–48頁〕．——貨幣のヴェールとしての性格については、たとえばジョン・スチュアート・ミルがこう述べている。「実際には、財は貨幣によって買われるのではない。金鉱や銀鉱の持ち主でなければ貴金属による収入を得るものなどいない。収入とは、週ごとに、あるいは年ごとに受け取るマルクやポンドのことではない。マルクやポンドは、店で支払いの際に差し出すことができ、それによって自分で選んだ他の商品の特定の価値を手にすることのできるチケットもしくは為替にほかならない［…］要するに、その根源を探れば、この社会の現実において貨幣ほど無意味なものは考えられないということである」(John Stuart Mill: *Grundsätze der politischen Ökonomie,* Bd. 2, Jena 1921, 7–8)〔ジョン・スチュアート・ミル『経済学原理 (3)』末永茂喜訳、岩波文庫、1969年、111–112頁〕。

(16) Hyman P. Minsky: *Stabilizing an Unstable Ecomony*, New Haven u.a.,1986, 119〔ハイマン・ミンスキー『金融不安定性の経済学——歴史・理論・政策』吉野紀・浅田統一郎・内田和男訳、多賀出版、1989年、143頁〕.

(17) Hyman P. Minsky: *Can »It« Happen Again? Essays an Instability and Finance*, Armonk 1982, 92〔ハイマン・ミンスキー『投資と金融——資本主義経済の不安定性』岩佐代市訳、日本経済評論社、1988年、140–141頁〕；*The Financial Instability Hypothesis. A Restatement*, London 1978, 1–3; 以下も参照のこと。John Maynard Keynes*: Allgemeine Theorie der Beschäftigung des Zinses und des Geldes*, Berlin [6]1983, 124ff.〔ジョン・メイナード・ケインズ『ケインズ全集・第7巻　雇用・利子および貨幣の一般理論』塩野谷祐一訳、東洋経済新報社、1983年、145頁以下〕.

(18) De la Vega: *Die Verwirrung der Verwirrungen*, 65.——金融市場の自己再帰性については以下を参照のこと。George Soros: *Die Krise des globalen Kapitalismus*, 8, 70ff.〔ジョージ・ソロス『グローバル資本主義の危機』、22頁、87頁以下〕；ders.: *Open Society. Reforming Global Capitalism*, New York 2000, 58ff.〔ジョージ・ソロス『ソロスの資本主義改革論——オープンソサエティを求めて』山田侑平・藤井清美訳、日本経済新聞社、2001年、95頁以下〕.

(19) Immanuel Kant: *Kritik der Urteilskraft*, §§6, 8, 22, in: *Werke*, Bd. 5, 288–295, 322–324〔イマヌエル・カント「判断力批判　上」牧野英二訳、『カント全集

8　判断力批判　上』岩波書店、1999 年、66–74 頁、104–106 頁〕.

(20) Keynes: *Allgemeine Theorie*, 131–132〔ケインズ『一般理論』、154 頁〕; Robert Skidelsky: *Keynes. The Return of the Master*, New York 2009, 83, 93〔ロバート・スキデルスキー『なにがケインズを復活させたのか？——ポスト市場原理主義の経済学』山岡洋一訳、日本経済新聞出版社、2010 年、123 頁、148–148 頁〕. ——以下も参照のこと。André Orléan: *Le pouvoir de la finance*, Paris 1999, 32–62〔アンドレ・オルレアン『金融の権力』坂口明義・清水和巳訳、藤原書店、2001 年、44–77 頁〕;「均衡に対する合理的な期待」が結果的に「均衡に対する合理的な信仰」によって置きかえられることについては特に以下を参照のこと。Mordecai Kurz: *Endogenous Uncertainty and Rational Belief Equilibrium: A Unified Theory of Market Volatility*, Stanford University, 14. Juli 1999 (http://www.stanford.edu/~mordecai/OnLinePdf/13.UnifiedView_1999.pdf).

(21) Gabriel Tarde: *Psychologie économique*, Bd. 1, Paris 1902, 65; 以下も参照のこと。Bruno Latour/Vincent Lépinay: *Die Ökonomie als Wissenschaft der leidenschaftlichen Interessen*, Frankfurt/M. 2010, 15–48.——「人びとの態度、意見と期待に効果的な影響力を持ち」、しかも、時として現われる個人的な特異性を規範強化の動きをとおして大勢のなかにのみ込んでしまうような規則がどこにおいても通用するならば——この一致を求める圧力は、ひょっとしたら貨幣市場と「言論の自由を守る経済」を等置する新自由主義の考え方の説明ともなるかもしれない（以下を参照のこと。Friedman: »Should There Be an Independent Monetary Authority?«, in: *The Essence of Friedman*, 443; »The Economics of Free Speech«, ebd., 9–17)。

(22) Hyun Song Shin: *Risk and Liquidity*, Oxford u.a. 2010, 1–6〔ヒュン・ソン・シン『リスクと流動性——金融安定性の新しい経済学』大橋和彦・服部正純訳、東洋経済新報社、2015 年、3–10 頁〕.

(23) Minsky: *Stabilizing an Unstable Economy*, 171–220〔ミンスキー『金融不安定性の経済学』、209–273 頁〕; »The Financial Instability Hypothesis: Capitalist Process and the Behaviour of the Economy«, in: Charles P. Kindleberger/Jean-Pierre Lafargue (Hg.): *Financial Crisis. Theory, History, and Policy*, Cambridge/MA u.a. 1982, 13–39; *The Financial Instability Hypothesis: A Restatement*, London 1978; *Financial Instability Revisited: The Economics of Disaster. Prepared for the Steering Committee for the Fundamental Reappraisal of the Discount Mechanism Appointed by the Board of Gouvernors of the Federal Reserve System*, Washington 1970.——この点およびこれ以降の叙述については以下を参照のこと。Riccardo Bellofiore/Piero Ferri (Hg.): *Financial Keynesianism and Market Instability. The Economic Legacy of Hyman Minsky*, Bd. 1, Cheltenham u.a. 2001, 1–30 (Introduction); Cassidy: *How Markets Fail*, 205–212; Thomas Strobl: *Minsky'sche Momente*, Januar 2008 (http://www.weiss-

garnix.de/2008/01/01/minsky/).

(24) Minsky: *Stabilizing an Unstable Economy*, 251, 5〔ミンスキー『金融不安定性の経済学』、312 頁、6 頁〕. ——金融化の成功が生得的な回帰運動を通して破滅的な倒壊へと反転するという同様の動きは——少なくともうすうす気づかれていることだろうが——ブラック - ショールズ方程式によって形作られた金融世界に関して詳細に記録されている。経済学者のマートンとショールズによって設立された金融会社ロング・ターム・キャピタル・マネージメント社は、相場の暴騰が起こり、途方もない減益が公表されたあとに（そして、二人がノーベル経済学賞を受賞してほどなく）破綻した。この事態に対しては、アメリカ金融制度史上最初の大規模な国家救済策が講じられた（以下を参照のこと。Dunber: *Inventing Money*, passim〔ダンバー『LTCM 伝説』、参照箇所多数〕; MacKenzie: *An Engine, Not a Camera*, passim）。

(25) 流動性のパラドックスについては以下を参照のこと。Orléan: *Le pouvoir de la finance*, 33 u. passim〔オルレアン『金融の権力』、46 頁その他多数箇所〕; Christian Marazzi : *Capital and Language. From the New Economy to the War Economy*, Cambridge/MA 2008, 24ff, 126〔クリスティアン・マラッツィ『資本と言語——ニューエコノミーのサイクルと危機』水嶋一憲監修、柱本元彦訳、人文書院、2010 年、25 頁以下、134 頁〕.

(26) 引用は以下による。André Orléan: *De l'euphorie à la panique: Penser la crise financière*, Paris 2009, 46.——この点およびこれ以降の叙述については特に以下を参照のこと。Cassidy: *How Markets Fail*, 251–316; Michel Aglietta/Sandra Rigot: *Crise et rénovation de la finance*, Paris 2009, 17–47.

(27) Ralf Heidenreich/Stefan Heidenreich: *Mehr Geld*, Berlin 2008, 133.

(28) 経済学者ゲイリー・ゴートンの言葉。引用は以下による。Cassidy: *How Markets Fail*, 308.

(29) 以下を参照のこと。Shin: *Risk and Liquidity*, 4–13〔シン『リスクと流動性』、7–21 頁〕; Esposito: *Die Zukunft der Futures*, 225–239; Cassidy: *How Markets Fail*, 307–309; Michel Aglietta: *La crise. Pourquoi est-on arrivé là? Comment en sortir?*, Paris 2008, 17–31.

(30) 以下を参照のこと。Dirk Baecker: *Womit handeln Banken? Eine Untersuchung zur Risikoverarbeitung in der Wirtschaft*, Frankfurt/M. 1991, 11, 184.

(31) John Maynard Keynes: *A Treatise on Probability*, London 1921, 20–40〔ジョン・メイナード・ケインズ「確率論」、『ケインズ全集・第 8 巻　確率論』佐藤隆三訳、東洋経済新報社、2010 年、22–46 頁〕; 以下も参照のこと。Skidelsky: *Keynes*, 84–86〔スキデルスキー『なにがケインズを復活させたのか？』、135–140 頁〕; Paul Davidson: »Risk and Uncertainty«, in: Robert Skidelsky/Christian Westerlind Wigstrom (Hg.): *The Economic Crisis and the State of Economics*, New

York 2010, 13–29.

（32） Luhmann: *Wirtschaft der Gesellschaft*, 271〔ルーマン『社会の経済』、272 頁〕.

（33） Esposito: *Die Zukunft der Futures*, 256.

（34） Ebd., 256–257.

（35） Ebd., 241, 252–255.

（36） Orléan: *De l'euphorie à la panique*, 80.

（37） Luhmann: *Die Wirtschaft der Gesellschaft*, 269〔ルーマン『社会の経済』、270 頁〕.

（38） Tareb: Narren des Zufalls, 304〔タレブ『まぐれ』、300 頁〕；以下も参照のこと。George L.S. Shackle: »The Science of Imprecision«, in: *Epistemics & Economics. A Critique of Economic Doctrines*, Cambridge/MA 1972, 359–363.

（39） Hans Blumenberg: *Lebenszeit und Weltzeit*, Frankfurt/M. 1986, 27.

（40） Léon Walras: *Éléments d'économie politique pure ou Théorie de la richesse sociale*, Paris u.a. 1900, 29〔レオン・ワルラス『純粋経済学要論――社会的富の理論』久武雅夫訳、岩波書店、1983 年、29 頁〕.

（41） Norbert Bolz: »Agenda Freiheit«, in: *Merkur* 736/737, September/Oktober 2010, 892.

（42） 以下も参照のこと。Latour/Lépinay: *Ökonomie als Wissenschaft*, 14; Jacques Sapir: *Quelle économie pour le XXIe siècle?,* Paris 2005, 407ff.

（43） Luhmann: *Die Wirtschaft der Gesellschaft*, 270〔ルーマン『社会の経済』、271 頁〕.

日本語版へのあとがき

（1） ここに挙げた引用については以下を参照のこと：Alan S. Blinder: *After the Music Stopped. The Financial Crisis,the Response, and the Work Ahea*d, New York 2013, 119; James B. Stewart: »Eight Days. The Battle to Save the American Financial System«, in: *The New Yorker*, 21.09.2009, 68; Andreas Langenohl: »Finanzmarktöffentlichkeiten. Die funktionale Beziehung zwischen Finanzmarkt und öffentlichem Diskurs«, in: Rainer Diaz-Bone, Gertraude Krell (Hg.): *Diskurs und Ökonomie*. Diskursanalytische Perspektiven auf Märkte und Organisationen, Wiesbaden 2009, 245–266, hier 258f.; Justin Fox: *The Myth of the Rational Market. A History of Risk, Reward, and Delusion on Wall Street,* New York 2009, XI–XII〔フォックス『合理的市場という神話』、xii–xiii 頁〕.

（2） Vgl. Philip Mirowski: *Untote leben länger,* Berlin 2015, 185, 189, 210, 232.

（3） Giorgio Agamben: *Herrschaft und Herrlichkeit*, 72-173〔アガンベン『王国と栄光』、112–273 頁〕.

(4) Gottfried Wilhelm Leibniz: *Essais de Théodicée sur la bonté de Dieu, la liberté de l'homme et l'origine du mal/Die Theodizee. Von der Güte Gottes, der Freiheit des Menschen und dem Ursprung des Übels,* hg. und übersetzt v. Herbert Herring, in: *Philosophische Schriften,* Bd. 2.1. Frankfurt am Main 1996, 558, 571〔ゴットフリート・ヴィルヘルム・ライプニッツ『弁神論――神の善意、人間の自由、悪の起源(上)』佐々木能章訳、『ライプニッツ著作集・第6巻　宗教哲学――弁神論（上）』、1991年、工作舎、307、314頁〕; vgl. Pierre Legendre: *Le désir politique de Dieu. Etude sur les montages de l'Etat du Droit (Leçons VII),* Paris 1988, 101–103.

(5) Guillaume François Le Trosne: *De l'ordre social. Ouvrage suivi d'un traité élémentaire sur la valeur, l'argent, la circulation, l'industrie & le commerce intérieur & extérieur,* Paris 1777, 302–303.

(6) Adam Smith: *Theorie der ethischen Gefühle,* 47-48, 113-114, 317-320〔スミス『道徳感情論』（上）、93頁、201頁、同（下）26–29頁〕.

(7) Adam Smith: *Der Wohlstand der Nationen. Eine Untersuchung seiner Ursachen und seiner Natur,* 371〔スミス『国富論』、706頁〕.

(8) Milton Friedman: *The Essence of Friedman,* 8.

(9) Vgl. Thorstein Veblen: »The Precondition of Economic Science,« in: ders.: *The Place of Science in Modern Civilization,* New York 1941, 82–179; Alexander Rüstow: *Die Religion der Marktwirtschaft,* Münster u.a. 2002, 21, 107.

(10) Friedrich August von Hayek: »The Pretence of Knowledge. Prize Lecture. Stockholm 1974«, online: https://www.nobelprize.org/nobel_prizes/economic-sciences/laureates/1974/hayek-lecture.html (zuletzt aufgerufen: 14.03.2018)〔フリードリヒ・ハイエク「見せかけの知」『ハイエク全集・第4巻　哲学論集』（第II期）、杉田秀一訳、春秋社、2010年、90頁〕.

(11) Oskar Morgenstern: *Wirtschaftsprognose. Eine Untersuchung ihrer Voraussetzungen und Möglichkeiten,* Wien 1928, 59, 121 und passim.

(12) 引用は以下による。Paul Mason: *Postkapitalismus. Grundrisse einer kommenden Ökonomie,* Berlin 2016, 67〔ポール・メイソン『ポストキャピタリズム――資本主義以後の世界』佐々とも訳、東洋経済新報社、2017年、86頁〕.

訳註

第 1 章　ブラック・スワン

＊1　「コンドッティエーレ」(中世末期から近代にかけて活躍したイタリア人の傭兵、傭兵隊長を意味する）と「人狼」は、邦訳では「荒武者」、「人食い鬼」となっている。邦訳については第 1 章の原註 1 を参照のこと。

＊2　「呪われた詩人たち（poète maudit)」という表現は、1884 年に発表されたポール・ヴェルレーヌ（1844–1896）の詩人論 « Les poètes maudits » に由来する（以下を参照。「呪われた詩人達」鈴木信太郎・高畠正明訳、『世界文學大系 43　マラルメ・ヴェルレーヌ・ランボー』筑摩書房、1969 年、173–207 頁)。

＊3　『オデュッセイア』に登場するナウシカアーは難破したオデュッセウスに温かく接したパイアケス人の王女、キルケーは魔法にすぐれた女神、カリュプソーはアトラスまたはヘリオスの娘でオデュッセウスを愛した女性、セイレーンは半人半鳥の姿をして岩礁から歌で船乗りを惑わした海の怪物である(以下を参照。ホメーロス「オデュッセイア」高津春樹訳、『世界文學体系 1　ホメーロス』、筑摩書房、1961 年)。

＊4　ここで触れられている地獄はダンテの『神曲』地獄篇第 26 歌に登場する（以下を参照。ダンテ・アリギエーリ『世界文学大系 11　ダンテ　神曲　新生』野上素一訳、筑摩書房、1979 年)。

＊5　この節のここまでの部分については、著者に問い合わせ、該当部分の原文を修正して翻訳することで合意を得た。この箇所については、著者による修正を反映した英訳（*The Specter of Capital*, translated by Joachim Redner and Robert Savage, Stanford University Press, Stanford 2015）も参照した。

＊6　「島皮質」は大脳新皮質のひとつで、シルビウス裂内奥に位置し、前頭葉、側頭葉、頭頂葉、基底核に囲まれた領域。「ライルの島」あるいは「島」とも呼ばれる。島皮質の活動は味覚、嗅覚、痛覚、社会的な痛み（疎外、死別、不公正な処遇など)、情動、社会的情動（他人との関係から生じる情動)、触覚、内受容（身体状態の知覚に関わる感覚のすべてを包括)、自己意識などに関わるとされる。さらに臨床的には薬物濫用、パニック障害、統合失調症など種々の精神神経疾患との関連も示唆されている（以下を参照。『脳科学辞典』日本神経科学学会／脳科学辞典編集委員会編、「島」の項)。

＊7　「オペレーションズ・リサーチ」はシステムの運用に関して最適な方法

を提供しようとする学際科学。目標の明確化、評価関数の定式化、問題の分析と分解、解決手順の定式化などからなる（以下を参照。『岩波　哲学・思想事典』［岩波書店］の「オペレーションズ・リサーチ」の項）。

＊8　「神義論」については「訳者あとがき」を参照されたい。

＊9　「世界存在者」（Weltwesen）はカントの用語。『人倫の形而上学（1797）』のなかの両親の子供に対する権利を扱った部分で、子供をたんなる「世界存在者」としてではなく「世界市民」（Weltbürger）として扱うべきことが述べられている（以下を参照。Immanuel Kant: *Die Metaphysik der Sitten,* in ; *Gesammelte Schriften,* Hrsg. v. der Königlich Preußischen Akademie der Wissenschaften, Berlin 1907, Bd. VI, S. 281［『カント全集・第11巻　人倫の形而上学』吉澤傳三郎・尾田幸雄訳、理想社、1969年、127頁］）。

＊10　リスボン地震は1755年11月1日に発生。リスボン大震災とも呼ばれている。これはポルトガルの首都リスボンを中心に大きな被害をもたらしたヨーロッパ最大の地震でフランス革命と並ぶ18世紀ヨーロッパを揺るがした大事件だった。津波による犠牲者も含めて6万人強から9万人が犠牲になったといわれている。この地震がポルトガルのみならずヨーロッパ社会に与えた影響は宗教、思想、政治、経済、社会の各分野におよび、新しい科学や技術の発明や発達を促した。神義論との関連でいえば、当時この地震は神の罰と受けとめられた。とくに敬虔なカトリック国家のポルトガルあるいは多数の善良な市民が犠牲となったことから、従来のライプニッツの楽天的な神義論に厳しい批判の目が向けられ、地震に大きな衝撃を受けた多くの啓蒙思想家たちがあらためて神の正義を問い、あるいは人間・社会が自然とどう向き合うべきかを問う近代的な知の取り組みをはじめるきっかけともなった。まさにリスボン地震が「近代の扉を開いた」といわれる所以である（以下を参照。計盛哲夫「序章　リスボン地震を再考する意義」および川出良枝「特別寄稿　リスボン地震がヨーロッパ社会に与えた知的影響」、公益財団法人ひょうご震災記念21世紀研究機構調査研究本部編『リスボン地震とその文明史的意義の考察　調査研究布告書』2015年3月、1頁および94-102頁）。

＊11「オイコディツェー」については「訳者あとがき」を参照されたい。

第3章　資本の時代

＊1　「オッカムの剃刀」とは、「必要なしに多くのものを定立してはならない」という規則のこと。イギリスのスコラ哲学者オッカムが多用したことからこの名前がつけられた。「節減の定理」ともいわれる。正しい思考を妨げる無用な「ひげ」は剃り落とすべきだという比喩として使われるがオッカム自身に由来するものではない（以下を参照。『岩波　哲学・思想事典』、『哲学事典』［平

凡社］の「オッカムの剃刀」の項）。

＊2　「カタラクシー」（catallaxy）は、ハイエクが「市場における多数の個別的経済の相互調整によってもたらされる秩序を叙述するために」作りだした用語。ハイエクによれば「真正な経済」は「一つの組織、つまりある単一の主体にとって既知である諸手段の熟慮の上の配列」と定義づけられるが、「市場というコスモスは、諸目的のそのような単一の尺度によって支配されていないし、また支配されうるものでもない。それは、別々な構成員全ての別々で公約数をもたない諸目的の多様性に貢献する」のである。したがって、市場という「秩序の性格を正しく理解するためには、通常「経済」として叙述されるものによって示唆される誤った連想から自由になることが肝要」である。そこで、「交換すること」「コミュニティーに入れること」「敵から味方に変わること」という意味を持つギリシア語（katallattein または katallassein）から、ハイエクは「財産と不法行為と契約についての法のルールの範囲内で人々が行為することを通じて、市場によって生み出される特別な種類の自生的秩序」を表わす「カタラクシー」を創出した（以下を参照。ハイエク「法と立法と自由II――社会正義の幻想」篠塚慎吾訳、『ハイエク全集・第9巻』（第I期）、春秋社、1987年、107–109頁）。

＊3　「エイドス」は「形相」と訳されるギリシア語で、もともとは見える「形」を意味した。あるひとつの種類の事物を他のものから区別する本質的な特徴のことをいう。プラトンの場合は「エイドス（形相）」は「イデア」と同義語であるが、イデアとそれを受け入れるものとしての空間・場（コーラ）である質料的な原理が不可欠だとされた。イデア論を批判するアリストテレスは、真に存在するものの認識は「本質の認識」という形式を取り、本質の表現が定義であり、定義は類と差異（類差）から構成され、類によって質料が、差異によって形相が与えられると考えた。さらにアリストテレスにおいて、類と差異の関係は質料と形相の関係として理解され、質料が可能態、形相が現実態であるとすることで両方の関係は統一された（以下を参照。『岩波 哲学・思想事典』、『哲学事典』の「形相」の項）。

＊4　「エネルギー論」は「エネルゲーティク」とも呼ばれる。ドイツの科学者F・W・オストヴァルト（1853–1932）を中心によって主張されたエネルギー一元論。19世紀中ごろの熱力学の進展を背景に、すべての自然現象をエネルギーに関する法則から説明すべきだとする現象論的な立場にたち、原子の力学的運動からの説明を主張する原子論的方法と対立した。しかし、現象論の限界が明らかになるとともに影響力を失っていった（以下を参照。『岩波　哲学・思想事典』、『哲学事典』の「エネルゲーティク」の項）。

＊5　「推計統計学」とは、統計分析にあたって部分から全体を推測する学問をいう。統計的観察対象となるものの集合である母集団の一部を観察して標

本を作成し、この標本の性質に確率論を応用することで母集団全体の性質を推測する手法である（以下を参照。『ブリタニカ国際大百科事典』の「推測統計学」の項）。

＊6　「ホメオスタシス」は「生体恒常性」と訳される。アメリカの生理学者W・B・キャノン（1871–1945）が1932年に発表した『人体の知恵』において提唱した生物学の概念であり、生体の基本的特徴を内部環境の定常性に求めたもの。出発点が異なっても達成される結果は同一のものとなる同結果性、定常性を乱すような変化を情報として受け取り、その情報に対してそれを打ち消すような指令を与える負のフィードバックなどを備えた系として生体を定式化する。つまり、キャノンによれば、生体内の諸器官は気温や湿度などの外部環境の変化、体位、運動などの身体的変化に応じて統一的かつ合目的性をもって働き、体温、血液量、血液成分などの内部環境を生存に適した一定範囲内に保持しようとする性質があり、内分泌系と神経系による調節がそれを可能にしている。キャノンはこの性質を「ホメオスタシス」と名づけた。体温や血糖値の正常範囲外への逸脱は、生体恒常性の異常すなわち病気を意味する。また、自然治癒力は生体恒常性の現われと考えられる（以下を参照。『哲学事典』、『ブリタニカ国際大百科事典』［ブリタニカ・ジャパン］の「ホメオスタシス」の項）。

＊7　『エフェメリデン』（*Ephemeriden der Menschheit*）はスイス（バーゼル）出身の文筆家、歴史家、教育者であるイザーク・イーゼリン（1728–1782）によって創刊されたスイスの代表的啓蒙雑誌。イーゼリンは、友人・理解者として同じスイス（チューリヒ）出身の教育者・社会改革者ヨハン・ハインリヒ・ペスタロッチ（1746–1827）を支え、鼓舞したことでも知られる。ペスタロッチの処女作『隠者の夕暮』の初出も『エフェメリデン』1780年4号であった（以下を参照。“dtv Brockhaus Lexikon” Bd. 9. Bd. 10 ‘Iselin’, ‘Pestalizzi’ の項；児玉三夫『図書新聞への寄稿文　コッタ版　ペスタロッチー全集の品位と価値（昭和48年7月28日）』および鯨井敏彦による「解題」、『明星——明星大学明星教育センター研究紀要』第4号、2014年）。

＊8　「ミダース」は、ギリシア神話に登場するフリュギアの王で主にふたつの神話が伝わる。第一の神話によれば、デュオニソスの従者兼養育係のシレノスが泥酔して宮殿に運ばれたのを丁重にもてなし、デュオニソスのもとに送り返した礼として、デュオニソスから触れたものすべてを黄金に変えることのできる力を授けられた。しかし、食べ物や飲み物まで黄金に変わることに気づき、デュオニソスに祈願して能力を取り除いてもらった。第二の神話では、アウロスという楽器の名手マルシュアスがアポロンと音楽合戦をしたとき、居合わせた審査者のなかでミダースひとりがマルシュアスの勝利を主張したためにアポロンの怒りを買い、ミダースの耳はロバの耳に変えられた。

この事実を唯一知り、口外を禁じられた理髪師が穴を掘ってそこに秘密を洩らしたところ、周囲の葦が風に揺れるたびに「ミダース王の耳はロバの耳だ」と囁くようになり、秘密が国中に知れ渡った(以下を参照。B・エヴスリン『ギリシア神話物語事典』小林稔訳、原書房、2005年の「ミダス」の項;T・H・カーペンター『図像で読み解くギリシア神話』眞方陽子訳、人文書院、2013年、「グロッサリー」の「ミダース」の項;『哲学事典』、『ブリタニカ国際大百科事典』の「ミダス」の項)。

＊9 「文字集合」とは、コンピュータにおいて数字、文字、記号、制御コードなどを表す一群の文字概念とその符号の体系。「キャラクタセット」「文字セット」ともいう(以下を参照。日本図書館情報学会用語辞典編集委員会編『図書館情報学用語辞典』[第4版]の「文字集合」の項)。

＊10 「一般意志」は「普遍意志」ともいわれる。この概念を最初に用いたのはフランスの哲学者N・マルブランシュ(1638–1715)で、現象界のあらゆる法則は神の一般意志によるとした。D・ディドロ(1713–1784)はこれを人間社会の秩序に関する概念として用いた。ディドロによれば、正義を決定し、人間の社会的義務を定めるのが人類全体の善を願う人類の一般意志である。これに対してJ.-J・ルソー(1712–1778)はこれを政治体の意志として国家理論の中心概念とした。ルソーによれば、各個人の自由意志によって社会契約が行われ、国家が成立するが、その際新しい公共我が誕生する。そして、この公共我はみずからの意志を持つにいたる。それが一般意志であり、法はその表現にほかならない。したがって法に従うことはみずからがその一部をなす主権者＝人民の意志に従うことにほかならず、法的強制は「自由への強制」と見なされる。なお、ルソーは一般意志のほかに全体意志ないし特殊意志という語を用いている。全体意志とは特殊意志の総和であり、私的利益を志向する。また、特殊意志とは各個人の意志ないし人民の一部の意志をいうのであり、不公平に陥りがちである。これに対して一般意志はつねに公共の利益を目指し、しかも公平を失わないとされた(以下を参照。『岩波 哲学・思想事典』、『哲学事典』、『ブリタニカ国際大百科事典』の「一般意志」の項)。

＊11 「ゴールドスミス・ノート」は「金匠手形」と訳される。17世紀ロンドンのゴールドスミス(金匠)が発行し手形で、銀行券の先駆となった紙券である。もともとゴールドスミスは両替商も営むロンドンの金細工師だったが、次第に貨幣、貴金属の保管から貸出しも行なうようになり、17世紀には預金と貸出しのふたつの業務を営むのが一般的となった。ゴールドスミス・ノートはこの預金に対する預り証書だったが、貸出しに際してこの紙券を発行するようになると現金に代わって広く流通するようになった。兌換銀行券、近代的銀行業の先駆である(以下を参照。『ブリタニカ国際大百科事典』の「ゴールドスミス・ノート」の項)。

＊12「オートポイエーシス」とは、1970年代にチリの生物学者であるH・R・マトゥラーナ（1928–）とF・ヴァレーラ（1946–2001）が提唱した新しい自己組織化理論。日本語では「自己創出」「自己産出」と訳される。細胞、神経系、生物体などが自分で自分を作りだすというサイクルをくり返すことで、自律的に秩序が生成されるプロセスをいう。オートポイエーシスの特徴はシステムが閉じていること、つまり、外部からの入力も出力もなしに再生産が行なわれることにある。これが社会学者のN・ルーマン（1927–1998）によって一般システム理論に拡張された。ルーマンは、支払い行為を要素として作動するシステムを「経済システム」、コミュニケーション行為を要素として作動するシステムを「社会システム」だとした。システムは作動を通じて独自の位相領域を形成し、構造を構築することになる。そこでは自己言及性の持つ積極的・産出的な働きが起こると言い換えることもできる（以下を参照。『岩波 哲学・思想事典』、『日本大百科全書』［小学館］の「オートポイエーシス」の項）。

＊13「自己運動」は哲学用語で、原動力を自己の内部に持つ主体の運動を意味する。スコラ哲学によれば、厳密な意味で自己自身の運動の原動力を自己のうちに持つものは純粋現実有だけだが、複合的な組成の有機物もある部分が他の部分を動かすというやり方で、主体全体としてみると原動力を自己の内部に持っているということができる。たとえば生命の運動がこれに該当し、外部から受動的に働きかけられる無機物などの機械的運動から区別される。近世哲学ではヘーゲルが精神の自己運動（Selbstbewegung）を主張し、その根拠を矛盾のなかに見出した（以下を参照。『ブリタニカ国際大百科事典』の「自己運動」の項）。

＊14 カール・マルクス『資本論　第1巻b』社会科学研究所監修／資本論翻訳委員会訳、新日本出版社、1998年、1286頁に「公信用は資本の信条となる」とある。「公信用」は「国家信用」と、「信条」は「使徒信条」と同義である。

第4章　市場の牧歌 II

＊1　「ポストモダンの条件」という言葉から最初に連想されるのは、おそらくフランスの哲学者ジャン＝フランソワ・リオタール（1924–1998）の著書（1979年出版）のタイトルだろう。しかし、本書の記述と原注に挙げられた参考文献からは、この言葉はとりわけイギリスの地理学者デヴィッド・ハーヴェイ（1935–）の『ポストモダニティの条件』に由来していると見るべきだろう。ハーヴェイは、その登場以来、さまざまな領域で語られ、用いられてきた「ポスト・モダン」という概念を批判的・総括的に振り返りつつ、たとえば第五章では貨幣に焦点をあてて次のように記している。「シニフィエよりもシニフィアン、

メッセージ（社会的労働）よりもメディア（貨幣）へのポストモダンの関心、そして機能よりも虚構、事物よりもサイン、倫理よりも美学へのポストモダンの強調は、マルクスが述べているように、貨幣の役割の変化よりもその強化を示唆しているのである」（邦訳143頁）（以下を参照：ジャン＝フランソワ・リオタール『ポスト・モダンの条件——知・社会・言語ゲーム』小林康夫訳、水声社、2003年；デヴィッド・ハーヴェイ『ポストモダニティの条件』吉原直樹監訳、青木書店、1999年）。

＊2　「経済のトリレンマ」は「国際金融のトリレンマ」のこと。世界経済の成長にとって必要な条件は、①ある国から別の国へ資金を自由に移動できること（国際的な資本移動の自由化）、②為替相場があまり変動しないこと（固定為替相場制あるいは安定的な為替相場制）、③各国政府が自国の事情に基づいて金融政策を行なえること（国ごとの自立的な金融政策の遂行）である。ところが、この三つを「すべて同時に達成しようとすると、かえって危機が発生する」という国際金融理論の命題が「国際金融のトリレンマ」である。たとえば、「国際資本移動が自由化されたなかで、ある国が金融の引き締めを行ない、金利が上昇すれば、その国へと資本が移動するため、固定為替相場制は崩壊してしまう。それを防ぐためには、国際資本取引を規制するか、さもなければ相手国に追随し、同じ金融政策をとる以外にありえない」のである。現実に世界各国はこの基本原理に基づいて政策選択をしている（以下を参照。藤田康範『「経済理論」集中講義』、大日本実業出版社、2012年、147頁；『大日本百科全書』の「国際金融のトリレンマ」の項）。

＊3　「裁定取引」は「アビトラージ取引」「鞘取り」とも呼ばれる。異なる市場間において為替・金利の価格差を利用し、鞘取りを目的とする取引のこと。つまり、同一銘柄あるいは質的に同一と位置づけられる金融商品が異なる市場において異なる価格、金利で成立した場合、割高な商品を売り、割安な商品を買うという売り買い両建ての投資を行なうことを意味する（以下を参照。『新訂国際金融用語辞典』［銀行研修社］、『ブリタニカ国際大百科事典』の「裁定取引」の項）。

＊4　「シャップ」はフランスの通信技師クロード・シャップ（1763–1805）のこと。兄のイニャース（1760–1805）とともに通信法を研究したが、1792年に腕木の操作によってアルファベットの信号を送信する腕木信号送伝機を発明した。1794年にはパリ・リール間230キロメートルの通信線敷設に成功した（以下を参照。『大日本百科全書』の「シャップ」の項）。

＊5　「趣味判断」はカントの用語で美的対象を快・不快の感情によって判定することを意味する。その特質は質、量、関係、様相の観点から分析される。質は、その対象の「表象」に対する「関心なき満足感」の状態を表現している。量については、この判断は私的判断ではなく、あらゆる判断主体に対する「主

観的な普遍妥当性」を要求する。関係は、「目的なき合目的性」という主観的原理に基づく判断である。これは美の鑑賞者の心性における構想力と悟性との偶然的な調和状態を表現する反省的原理である。様相は、認識判断におけるカテゴリーのような対象を規定する概念を欠いているので、「概念なき必然性」つまり主観的必然性である。したがって、趣味判断は快適に関する主観的判断からも客観的普遍性を持つ論理的判断からも区別される（以下を参照。イマヌエル・カント『判断力批判　上』［新装版］宇都宮芳明訳、以文社、2004年；『カント事典』［弘文堂］、『哲学事典』の「趣味判断」の項；『岩波　哲学・思想事典』の「趣味」の項）。

＊6　「生活世界」は20世紀の哲学・社会理論に大きな影響を与えた後期フッサールの現象学の概念のひとつである。生活世界とは、そのつどの対象意識の背景ないしは基底としてつねに隠れた仕方で働いている諸地平の全体ともいうべきもの。つまり、あらゆる意味形成と存在妥当の根源的な地盤として、科学的な世界理解に先立ってつねにすでに自明のものとして与えられている世界を意味する。これに対して科学的な世界とは、この前論理的に妥当する生活世界に「理念化」という操作を加えることで構成された論理的形象である。その意味では、科学とは主題的・方法的抽象の作業であり、それはそうした作業に先立って、生活世界におけるさまざまな知覚的な意味形成と前論理的な妥当性を自己の地盤の前提としている。ところが、近代科学はこうした地盤としての生活世界を数学的に客観化可能な世界、すなわちたんに方法の産物にすぎない世界と取り違えてきた。科学の客観主義とは生活世界の隠蔽と忘却にほかならないのである（以下を参照。エドムント・フッサール『ヨーロッパ諸学の危機と超越論的現象学』細谷恒夫・木田元訳、中央公論社、1974年；『現象学事典』［弘文堂］、『岩波　哲学・思想事典』の「生活世界」の項）。

＊7　「パングロス」はフランスの作家・啓蒙思想家ヴォルテール（1694–1778）の小説『カンディードまたは最善説』（1795）の登場人物のひとり。主人公の青年カンディードの指南役を務めるパングロスはライプニッツの最善説・予定調和説を信じており、主人公にもそれを教える。しかし、旅にでた先でかれらが出会う現実はことごとくこれを裏切ることばかりである。故郷に戻ったかれらが見出すのは、耕作をして幸福・平和にくらすひとびとであり、カンディードは自分たちも庭を耕さねばならないことを悟り、小説の最後の一文でパングロスに対して「お説ごもっともです（…）しかし、ぼくたちは庭を耕さなければなりさせん」と語るのである（以下を参照。ヴォルテール『カンディード他五篇』植田祐次訳、岩波文庫、2011年；『日本大百科全書』の「カンディード」の項；『デジタル版　集英社世界文学大事典』の「カンディード、または楽天主義」の項；『ブリタニカ国際大百科事典』の「ヴォルテール」の項）。

第５章　経済的再生産と社会的再生産

＊1　「クレマティスティク」は原書では“Chrematistik”。ギリシア語の“chrēmatistikḗ”のドイツ語訳であり、この語については訳文ではそのままカタカナ表記とした。また、ギリシア語のカタカナ表記については原語の音を再現することを原則とした。したがって本文中に“chrēmatistikḗ”が出てくる場合は、これに充てられる訳語に「クレーマティスティケー」とルビを付した。ちなみに、デ・リーロの『コズモポリス』でもこの言葉が話題になっている（以下を参照。デ・リーロ『コズモポリス』（上岡伸雄訳、新潮文庫、2013年、、117–118頁）。

＊2　第５章の原註２の「以下も参照のこと。」で指示される頁数は、ドイツ語版『政治学』の編訳者 Schütrumpf による解説と註記に充たる。

＊3　原書では「小商い《カペーリケー》」は“Kramhandel”である。このドイツ語に付されているギリシア語の“kapēlikḗ”は、日本語版アリストテレス全集では「商人術」と訳されている（以下を参照。アリストテレス「政治学」、『アリストテレス全集15』、岩波書店、1969年）。

＊4　「パレクバーゼ」(Parekbase）は、ギリシア演劇において構造的な中核部分を占める「パラバシス場面」のドイツ語訳。「パラバシス場面」とは、合唱隊の持分で、本筋に関係なく作者の主張を観客に向けて直接訴えかける場面を意味する（以下を参照。『世界大百科事典』［平凡社］の「ギリシア演劇」の項）。

＊5　「エンテレケイア」はアリストテレスの用語。生命現象を支配する合目的的な作用因子のことで極限状態を意味する。アリストテレスによれば、生成は可能態にある質料が目的である形相を実現することにあり、実現された状態もしくは形相自体がエンテレケイアである。つまり、それは完全現実態である（実現態とも訳される）。現実態を表わすエネルゲイアと同義だが、エンテレケイアは活動的な面を強調する。この概念はスコラ哲学に継承され、さらにライプニッツにあってはモナドの同義語として用いられた。これがH・A・ドリーシュ（1869–1941）の生気論にも取り入れられ、生命現象に特別に作用する自然因子、因果性を超えた生命原理とされた（以下を参照。『岩波哲学・思想事典』の「エンテレヒー」の項;『ブリタニカ国際百科事典』の「エンテレケイア」の項）。

＊6　「脱領域化」（＝脱領土化）はジル・ドゥルーズ／フェリックス・ガタリの資本主義論のキーワードのひとつ。「領域化」「再領域化」といわばセットで想定され、かつ「コード化」「超コード化」「脱コード化・再コード化」と密接に結びついた概念である。『アンチ・オイディプス』では、人類の歴史

は「原始社会」「専制国家」「文明資本主義」に区分されるが、これには「大地の身体」「王の身体」「貨幣・資本の身体」という権力体の移行が対応している。「原始社会（大地の身体）」では領域化・コード化（秩序化）を通じて地縁集団が組織されるが、「専制国家（王の身体）」では専制君主がこれを強大な権力をもって集中化（中央集権化）し、国家を創設する。ここで起こるのが脱領域化と超コード化である。脱領域化とはそれまであった未開の領土が国家のもとで再分配されることであり、超コード化とは原始社会のコードを維持しつつ、新たな超越的コードを覆いかぶせることを意味している。次に国家において労働力の流れ（都市労働者の出現）と貨幣の流れ（貨幣流通量の増加）が遭遇することで国家を脱領域化し、そのコードを脱コード化して資本主義が登場する。資本主義においては、まざまな流れ（基本的には欲望の流れ）がコードから解放されているために資本主義に反抗し、これを引き裂こうとする事態が生じる。こうした事態が資本主義における脱領域化・脱コード化と呼ばれる。そして、こうした流れを抑制するために、資本主義は再領域化・再コード化（あるいは公理系化）を同時に行なっているのである（以下を参照。ジル・ドゥルーズ／フェリックス・ガタリ『アンチ・オイディプス――資本主義と分裂症』市倉宏祐訳、河出書房新社、1986 年［再版］；ダヴィッド・ラプジャード『ドゥルーズ――常軌を逸脱する運動』堀千晶訳、河出書房新社、2015 年；篠原資明『ドゥルーズ――ノマドロジー』講談社、2005 年；『大日本百科全書』の「脱領土化」の項）。

＊7　「プーレクテーレス」については、ホメーロス「オデュッセイア」高津春樹訳、『世界文學体系 1　ホメーロス』、筑摩書房、1961 年、第 8 巻、53 頁を参照のこと。

＊8　ジョルジュ・デュメジル（1989–1986）はフランスの比較神話学者・宗教史学者。世界観の観点からインド・ヨーロッパ語族の神話、儀礼の比較研究を行ない、そこに聖性・戦闘性・生産性からなる「三機能体系」を認めた。レヴィ゠ストロースやミシェル・フーコーにも影響を与え、構造主義の先駆とされる。ジョルジュ・デュビー（1919–1996）はフランスの中世史家。親族構造から芸術創造の問題まで幅広い研究を行ない、アナール学派とも強い関連を持っている。1981 年に刊行された『中世の結婚』はベストセラーとなった（以下を参照。『岩波　哲学・思想事典』の「デュメジル」の項；『20 世紀西洋人名事典』［日外アソシエーツ］の「デュビー」の項）。

＊9　「社会体」（Gesellschaftskörper）とはマルクスが『経済学批判要綱』のなかで用いている用語。マルクスによれば、大工業の発展に伴って「いまや資本が労働者の集合力、彼らの社会的力として現われるとともに、彼らを結びあわせ、したがってまたこの社会的力をつくりだす統一体（Einheit）として現われるのである」。また、「現実的富の創造は、労働時間と充用された労

働の量とに依存することがますます少なくなり、むしろ労働時間のあいだに運動させられる諸作用因の力（Macht）に依存するようになる。そしてこれらの作用因（…）それ自体がこれまた、それらの生産に要する直接的労働時間には比例せず、むしろ科学の一般的状態と技術学の進歩とに、あるいはこの科学の生産への応用に依存している（…）たとえば農業は、社会体（Gesellschaftskörper）全体にとって最も有利に制御されるべき物質的素材変換にかんする科学のたんなる応用となる（…）労働者は、生産過程の主作用因であることをやめ、生産過程と並んで現われる。この変換のなかで生産と富の大黒柱として現われるのは（…）彼〔＝人間〕自身の一般的生産力の取得、自然にたいする彼の理解、そして社会体としての彼の定在を通じての自然の支配、一言でいえば社会的個人の発展である」（以下を参照。カール・マルクス「経済学批判要綱」、『マルクス資本論草稿集』②、資本論草稿集翻訳委員会訳、大月書店、1993年、299–300頁、489–490頁；牧野広義「〈第4章〉マルクスにおける自由、平等、協同」、中村哲編著『『経済学批判要綱』における歴史と論理』青木書店、2001年、133–135頁）。

＊10「再領域化」については5章の訳註5を参照。

＊11「私経済」とは各個人または私法人などの営む経済のこと。なお、「私法人」とは私的な社会活動を目的とし、私人の設立行為によって成立する、私法上の法人のことを意味する。公益法人、営利法人、中間法人に分けられる（以下を参照。『広辞苑』［岩波書店、第5版］の「私経済」の項；『ブリタニカ国際百科事典』の「私法人」の項）。

＊12「全体的社会的事象」はフランスの社会学者で社会学と人類学の統合を図ったマルセル・モース（1872–1950）が『贈与論』（1925年）において用いた概念・用語。モースによると、たとえば古代社会の贈与や交換を研究対象とする場合、そこに現われる現象・事象は法的、経済的、宗教的、形態学的、美的であり、さらに政治的、家族的、身体的、生理的でもある。したがって、こうした現象・事象は「全体的社会的事象」として扱う必要があるとした。この方法はレヴィ＝ストロースの構造人類学などに大きな影響を与えた（以下を参照。マルセル・モース『贈与論』吉田禎吾・江川純一訳、ちくま学芸文庫、2009年［特に第4章　結論］；『日本大百科事典』、『世界大百科事典』の「(マルセル) モース」の項）。

＊13 高層気象観測用装置のひとつ。気球で飛ばして高層における気象状態を観測し、データを地上に送信する。大気中の紫外線、宇宙線の測定にも用いる（以下を参照。『広辞苑』の「ラジオゾンデ」の項）。

＊14「全体的人間」(der ganze Mensch) は、ドイツの哲学者ヴィルヘルム・ディルタイ（1833–1911）がその主著『精神科学序説』（1883年）に関して1883年夏学期にベルリン・フンボルト大学で行なった講義において用いた言葉。

ディルタイによれば、精神科学の対象は社会であるが、それはきわめて錯綜した全体として現われる。現象だけに関係する自然科学と違い、人間科学たる精神科学はこの全体を知ることを目的としている。しかも社会を構成している「統一的単位ははなはだ多種的で特異」であり、社会システムに対する自然、個人の固有性、歴史に由来する固有性は区別が難しい。人間はそうした社会に組み込まれた序列の要素である。したがって、精神科学の研究は、結果としてこのような「全体的人間」の姿が浮かび上がってくるものでなければならないのである（以下を参照。ヴィルヘルム・ディルタイ「精神科学序説講義——精神科学研究序説。法学、国家学、神学および歴史学／ベルリン 1883 年夏学期」、『精神科学序説』第 2 巻、塚本正明編集／校閲、法政大学出版局、2006 年、81 頁；『哲学事典』の「ディルタイ」の項；『哲学辞典』［青木書店、増補版］の「精神科学」の項）。

＊15 「シャドー・プライス」とは競争市場によって行なわれる最適な資源配分と同じ配分を計画経済などで競争によらずに達成させるための計算上の価格を意味する。「潜在価格」「計算価格」とも呼ばれる（以下を参照。『大辞林』［小学館、第 3 版］の「シャドープライス」の項）。

＊16 「限界効用」とは、財を 1 単位購入あるいは消費することから得られる効用のこと。「効用」はその財に対する個人の欲望の満足度、つまり欲望が満たされた場合の満足度を意味する。ところが、最初の財に次つぎと同じ財を追加していくと二番目以降の財から得られる満足度は次第に減少していくと考えられる。これが「限界効用の逓減法則」である。「限界効用」は古典派の労働価値説に代わる価値理論のための中心的概念となった（以下を参照。藤田、前掲書、72–73 頁；『経済学大図鑑』、114–115 頁；『岩波　現代経済学事典』の「限界効用」の項）。

第 6 章　断裂帯

＊1 「ヨセフ効果」については、『旧約聖書』創世記 41 を背景としている。ヨセフはユダヤ人の祖であるアブラハム、イサクに続く三代目の族長ヤコブの息子だが、兄弟に妬まれてエジプトに逃亡、そこでファラオの夢を解き明かす優れた能力を発揮して王宮に迎え入れられ、宰相にまでのぼりつめた。創世記 41 では、ファラオの夢に現われた七頭の肥えた雌牛と同じく七頭の痩せた雌牛を解釈して「豊作の七年と飢饉の七年」を予言、的中させるヨセフが描かれている。ノアについては同じく創世記 6–9 を参照。

＊2 “turba”、“turbo”、“turbidus” は、それぞれ「混乱」「渦」「荒れ狂う」などの意味を持っている。

＊3 「キャッシュ・フロー」は「資金流出入」とも訳される。所定の期間に

企業に出入して流れる資金額を意味する。ただし、資金の内容をどのように取るかによって流れの幅には広狭がある（以下を参照。『新訂国際金融用語辞典』の「キャッシュ・フロー」の項）。

＊4.　ジャン＝ガブリエル・タルド（1843–1904）はフランスの社会学者。タルドは社会現象を精神の相互作用、その相互作用の心の状態の「織物」と捉え、社会は「模倣」であると考えた。なにか個人や少数者による革新的創造行為が生まれると、これを他の人びとが模倣（反復・再生産）することで社会に広まり、社会現象となる。この模倣こそがあらゆる社会現象に規則性を与える普遍的かつ根本的な要因であると説いた（以下を参照。『岩波　哲学・思想事典』、『哲学事典』の「タルド」の項）。

＊5　「大数の法則」は確率論の基本法則のひとつ。スイスの数学者ヤーコプ・ベルヌーイ（1654–1705）が定式化した。たとえばサイコロを振る回数を増やしていくと同じ数の目が出る確率は 1/6 に近づいていく。このとき大数の法則が成り立つという。つまり、試行回数を増やせば確率は一定値に近づくという法則（＝ベルヌーイの大数の法則／弱法則）。のちにこれが詳細化されて強法則が生まれる。この法則は経験的確率と理論上の確率の一致を示す点で重要性を持っている（以下を参照。『岩波　現代経済学事典』、『哲学事典』、『ブリタニカ国際大百科事典』、『日本大百科全書』の「大数の法則」の項）。

＊6　「ファンダメンタルズ」とは経済、金融の関する基礎的条件を意味する。投機を伴って変動する為替、国際収支、株価などについて、短期的な投機の影響を取り除いて、その動きを規定する基礎的条件をさす。より広く、一国の経済力を表わす指標として使われる場合もある。この場合は、経済成長率、インフレ率、失業率、景気動向、国際収支などが判断基準とされる（以下を参照。『岩波　現代経済学事典』、『新訂国際金融用語辞典』の「ファンダメンタルズ」の項）。

＊7　ヴァルター・ベンヤミン（1892–1940）の “Kapitalismus als Religion”（「宗教としての資本主義」、1921 年成立）をさしている（以下を参照。「宗教としての資本主義」浅井健二郎訳、『ベンヤミン・コレクション7 〈私〉記から超〈私〉記へ』浅井健二郎編訳、ちくま学芸文庫、2014 年、526–532 頁［特に 527 頁］）。

＊8　「流動性のパラドックス」は「流動性の罠」ともいわれる。利子率が極端に下がると人びとは債権の値下がりを恐れて貨幣によって資産を保有するようになる。その結果、貨幣供給が増しても貨幣保有が増えるだけで、資金は債権購入には回らず、市場利子率はそれ以上低下しようとしなくなる。ケインズはこれを「流動性の罠」と呼んだ。なお、第 6 章の原註 25 も参照のこと（以下を参照。『岩波　現代経済学事典』、『新訂国際金融用語辞典』の「流動性の罠（ワナ）」の項）。

＊9 「グラス・スティーガル法」とはアメリカの銀行と証券業の分離、銀行の信用供与に関する規制、預金者の保護などを定めた包括的な金融制度改革法の通称。正式名称は1933年銀行法（The Banking Act of 1933）。1929年の世界恐慌対策の一環として制定された。1980年代からこの規制撤廃を求める議論が活発化し、1999年に成立したグラム＝リーチ＝ブライリー法（Gramm-Leach-Bliley Act）によって銀行・証券の分離規定が撤廃された。その結果、金融持ち株会社、銀行子会社による業務の多角化が可能となった。なお、この通称は議案提出議員であるグラスとスティーガルの名前に由来する（以下を参照。『イミダス2017』［集英社］、『ブリタニカ国際大百科事典』の「グラス・スティーガル法」の項）。

＊10 「バーゼル合意Ⅱ」（新BIS規制）はスイス・バーゼルにある国際決算銀行（BIS）に事務局を置くバーゼル銀行監督委員会によって2007年から本格的に導入された国際銀行業務を行なう金融機関の自己資本比率規制のこと。これに先立つ1988年に金融の国際化の進展と国際金融リスクの増大を背景として「バーゼルⅠ」が合意されており、BISに加盟する国はこの合意に基づき国ごとに規制措置を制定することとなった。「バーゼルⅡ」は、その後の急速に進むリスクの多様化・複雑化に対応するために自己責任型・市場規律型の規制として2004年に導入が合意されたもの。2010年にはさらに新たな規制（バーゼルⅢ）の導入も決定された（以下を参照。ジャック・アタリ『金融危機後の世界』林昌宏訳、作品社、2009年、97頁；『イミダス2017』の「新BIS規制」の項；『ブリタニカ国際百科事典』の「BIS規制」の項）。

＊11 「マーク・トゥ・マーケット」とは保有している資産をその日の時価で評価替えすることで「値洗い」とも呼ばれる（以下を参照。『新訂国際金融用語辞典』の「マーク・トゥ・マーケット」の項）。

＊12 「エルゴード的」の「エルゴード」とはオーストリアの理論物理学者のルートヴィヒ・ボルツマン（1844–1906）が唱えた「エルゴード仮説」をさす。これは統計力学の基礎となる考え方で、システムは複雑な力学運動によって可能な微視状態をくまなくめぐるという仮説。つまり、分子や原子の集まりである力学系の代表点が位相空間のなかで描く軌道はエネルギーが一定な面上のすべての点を通過するだろうという仮説である。この仮説を満たす性質を「エルゴード性」という。こうした過程ではすべての点を通過した後に最初の状態に戻ることになるが、この回帰をポアンカレ・サイクルと呼ぶ。一般にそのための時間は無限に長い時間と想定されている（以下を参照。『イミダス2017』、『ブリタニカ国際百科事典』、『日本大百科全書』、『デジタル化学辞典』［森北出版］、『法則の辞典』［朝倉書店］の「エルゴード仮説」の項；『新版世界人名辞典・西洋編』［東京堂出版］の「ボルツマン」の項）。

＊13 「再保険」とは、ある保険者が引き受けた保険契約上の責任の全部（全

部再保険）または一部（一部再保険）をさらに別の保険者に保険させることを目的とした保険、いわば保険の保険であり、リスク分散方法のひとつである。第一の保険を元受保険（原保険、出《しゅつ》再保険ともいう）。法律的には元受保険と再保険は別個の保険である（以下を参照。『法律用語辞典（第4版）』［有斐閣］、『ブリタニカ国際百科事典』、『日本大百科全書』の「再保険」の項）。

＊14「等方的」とは「等方性」を持つということ。「等方性」は物理的性質が方向によって違わないことをいう。「異方性」の反対語。たとえば物質の電気伝導率、誘電率、磁化率、弾性定数のような物理的性質が方向によらないことを示す。気体、液体、無定形固体、結晶体のうち立方晶系のさまざまな物理量が等方的である（以下を参照。『デジタル化学辞典』、『ブリタニカ国際百科事典』の「等方性：の項」。

＊15「危険」に付したルビの「ゲファーレン」はドイツ語の Gefahren（一般的には「危険」「危難」「リスク」などを意味する複数形）による。なお本訳書の 219 頁の「ゲファール」は Gefahr（単数形）。また 219 頁の「危険性」のルビ「ゲフェーアリヒカイト」は Gefahr の派生名詞 Gefährlichkeit.

＊16「テュケー」（「テュケ」ともいう）はギリシア神話の「運」の女神。「必然・掟」の女神テミスの娘、ネメシスの姉妹。同じくテミスの娘である運命の三女神（クロト、ラケシス、アトロポス）が人間の運命を支配するのをネメシスとともに助けた。テュケー本来の仕事は運を配分することであったが、いたって気まぐれ、狡猾、無責任で自分の強いえり好みで動いた。このテュケーの行動を帳消しにするのが正義感の強いネメシスだった。ローマ神話でテュケーに対応するのがフォルトゥナである（以下を参照。エヴスリン、前掲書、「運命の三女神」、「テュケ」、「ネメシス」の項；R・ウォフ『ギリシア・ローマの神々』細井敦子訳、學藝書房、2010 年、「モイラたちまたは「運命」の女神たち」、「テュケ／フォルトゥナ」の項）。

日本語版へのあとがき

＊1　アメリカの発券銀行とは連邦準備制度理事会（FRB）のこと（以下を参照。『ブリタニカ国際大百科事典』の「連邦制度準備理事会」の項）。

＊2　いわゆる「ブラックマンデー（暗黒の月曜日）」のこと。1987 年 10 月 19 日の月曜日に起こったニューヨーク証券取引所での株価の大暴落を指す（以下を参照。『ブリタニカ国際大百科事典』の「連邦準備制度理事会」の項）。

＊3　DSGE モデルとも呼ばれる。「ミクロ経済学的基礎付けを持つマクロ経済学のモデルを、新ケインズ学派の立場から発展させたもの。さまざまな仮定を設定してモデルを構築し、経時的変化を考慮する動学的分析を行う。ケインズ学派と古典学派の考え方を統合するもので、金融・財政政策の提言な

どに用いられる」。（以下による。『デジタル大辞泉』［小学館］の「ディーエスジーイー・モデル【DSGE モデル】」の項）。